Un corps à nous

Luttes féministes pour la réappropriation du corps

Lucile Quéré

SciencesPo
LES PRESSES

SciencesPo
LES PRESSES

Catalogage Électre-Bibliographie (avec le concours de la Bibliothèque de Sciences Po)
Un corps à nous : luttes féministes pour la réappropriation du corps / Lucile Quéré. – Paris : Presses de Sciences Po, 2023. – (Collection académique). – ISBN 978-2-7246-4075-5

RAMEAU :
- Féminisme : Aspect politique
- Corps féminin
- Mouvements de lutte contre les violences sexistes et sexuelles

DEWEY :
- 305.42 : Rôle social et statut social des femmes

Introduction

En février 2020, une nouvelle version de *Notre corps, nous-mêmes* paraît en France. Initialement publié aux États-Unis sous le titre *Our Bodies, Ourselves* en 1973[1], cet ouvrage est rapidement devenu emblématique du *self-help* féministe, un mouvement qui conteste l'emprise médicale sur le corps des femmes et propose à ces dernières de se réapproprier les savoirs gynécologiques. La version réactualisée de ce « manuel de santé féministe » rencontre un succès fulgurant dans un contexte où, depuis les années 2010, les initiatives invitant les femmes à se réapproprier leur corps connaissent un fort regain. Dans cette édition, comme dans les précédentes et conformément à la démarche du *self-help* gynécologique, ce sont les expériences vécues par les femmes qui sont au cœur de l'élaboration des savoirs. Le projet entend, selon Marie Hermann, l'éditrice qui en est à l'initiative, « construire un "nous" avec ces expériences-là, et une sorte de corps collectif féminin[2] ». L'introduction de l'ouvrage, écrit par un collectif de neuf femmes revendiquant d'avoir « repris le flambeau[3] », précise :

---

1. Boston Women's Health Book Collective, *Our Bodies, Ourselves. A Book by and for Women*, New York, Simon & Schuster, 1973.
2. Marie Hermann, « *Notre corps, nous-mêmes* est le livre féministe le plus vendu dans le monde si l'on prend en compte toutes ses adaptations », *Les Nuits de France Culture*, « La Nuit des féminismes 2/2 : voix du MLF – Entretien avec Marie Hermann », France Culture, diffusé le 14 février 2021.
3. Collectif NCNM, *Notre corps, nous-mêmes. Écrit par des femmes, pour les femmes*, Marseille, Hors d'atteinte, 2020, p. 14.

« nous avons voulu mettre au centre ce qui nous relie : *notre corps, nous-mêmes*[4] ».

Ce projet illustre tout à la fois la vitalité et le retentissement des mobilisations féministes contemporaines, l'importance qu'elles octroient au passé et aux questions de transmission, et le regard critique qu'elles portent sur les savoirs institués. Il met aussi en lumière, à travers le renouveau du *self-help*, la place centrale accordée au corps dans les mobilisations féministes aujourd'hui. À travers le champ lexical du commun et du lien, le corps est présenté comme ce que toutes les femmes partagent, l'outil principal d'une lutte commune. Conçu comme un facteur de rassemblement des femmes et des féministes, le corps serait le socle du « nous ». Mais quels sont les contours du « corps » et du « nous » ainsi proclamés ? Qui en définit les frontières, et comment ? Qui en fait partie et qui en est exclu ?

Les contours du « nous »

Dénonciation des violences gynécologiques, multiplication des représentations du clitoris, politisation du sang menstruel, ateliers dédiés au plaisir féminin : une nouvelle génération de féministes, marquée par le moment #MeToo, s'empare aujourd'hui du corps et en fait un outil de contestation de l'oppression persistante des femmes. Cette préoccupation n'est pas nouvelle. Elle remet au goût du jour une revendication centrale pour les féministes des années 1970 : celle de disposer librement de son corps. L'histoire des luttes menées au nom de ce principe au cours de ce qu'il est commun d'appeler « la deuxième vague » des mobilisations féministes a fait l'objet de nombreuses études. La manière dont cette histoire a été écrite met en lumière les droits que ces mobilisations ont permis de conquérir, au premier rang desquels les droits à la contraception et à l'avortement. Pour autant, la célébration féministe de l'accès aux droits reproductifs, aussi nécessaire soit-elle dans une période de recul mondial, a laissé dans l'ombre une autre histoire, liée elle aussi à la revendication de pouvoir disposer librement de son corps : celle des contestations féministes de l'emprise médicale sur le corps des femmes. Pendant les années 1970, l'accès aux droits reproductifs a été conditionné à leur délégation au corps médical.

---

4. *Ibid*, p. 15.

Or, des initiatives féministes ont contesté ce monopole des médecins sur les savoirs reproductifs.

Ce n'est que récemment que ces luttes passées, longtemps demeurées méconnues, connaissent un regain d'intérêt. En témoigne la sortie à l'automne 2022 du film *Annie Colère*, dans lequel la réalisatrice Blandine Lenoir porte à l'écran l'histoire d'une ouvrière qui s'engage en 1974 au sein du Mouvement pour la liberté de l'avortement et de la contraception (MLAC) et y découvre ce que permet la reprise en main des savoirs abortifs. Au-delà du MLAC, d'autres mobilisations émaillent les luttes de la deuxième vague pour les libertés reproductives, dont les mobilisations de *self-help* féministe, nées aux États-Unis et se propageant ensuite dans de nombreux pays[5]. Ces militantes du *self-help* élaborent une critique des rapports de pouvoir traversant la relation médicale et déploient des pratiques pour se réapproprier la connaissance de leur corps, les manières de le soigner et d'en prendre soin. Cependant, ce courant se restreint à quelques groupes et n'a pas donné lieu à la constitution d'un mouvement plus vaste promouvant la santé des femmes. La revendication féministe à ce que les femmes puissent disposer librement de leur corps ne s'est ainsi traduite que de manière marginale par la contestation du monopole médical sur la vie procréative des femmes[6].

Et pourtant, une telle contestation reprend forme aujourd'hui. Se réclamant du *self-help* gynécologique, des féministes développent des pratiques similaires à celles dont les militantes des années 1970 ont commencé à faire le récit[7] : elles célèbrent les luttes féministes passées qui ont remis en cause le pouvoir de l'institution médicale ; elles se rassemblent dans des « groupes *self-help* » autour d'une démarche d'investigation empirique de leur corps ; elles mettent en place des réseaux transnationaux de partage des savoirs anatomiques et gynécologiques ; elles mettent sur pied des

---

5. Lucile Ruault, « La circulation transnationale du self-help féministe : acte 2 des luttes pour l'avortement libre ? », *Critique internationale*, 70 (1), 2016, p. 37-54.

6. Lucile Ruault, « Le spéculum, la canule et le miroir. Les MLAC et mobilisations de santé des femmes, entre appropriation féministe et propriété médicale de l'avortement (France, 1972-1984) », thèse de doctorat en science politique, sous la direction de Rémi Lefebvre et Frédérique Matonti, Lille, Université Lille-2, 2017.

7. Catherine Fussinger, Séverine Rey et Marilène Vuille, « S'approprier son corps et sa santé. Entretien avec Rina Nissim », *Nouvelles Questions Féministes*, 25 (2), 2006, p. 98-116 ; Rina Nissim, *Une sorcière des temps modernes. Le* self-help *et le mouvement femmes et santé*, Genève, Mamamélis, 2014.

ateliers d'auto-gynécologie. Ces ateliers collectifs de *self-help*, qui peuvent réunir de manière ponctuelle ou régulière une dizaine de participantes, sont centrés sur l'appropriation et l'élaboration de savoirs sur les corps et la santé des femmes par les femmes. Revendiquant l'autonomie des femmes vis-à-vis de la médecine en général et de la gynécologie en particulier, ces séances sont le plus souvent animées par une ou deux personnes qui mettent en avant leur statut de profane. Il arrive néanmoins que des professionnelles de santé (la plupart du temps des sages-femmes) en prennent en charge l'organisation et l'animation. Si le public ciblé est généralement constitué de profanes, ces sessions sont parfois destinées à des professionnelles de santé afin de les sensibiliser à l'auto-gynécologie et au partage des savoirs médicaux. Dans tous les cas, les ateliers rassemblent majoritairement des femmes cisgenres[8] issues de classes moyennes et supérieures blanches, fortement dotées en capitaux culturels. En règle générale, les ateliers ont lieu en dehors des espaces de la pratique médicale afin de souligner leur indépendance vis-à-vis de l'institution médicale. D'une durée de quelques heures, ils se déroulent en deux temps : rappelant le modèle des groupes de conscience du Mouvement de libération des femmes des années 1970, une première partie est axée sur le partage des vécus individuels et des expériences médicales et sexuelles des participantes et la transmission de savoirs anatomiques ; une seconde est consacrée à l'apprentissage de la pratique de l'auto-observation gynécologique.

Cette pratique, emblématique du *self-help* des années 1970, est aujourd'hui centrale dans le répertoire d'action des mobilisations féministes de santé. Elle est construite par les actrices comme vectrice de conscientisation politique : il est répété à l'envi qu'elle serait un facteur de « prise de conscience » pour les participantes. Elle est ainsi censée produire une rupture subjective et permettre à celles qui l'expérimentent de devenir de véritables féministes. Ce discours n'est pas nouveau : il était déjà essentiel dans le *self-help* des années 1970[9]. Il contraste cependant avec ce qui se passe concrètement

---

8. Le terme désigne les personnes qui se reconnaissent dans le sexe qui leur a été assigné à la naissance.

9. Sandra Morgen, *Into Our Own Hands. The Women's Health Movement in the United States, 1969-1990*, New Brunswick, Rutgers University Press, 2002 ; Hannah Grace Dudley Shotwell, *Empowering the Body. The Evolution of Self-help in the Women's Health Movement*, thèse de doctorat en philosophie, sous la direction de Lisa Levensein, Greensboro, The University of North Carolina, 2016.

pendant les ateliers de *self-help* : le foisonnement des pratiques qui s'y déploient dépasse largement le seul acte de l'auto-observation. Dès lors, comment une pratique corporelle en vient-elle à être appréhendée comme le fondement d'un processus de conscientisation politique ? Poser une telle question, c'est remettre en cause les catégories utilisées par les actrices : que recouvrent, à leurs yeux, la prise de conscience, le corps, les femmes et le féminisme ? Ces catégories font l'objet de nombreuses luttes de définition au sein des féminismes[10]. En effet, le « nous les femmes », qui a longtemps constitué le sujet politique non questionné du féminisme, est remis en question par les théories *queer* et intersectionnelles. Ces théories – que les groupements militants se sont appropriées – ont en effet critiqué la prétention universaliste du « nous les femmes » et ont souligné combien il conduit à exclure du féminisme les moins privilégiées. Reconnaître la diversité des situations des femmes et la pluralité des courants et conflits idéologiques qui traversent les féminismes remet en cause la possibilité d'une lutte conjointe. Pourtant, la délimitation des frontières du corps, des femmes et du féminisme est peu interrogée dans le courant de *self-help* : le corps, en tant que lieu premier d'oppression et terrain privilégié d'émancipation des femmes, les rassemblerait et les mènerait au féminisme. Ces catégories sont utilisées dans l'objectif de rassembler, c'est ce que révèle le consensus relatif autour de leur définition. La promotion du *self-help* apparaît alors comme un moyen utilisé par certaines militantes pour résoudre les tensions autour de la définition des contours du féminisme et de son sujet politique légitime. Les militantes du *self-help* déploient un travail de production d'un « nous » unifié autour du corps. Mais quels sont les contours de ce « nous » défini par le corps ? Permet-il d'inclure toutes les femmes, comme il le promet ? Ne reproduit-il vraiment aucune exclusion ? Sans magnifier ni dénoncer les luttes féministes d'hier et d'aujourd'hui, cet ouvrage a pour ambition d'en saisir les logiques et les limites afin de réfléchir aux écueils du désir d'unité autour du corps, mais aussi aux possibilités politiques qu'il ouvre.

---

10. Éléonore Lépinard, « The Contentious Subject of Feminism : Defining Women in France from the Second Wave to Parity », *Signs*, 32 (2), 2007, p. 375-403 ; Laure Bereni et Éléonore Lépinard, « "Les femmes ne sont pas une catégorie". Les stratégies de légitimation de la parité en France », *Revue française de science politique*, 54 (1), 2004, p. 71-98.

Un travail militant de politisation au féminisme

Comment approcher ces pratiques féministes dont la mise en œuvre, les objectifs et les conséquences se veulent évidents, à savoir offrir aux femmes les moyens pour accéder à la prise de conscience féministe nécessaire à leur libération ? En sociologie de l'engagement, la prise de conscience désigne trois phénomènes qui peuvent être imbriqués. Dans une première acception, celle adoptée par les militantes du *self-help*, le terme désigne l'un des effets de la participation aux mouvements sociaux, à savoir le processus cognitif et subjectif par lequel on se rend compte de la dimension politique que revêtent les expériences vécues. La prise de conscience est alors considérée comme une première étape sur un chemin d'*empowerment*[11] et de développement de la capacité d'agir menant à l'émancipation des rapports de domination. Elle renvoie aussi au phénomène par lequel la problématisation politique d'une cause connaît soudainement une forte reconnaissance médiatique et/ou sociale. Le mouvement #MeToo a ainsi été lu comme un moment de prise de conscience collective sur la question des violences sexistes et sexuelles. Enfin, la prise de conscience désigne un registre de lutte, celui de la conscientisation, qui vise à faire adopter un point de vue critique sur les rapports de pouvoir à l'œuvre dans la société. La prise de conscience renvoie ici à un travail politique qui fait partie intégrante du répertoire d'action de certains groupes. Cette dernière acception nous sera particulièrement utile. Elle permet de dénaturaliser l'évidence de la prise de conscience par le *self-help* et d'interroger l'association entre l'expérience collective de pratiques corporelles et la transformation des femmes en sujets politiques de leur émancipation.

En ayant pour ambition de transformer les femmes, le *self-help* donne lieu à un travail militant explicite, particulièrement intense et qui recouvre de multiples facettes, que j'appelle *travail militant de politisation au féminisme*. Je regroupe sous ce terme l'ensemble des tâches entreprises pour transformer en féministes les participantes à l'action collective et pour créer un sentiment d'appartenance à un « nous ». En proposant d'examiner ce travail et ses

---

11. Ce terme désigne « le processus par lequel un individu ou un groupe acquiert les moyens de renforcer sa capacité d'action lui permettant d'accéder au pouvoir individuel et collectif » (Marie-Hélène Bacqué et Carole Biewener, *L'Empowerment, une pratique émancipatrice ?*, Paris, La Découverte, 2013, p. 83).

logiques pratiques, mon questionnement s'inscrit dans la lignée de l'invitation à considérer le collectif dans les mobilisations comme « un enjeu plus qu'un donné » et à étudier « les modalités et les difficultés pratiques de sa construction »[12]. Il rejoint également les approches de l'engagement qui proposent d'étudier les mouvements sociaux à l'aune de la sociologie du travail. Un tel parti pris est loin d'aller de soi. Comme le rappelle Maud Simonet, les activités liées à l'engagement bénévole, associatif ou militant sont généralement considérées comme « s'inscrivant dans et même symbolisant le "hors" ou le "non"-travail[13] ». Comme je le montre dans cet ouvrage, mobiliser la notion de travail pour examiner le *self-help* permet d'apporter un éclairage renouvelé sur trois dimensions peu étudiées de l'action collective : la dimension mémorielle, la dimension émotionnelle et la dimension intersectionnelle.

Un travail militant mémoriel

Comment analyser la résurgence, depuis une dizaine d'années, des initiatives de *self-help* qui renouent avec la revendication féministe du droit des femmes à disposer librement de leur corps et réactualisent un répertoire d'action du féminisme de la deuxième vague ? Loin de présupposer l'existence d'une continuité avec les années 1970, cet ouvrage montre comment celle-ci est construite. Les mouvements sociaux peuvent perdurer entre périodes de mobilisation, ou entre « vagues », comme le mouvement féministe, de plusieurs manières : par des facteurs structurels, comme l'existence d'organisations capables de soutenir des formes de militantisme dans des contextes politiques défavorables, qui jouent un rôle dans le maintien des mouvements entre deux étapes de mobilisation – ce sont les « structures dormantes » mises en évidence par Verta Taylor à propos du mouvement des femmes états-unien[14] ; par des processus de transmission intergénérationnelle[15] ; ou encore par la mémoire collective, qui joue un rôle dans la

12. Lilian Mathieu, *L'Espace des mouvements sociaux*, Bellecombe-en-Bauges, Éditions du Croquant, 2012, p. 60-61.
13. Maud Simonet, *Le Travail bénévole. Engagement citoyen ou travail gratuit ?*, Paris, La Dispute, 2010, p. 9.
14. Verta Taylor, « Social Movement Continuity : The Women's Movement in Abeyance », *American Sociological Review*, 54 (5), 1989, p. 761-775.
15. Nancy Whittier, *Feminist Generations. The Persistence of the Radical Women's Movement*, Philadelphia, Temple University Press, 1995.

production d'un sens de la continuité[16]. Cet ouvrage, tout en s'inscrivant dans la lignée de ces travaux, propose d'ajouter à ces modalités une nouvelle façon de saisir la manière dont la continuité est produite : par un travail militant spécifique, que j'appelle *travail militant mémoriel.*

L'omniprésence des références aux années 1970, l'abondance des pratiques convoquant le passé ainsi que la coexistence de deux générations de militantes au sein des mobilisations du *self-help* invitent en effet à envisager la continuité comme un processus – dont l'issue n'est pas définie à l'avance – produit par les pratiques des mouvements sociaux et qui se traduit dans les interactions ordinaires entre participantes. Envisager la continuité sous l'angle du travail militant implique de prêter attention à un ensemble de tâches militantes concrètes orientées vers la production d'une mémoire commune, le travail militant mémoriel. Cette notion permet de souligner que la mémoire et la continuité résultent d'un travail militant actif de construction et qu'elles sont produites dans et par l'action collective. Analyser ce travail militant mémoriel, c'est analyser les processus de division et de spécialisation des tâches qui organisent la production militante de la continuité, les normes qui l'ordonnent et les rapports de pouvoir qui la structurent.

Un travail militant émotionnel

La notion de travail militant désigne habituellement un ensemble d'activités qui structurent les organisations traditionnelles du militantisme (rédaction de tracts, organisation de réunions, prise de parole publique, etc.). La spécificité de l'activité des collectifs de *self-help* met cependant en lumière une dimension encore trop souvent évacuée de l'analyse des pratiques militantes : leur dimension émotionnelle. La notion de travail émotionnel, développée par Arlie Russell Hochschild au croisement de la sociologie du genre et de la sociologie du travail pour désigner le processus par lequel « on essaie de changer le degré ou la qualité d'une émotion ou d'un sentiment[17] », a été importée avec succès en sociologie des

16. Marion Charpenel, « "Le privé est politique !" Sociologie des mémoires féministes en France », thèse de doctorat en science politique, sous la direction de Marie-Claire Lavabre, Paris, Institut d'études politiques de Paris, 2014.
17. Arlie Russell Hochschild, « Travail émotionnel, règles de sentiments et structure sociale », *Travailler*, 9 (1), 2003, p. 32.

mouvements sociaux. Elle est particulièrement utile pour saisir et analyser un ensemble de pratiques militantes du *self-help* qui pourraient aisément rester dans l'ombre. D'une part, parce que ces pratiques sont rendues discrètes par les militantes : en présentant l'auto-observation comme un outil en soi et immédiat de prise de conscience féministe, les militantes contribuent en effet à rendre difficilement perceptible l'ensemble de techniques qu'elles déploient pour faire émerger chez les participantes un rapport politisé à leur expérience du corps et de la sexualité et pour les transformer en féministes. D'autre part, parce que le travail militant qu'elles effectuent, qui recourt aux savoirs, aux corps et aux émotions, se réalise dans des espaces et selon des modalités qui peinent encore à être pensés comme pleinement politiques, et continue parfois en cela de faire l'objet d'un « déni de travail[18] ». Une façon classique de repérer le politique dans les interactions consiste à rechercher les situations de conflit et la montée en généralité[19]. Le militantisme de *self-help* valorise au contraire le fait de « prendre soin » et le particulier. Ce faisant, il bouscule les définitions classiques et invite à repenser ce qu'est un acte politique : le politique et la politisation se nichent ici dans les émotions « positives », dans le recours à l'intimité et dans la recherche de concorde, autant de préoccupations souvent considérées comme triviales et éloignées du militantisme politique. Un ensemble de pratiques qui pourraient sembler anecdotiques gagnent ainsi à être requalifiées comme partie intégrante du travail politique entrepris pour sensibiliser les femmes à disposer librement de leur corps et de leur sexualité. Ce faisant, on fait aussi apparaître la manière dont certaines normes et certaines contraintes sont reconduites dans l'action collective. Dans le cas du *self-help*, une telle démarche permet de mettre en évidence les attentes normatives des militantes vis-à-vis des bonnes manières de définir et d'incarner le féminisme. Autrement dit, c'est à la condition d'être attentive aux dimensions proprement émotionnelles et corporelles de l'activité militante qu'on peut dévoiler le travail de production d'un « nous » politique et de ses frontières.

---

18. John Krinsky et Maud Simonet, « Déni de travail : l'invisibilisation du travail aujourd'hui », *Sociétés contemporaines*, 87 (3), 2012, p. 5-23.
19. Sophie Duchesne et Florence Haegel, « Entretiens dans la cité, ou comment la parole se politise », *Espace Temps*, 76-77 (1), 2001, p. 95-109 ; Camille Hamidi, « Éléments pour une approche interactionniste de la politisation. Engagement associatif et rapport au politique dans des associations locales issues de l'immigration », *Revue française de science politique*, 56 (1), 2006, p. 5.

Un travail militant intersectionnel

Les frontières du féminisme et de son sujet politique sont interrogées depuis longtemps, en particulier à travers la notion d'intersectionnalité. Ce concept, couramment attribué à la juriste américaine Kimberlé Crenshaw[20] pour penser la multiplicité et l'imbrication des rapports d'oppression, a d'emblée été lié à l'histoire des luttes politiques des minoritaires. Il a servi la critique de la marginalisation des femmes noires dans les mouvements féministes et dans le mouvement de libération noir. Aujourd'hui encore, l'intersectionnalité ne se limite pas à une catégorie savante : elle est utilisée dans la sphère militante, en particulier au sein des mobilisations féministes contemporaines. Un champ de recherche s'est constitué autour des usages militants de l'intersectionnalité. Il vise à analyser les manières dont les mouvements sociaux et les mobilisations féministes adoptent – ou non – les théories de l'intersectionnalité et en font un principe d'action[21]. Cet ouvrage s'inscrit dans la lignée de ces travaux. Il propose toutefois une approche originale en envisageant l'intersectionnalité aussi et avant tout comme un travail militant.

Une telle perspective suppose d'étudier un ensemble de tâches déployées dans le but de mettre en pratique un féminisme intersectionnel à travers le prisme de la division du travail militant. L'étude de la manière dont ces tâches du travail intersectionnel sont assignées, divisées ou non, valorisées ou dévaluées, permet de dévoiler les contours du « nous » promu et la façon dont certains rapports de pouvoir qui traversent le groupe des femmes peuvent parfois être reproduits au nom même de leur dépassement. En effet, la notion de travail militant, en prêtant attention aux manières

---

20. Kimberlé Crenshaw, « Demarginalizing the Intersection of Race and Sex. A Black Feminist Critique of Antidiscrimination Doctrine, Feminist Theory and Antiracist Politics », *The University of Chicago Legal Forum*, 140, 1989, p. 139-167.

21. Dara Z. Strolovitch, *Affirmative Advocacy. Race, Class and Gender in Interest Group Politics*, Chicago, University of Chicago Press, 2007 ; Éléonore Lépinard, « Doing Intersectionality : Repertoires of Feminist Practices in France and Canada », *Gender & Society*, 28 (6), 2014, p. 877-903 ; Julia Schuster, « Intersectional Expectations : Young Feminists' Perceived Failure at Dealing with Differences and their Retreat to Individualism », *Women's Studies International Forum*, 58, 2016, p. 1-8 ; Armine Ishkanian et Anita Peña Saavedra, « The Politics and Practices of Intersectional Prefiguration in Social Movements : The Case of Sisters Uncut », *The Sociological Review*, 67 (5), 2019, p. 985-1001 ; Elizabeth Evans et Éléonore Lépinard, « Confronting Privileges in Feminist and Queer Movements », dans Elizabeth Evans et Éléonore Lépinard (eds), *Intersectionality in Feminist and Queer Movements. Confronting Privileges*, New York, Routledge, 2020, p. 1-26.

dont les tâches qui structurent l'activité militante sont prescrites et divisées, permet de mettre en lumière la façon dont certaines formes d'organisation du travail reproduisent ou au contraire reconfigurent les rapports de pouvoir[22]. Elle constitue un outil utile pour appréhender la reproduction des hiérarchies de genre, de classe, de race, mais aussi d'âge et de sexualité au sein des mobilisations. Cet ouvrage met en évidence la manière dont les mouvements sociaux et les mobilisations féministes peuvent reproduire les catégories et les hiérarchies qui structurent l'ordre social, et ce, au nom même de l'intersectionnalité.

Une enquête transnationale, engagée et incarnée

J'ai mené une enquête à la fois sociohistorique et ethnographique à un niveau transnational de 2015 à 2019. Le *self-help* est caractérisé hier comme aujourd'hui par l'intensité des circulations transnationales qui le structurent : les militantes voyagent et, à travers elles, les idées, les pratiques, les objets et les savoirs circulent à l'intérieur et par-delà les frontières nationales. Contrairement à l'approche nationale des mobilisations, souvent privilégiée en sociologie des mouvements sociaux[23], ce livre prend le parti d'élargir l'appréhension des phénomènes étudiés pour percevoir pleinement les liens matériels et symboliques entre différents sites. L'enquête s'est ainsi penchée sur les pratiques militantes, les actrices mais aussi sur certains objets qui circulent à l'intérieur et à travers les frontières nationales. Ces liens transnationaux sont particulièrement resserrés entre la France, la Suisse et la Belgique, et facilités par la francophonie. L'adoption d'une « démarche en mouvement[24] », par l'investigation de terrains multiples au sein de cet espace de circulations transnationales, a été nécessaire pour saisir la pluralité des groupes impliqués ainsi que pour élucider la similarité entre des pratiques surgissant simultanément dans des endroits et des contextes variés.

---

22. Valérie Cohen et Xavier Dunezat, *Quand des chômeurs se mobilisent*..., Rennes, Presses universitaires de Rennes, 2018.
23. Donatella della Porta et Hanspeter Kriesi, « Social Movements in a Globalizing World. An Introduction », dans Donatella della Porta, Hanspeter Kriesi et Dieter Rucht (eds), *Social Movements in a Globalizing World*, Londres, Palgrave Macmillan, 1999, p. 3-22 ; Johanna Siméant, « Transnationalisation/internationalisation », dans Olivier Fillieule, Lilian Mathieu et Cécile Péchu (dir.), *Dictionnaire des mouvements sociaux*, Paris, Presses de Sciences Po, 2020, p. 593-601.
24. Michaël Meyer, Adeline Perrot et Isabelle Zinn, « Entre ambition "tout-terrain" et impossible ubiquité : les ethnographes en mouvement », *SociologieS*, 2017, p. 2.

Je m'appuie d'abord sur des archives féministes des années 1970 à aujourd'hui. Pour retracer les pratiques féministes de santé mises en place pendant la deuxième vague, j'ai étudié le fonds du Mouvement de libération des femmes de Genève déposé aux Archives contestataires-EFI, les fonds du Centre d'archives pour l'histoire des femmes (Carhif) à Bruxelles et les Archives recherches et cultures lesbiennes (ARCL) à Paris. Les difficultés rencontrées dans certains de ces lieux d'archivage ont été multiples : réponses à demi-mot, refus opposés à certaines de mes demandes ou exigences de contrôle de mes écrits. Ces expériences conflictuelles rappellent l'importance de l'investissement mémoriel dont fait l'objet le *self-help* aujourd'hui alors que ce courant a longtemps été délaissé dans l'histoire des mobilisations féministes de la deuxième vague. J'ai complété ce volet historique par 21 entretiens avec des militantes s'étant investies dans les mobilisations sur la santé et l'avortement durant les années 1970 pour saisir le sens subjectif qu'elles attribuaient à leur militantisme ainsi que pour retracer leurs trajectoires individuelles. Lors des « événements » de *self-help* auxquels j'ai participé, j'ai récolté un corpus de documents militants rassemblant brochures, revues, ouvrages, vidéos et newsletters. Parmi ceux-ci, certains datent initialement des années 1970 et sont reproduits ou réadaptés aujourd'hui, ce qui m'a conduit à m'interroger sur les conditions de leur transmission. J'ai aussi recueilli les textes de présentation des ateliers de réappropriation du corps et de critique féministe de la médecine fréquemment mis en ligne sur Facebook ou sur les sites internet des collectifs et des associations.

Afin de saisir le travail militant de politisation féministe en train de se faire, je me suis rendue à des événements publics sur le *self-help* tels que des festivals, des projections ou des conférences. À une exception près, je n'ai pas pu observer de séances de collectifs pérennes de *self-help* : ces collectifs ne s'établissent que de façon informelle et valorisent la confiance et l'intimité permises par l'entre-soi. Il est donc très difficile d'en connaître l'existence et d'y pénétrer. Je me suis alors tournée vers les ateliers ponctuels de réappropriation du corps. J'ai participé à 15 de ces ateliers de *self-help*, qui ont duré entre deux heures et deux jours, et je m'y suis toujours présentée en tant que chercheuse. Mon enquête, fondée sur une participation aux activités de *self-help*, m'a ainsi impliquée physiquement et émotionnellement. Il s'agissait d'un parti pris : saisir les dimensions affectives de l'engagement nécessite une pratique ethnographique incarnée. Cependant, mon implication corporelle a aussi fait l'objet d'injonctions de la part des militantes. Elles y voyaient une condition de réalisation, dans l'espace de l'atelier, de l'égalité souhaitée entre l'ensemble des participantes. Pour les militantes du *self-help*, l'expérience est par ailleurs conçue comme le fondement de la connaissance, norme à laquelle je ne pouvais déroger. Au-delà d'une sociologie du corps, c'est donc aussi une sociologie depuis le corps[25] que j'ai été conduite à réaliser. Cet engagement ethnographique fort m'a permis de prendre la distance nécessaire à l'objectivation. Les moments d'adhésion, les impressions d'osmose parfois ressenties, tout comme le sentiment de malaise ou les sensations de dégoût face à la confrontation aux corps des autres ont été le support même de la distanciation critique.

J'ai étayé ce volet ethnographique par 66 entretiens réalisés à la fois avec des militantes du *self-help* organisant des ateliers ou participant à des collectifs et avec des participantes aux ateliers[26]. Ces entretiens ont constitué un moyen d'accéder aux pratiques des collectifs de *self-help* que je n'ai pas pu observer et m'ont ainsi permis de contourner l'impossibilité d'avoir accès à tout un pan du répertoire d'action du *self-help*. Par ce biais, j'ai pu enquêter auprès d'un total de 23 collectifs et associations de *self-help*[27]. Lors des entretiens, j'ai recueilli des éléments sur les propriétés et les trajectoires familiales, professionnelles, militantes, affectives et procréatives des personnes rencontrées. Souvent réalisés dans les semaines ou les mois suivant une session de *self-help* à laquelle nous avions participé ensemble, les entretiens m'ont aussi permis de saisir la manière dont les actrices s'approprient le travail militant de politisation au féminisme et les normes qu'il véhicule. Dans ces entretiens se sont en effet rejouées les pratiques ritualisées du *self-help* : parler de soi et de ses émotions, ancrer son récit dans l'expérience vécue, valoriser l'entre-soi féminin tout en taisant ce qui pourrait révéler des différences et des inégalités entre femmes.

L'enquête s'est heurtée à cette réticence à soulever ce qui pourrait diviser les femmes entre elles. J'ai parfois rencontré des difficultés à poser des questions sur les propriétés et les trajectoires

25. Loïc Wacquant, « Carnal Connections : On Embodiment, Apprenticeship, and Membership », *Qualitative Sociology*, 28 (4), 2005, p. 445-474.
26. Toutes les enquêtées ont été assurées de l'anonymat.
27. Afin de garantir l'anonymat, les noms de ces collectifs ont été modifiés.

sociales des interviewées sans rompre la confiance instaurée pendant l'entretien, et les réponses que j'ai reçues ont été courtes et allusives. Cette réticence des enquêtées à l'égard de l'objectivation sociologique peut d'abord s'expliquer par leur crainte d'être reconnues malgré la garantie d'anonymat et, de ce fait, d'être accusées de pratique illégale de la médecine[28]. Elle illustre aussi leur proximité aux sciences sociales et leur capacité, située socialement, à « préfigurer leur propre objectivation[29] ». L'enquête risquait en effet de mettre en lumière ce qu'une partie importante de leur travail militant tend à voiler : l'existence de hiérarchies sociales entre les femmes, pouvant mener à des tensions entre elles. De telles réticences m'ont amenée à considérer les entretiens comme des arènes au sein desquelles se déploient des pratiques de production d'une position sociale et d'une subjectivité privilégiées. J'ai ainsi prêté attention à la manière dont les militantes interviewées nommaient ou au contraire évitaient de qualifier leur position dans les hiérarchies raciales, de classe et de sexualité, ainsi que le rapport qu'elles affichaient aux groupes minorisés et aux – rares – situations de conflit que j'ai pu observer.

Comment la possibilité de l'unité du sujet politique du féminisme autour du corps est-elle construite ? Cet ouvrage dévoile le travail militant nécessaire pour élaborer un « nous » féministe à partir du corps et ses implications. Le premier chapitre retrace les grandes lignes de l'histoire du *self-help* et de son renouvellement contemporain. Le deuxième chapitre explore les trajectoires militantes des féministes et montre comment leur engagement au croisement de la sphère militante et du champ de la santé entend brouiller les frontières de l'ordre médical. Les chapitres suivants étudient l'activité militante consistant à former le(s) sujet(s) politique(s) du féminisme – et les exclusions qu'elle génère. Le troisième chapitre analyse la dimension mémorielle du travail militant : l'objectif est d'assurer la continuité avec la génération précédente et de créer l'unité des féministes autour d'un rapport

---

28. Aurore Koechlin, « L'auto-gynécologie : écoféminisme et intersectionnalité », *Travail, genre et sociétés*, 42 (2), 2019, p. 109-126.
29. Sylvain Laurens, « "'Pourquoi' et 'comment' poser les questions qui fâchent ?" Réflexions sur les dilemmes récurrents que posent les entretiens avec des "imposants" », *Genèses*, 69 (4), 2007, p. 125.

nostalgique au passé. Le quatrième chapitre resserre la focale sur la production de la bienveillance dans les ateliers collectifs. Les militantes du *self-help* entendent conduire les participantes au féminisme par l'intrication entre travail émotionnel, travail cognitif et travail relationnel et promeuvent un ensemble de normes prescrivant la bonne manière d'incarner le sujet politique du féminisme. Le cinquième chapitre interroge les contours du « nous » féministe promu. En traduisant l'adhésion des militantes à l'intersectionnalité dans les pratiques, le travail militant intersectionnel reproduit paradoxalement des logiques inégalitaires et des dynamiques de marginalisation. Les différents chapitres de cet ouvrage saisissent ainsi le travail de production d'un corps pour le féminisme et les logiques sociales qui conduisent les féministes minoritaires à en être exclues.

Chapitre 1

Notre corps, nous-mêmes, d'hier à aujourd'hui

À l'aube des années 1970, des militantes de plusieurs pays s'élèvent contre le contrôle médical de la vie des femmes. Aux États-Unis, elles entreprennent une démarche de production de savoirs sur leur corps à partir de leur corps : le *self-help* féministe. Étudier l'émergence de ce courant et ses circulations en Europe depuis les années 1970 permet de saisir la construction en actes du corps comme support de mobilisation féministe. En effet, les modes d'action et les références du *self-help* circulent des États-Unis à l'Europe en lien avec l'émergence, au début des années 1970, de mobilisations féministes autonomes qui politisent l'intime. En France, en Suisse et en Belgique, l'univers de référence du *self-help* est adapté différemment en fonction des contextes nationaux et locaux. Si les mobilisations féministes de santé résistent un temps au déclin militant des années 1980[1], notamment grâce à leur caractère transnational, elles disparaissent les deux décennies suivantes. Le renouvellement de ces mobilisations féministes au cours des années 2010 repose sur la réactualisation de deux principes issus des années 1970 : le droit des femmes à disposer librement de leur corps et la critique politique du « pouvoir médical ». Ces mobilisations placent la réappropriation du corps

1. La décennie 1980, marquée par l'avènement du néolibéralisme, est couramment analysée à travers le prisme du déclin des mobilisations progressistes et féministes qui ont caractérisé les années 1970 : Susan Faludi, *Backlash. The Undeclared War Against American Women*, New York, Crown, 1991.

au centre de leurs revendications et de leurs moyens d'action et font du corps le support privilégié de la politisation féministe.

Diffusion transnationale et appropriations locales du *self-help* féministe

Les luttes féministes pour la réappropriation du corps face au pouvoir médical prennent racine à la fin des années 1960 aux États-Unis avec l'apparition du mouvement de santé des femmes (*Women's Health Movement*) et celle du courant de *self-help* gynécologique. Comment ce courant s'est-il diffusé des États-Unis à l'Europe ? Comment a-t-il été accueilli à Bruxelles, à Paris et à Genève ? En analysant la réception du *self-help* dans ces trois grandes villes liées entre elles par des échanges facilités par la francophonie, nous saisissons les adaptations locales différenciées des références transnationales et démêlons « les éléments locaux, nationaux et transnationaux du discours, de la théorie et de la pratique qui ont façonné le féminisme des années 1970[2] » en Europe.

Aux origines du *self-help* féministe

À l'aube des années 1970 aux États-Unis, le *Women's Health Movement* se structure autour d'une critique de l'encadrement médical de la vie procréative des femmes. Il bénéficie d'un contexte d'ébullition féministe et des mobilisations pour le droit à l'avortement et à la contraception. Les militantes de ce mouvement défendent six principes : un contrôle accru des femmes sur les décisions concernant leur corps et leur santé ; la démédicalisation des événements de la vie des femmes par la remise en cause de la propriété médicale de certains actes ; un accent mis sur la prévention, l'information, et la promotion de traitements moins invasifs ; la promotion du respect dans la relation médecin/patient·e ; la place centrale d'un modèle prenant en compte les aspects sociaux de la santé, par opposition à un modèle biomédical ; et un engagement pour l'égalité d'accès aux soins[3]. C'est au sein de

2. Maud Anne Bracke, « Our Bodies, Ourselves : The Transnational Connections of 1970s Italian and Roman Feminism », *Journal of Contemporary History*, 50 (3), 2015, p. 562. Toutes les citations en anglais sont traduites par mes soins.
3. Mary K. Zimmerman et Shirley A. Hill, « Reforming Gendered Health Care : An Assessment of Change », *International Journal of Health Services*, 30 (4), 2000, p. 771-795.

ce mouvement que se développe le *self-help* féministe, un courant revendiquant que « les femmes reprennent en main leur santé et récupèrent un certain contrôle sur leur sexualité[4] ».

Lors de l'une des premières conférences du *Women's Lib* qui se tient à Boston au printemps 1969, huit femmes se réunissent en atelier pour échanger et abordent des thèmes liés à la sexualité et à la reproduction. Elles expriment leur méfiance vis-à-vis de leurs propres médecins, qu'elles décrivent comme « condescendants, paternalistes [et] jugeants[5] ». Le groupe décide de continuer à se réunir, d'abord dans le but de créer une liste de « bons médecins », puis pour rassembler des informations sur leur propre corps et prendre ainsi de l'autonomie vis-à-vis de leurs médecins. Leurs rencontres régulières donnent lieu à la publication en 1970 d'un livret intitulé *Women and Their Bodies*, qui deviendra en 1973 la « bible » du *self-help*, l'ouvrage *Our Bodies, Ourselves.* Ce manuel de santé féministe, empli d'expériences et de témoignages de femmes, met l'accent sur l'autonomisation par la connaissance et illustre la démarche de coproduction du savoir sur la santé des femmes propre au *self-help* féministe. Il devient rapidement célèbre : depuis sa première édition, plusieurs millions de copies ont été vendues et le livre a été traduit ou adapté sur tous les continents[6].

D'autres événements participent à l'émergence du courant de *self-help* féministe à la fin des années 1960. En 1969, Carol Downer, une femme au foyer de la classe ouvrière blanche et mère de six enfants, s'engage dans les luttes pour le droit à l'avortement en Californie. Se désintéressant rapidement d'une mobilisation axée sur la légalisation, elle milite pour que les femmes prennent elles-mêmes en charge la pratique abortive. Lors de l'apprentissage de ce geste, elle découvre comment prendre en main un spéculum et comment s'en servir. Le 7 avril 1971, lors d'une réunion dans l'arrière-salle d'une librairie féministe de Los Angeles, Carol Downer fait la démonstration devant un groupe de femmes de l'auto-observation du col de l'utérus à l'aide d'un spéculum, d'un miroir et d'une lampe de poche. Les participantes présentes ce

---

4. Sandra Morgen, *Into Our Own Hands…*, *op. cit.*, p. 3.
5. Boston Women's Health Book Collective, *Our Bodies, Ourselves. A Book by and for Women*, *op. cit.*, p. 1.
6. Kathy Davis, *The Making of* Our Bodies, Ourselves. *How Feminism Travels Across Borders*, Durham, Duke University Press, 2007.

jour-là commencent à se réunir régulièrement et pratiquent l'auto-examen du col de l'utérus au sein de ce qu'elles désignent sous le terme de « groupes de *self-help* ». L'acte réalisé par Carol Downer devient légendaire au sein du *Women's Health Movement*. Un potentiel révolutionnaire est prêté à l'auto-observation : il se dit que la pratique a « changé à jamais celles qui y ont participé, a réécrit leur conscience[7] ». Parmi les participantes se trouve Lorraine Rothman, créatrice du « Del-Em », un dispositif utilisé pour aspirer le contenu de l'utérus pendant les règles ou au début d'une grossesse. La procédure est appelée « extraction menstruelle ». En 1972, Carol Downer et Lorraine Rothman opèrent une tournée dans 23 villes des États-Unis pour faire circuler les méthodes d'auto-examen et d'extraction menstruelle. Cette initiative conduit à la création de groupes de *self-help* féministe dans tout le pays. La même année, elles ouvrent le *Los Angeles Feminist Women's Health Center*, l'une des premières cliniques de santé et d'avortement contrôlées par des femmes. À partir du milieu des années 1970, les centres de santé féministes se multiplient aux États-Unis et tentent de restructurer les soins et de contrer l'autorité médicale. Une fois l'avortement légalisé par l'arrêt de la Cour suprême *Roe v. Wade* du 22 janvier 1973, les cliniques sont également pensées comme des lieux fournissant un accès à des avortements respectueux et bon marché.

L'importation du *self-help* féministe en Europe n'est ni linéaire ni uniforme. Elle s'est faite dès 1973 *via* deux canaux principaux : d'abord, les traductions de *Our Bodies, Ourselves* dans plusieurs langues ; ensuite, la tournée de six semaines réalisée par deux militantes du *Women's Health Movement*, Carole Downer et Debra Law, à l'automne 1973 dans huit pays européens[8]. Convaincues que « le mouvement des femmes doit voyager » et ressentant « une réelle urgence à rencontrer [leurs] sœurs européennes[9] », ces deux militantes des *Feminist Women's Health Centers* effectuent plus de 60 présentations de l'auto-examen et du Del-Em auprès de « plus de 2 500 femmes[10] ».

---

7. Sandra Morgen, *Into Our Own Hands...*, *op. cit.*, p. 39.
8. Lors de cette tournée, elles se rendent en Belgique, aux Pays-Bas, au Danemark, en Grande-Bretagne, en France, en Suisse, en Allemagne et en Italie.
9. « Preface », *Report of Feminist Women's Health European Tour Oct.-Dec. 1974*.
10. *Idem.*

À Bruxelles, une adaptation limitée

Le *self-help* est importé en Belgique à un moment de crispation des luttes sur l'avortement : contrairement aux États-Unis et à d'autres pays européens, *self-help* et lutte pour l'avortement libre sont construits comme incompatibles, ce qui ne favorise pas l'émergence d'une critique féministe du pouvoir médical. Le mouvement pour l'avortement libre débute en novembre 1971 par l'organisation de plusieurs manifestations par le Front de libération des femmes créé quelques mois plus tôt. En janvier 1973, le mouvement connaît un tournant lorsque le docteur Willy Peers est arrêté pour pratique illégale d'avortement, à la suite d'une dénonciation[11]. Une forte mobilisation nationale s'ensuit, qui réunit féministes et chrétiens progressistes ainsi que de nombreux médecins revendiquant publiquement des actes d'avortement. La place importante des médecins dans la lutte pour l'avortement libre rend d'abord difficile l'appropriation du *self-help*. En effet, la venue de Carol Downer et Debra Law est organisée par les militantes du *Women Overseas for Equality* (WOE), une association féministe d'expatriées anglo-saxonnes, en pleine affaire Peers. Les féministes bruxelloises se montrent plutôt frileuses vis-à-vis de l'événement. D'une part, elles ont « le sentiment que la situation politique est trop délicate pour parrainer quelque chose d'aussi provocateur (relativement) qu'une conférence publique sur l'avortement[12] ». L'organisation d'une conférence sur le *self-help* apparaît trop risquée aux yeux de nombreux groupes féministes belges. D'autre part, ces militantes revendiquant un féminisme ancré dans la classe ouvrière sont méfiantes vis-à-vis de pratiques importées par des féministes anglo-saxonnes considérées comme « bourgeoises ». Les militantes du WOE organisent en conséquence un événement en petit comité qui ne rassemble pas plus de 80 personnes, dont la plupart sont des femmes américaines et anglaises. L'agenda politique et la place importante des médecins dans la lutte pour l'avortement en Belgique sont donc tout d'abord peu propices à la réception de pratiques de contestation du pouvoir médical sur le corps des femmes.

---

11. Marianne Coulon, « Belgique : avortement toujours interdit », *Les cahiers du GRIF*, 26 (1), 1983, p. 147-150.
12. Lettre de Lydia Horton à Gertrude Stone, 20 septembre 1973.

Le Tribunal international des crimes contre les femmes se tient à Bruxelles en mars 1976 : cet événement offre au *self-help* une deuxième opportunité de se diffuser en Belgique. Le centre de santé féministe de Berlin y anime notamment un atelier de *self-help*[13]. Une permanence « médecine-femmes » est ouverte de façon concomitante à la Maison des femmes de Bruxelles. Elle propose des consultations gynécologiques pratiquées par une médecin qui promeut une « approche gynécologique différente[14] », en invitant les femmes à prendre en main leur corps et leur santé. Dès octobre 1976, des séances de discussion collective sont consacrées à la « connaissance de notre corps[15] ». Mais l'initiative est de courte durée et seules les consultations gynécologiques sont maintenues, à raison d'une séance par mois. Le *self-help* remobilise à la faveur d'un voyage collectif de deux semaines aux États-Unis en 1977. Les militantes y rencontrent le *Boston Women's Health Book Collective*, à l'origine de *Our Bodies, Ourselves*. En octobre 1977, le groupe « Médecine femmes » appelle à la formation d'un « groupe d'initiation *Self-Help* (méthode visant à connaître son propre corps, à prendre en charge sa propre santé, basée sur l'assistance et l'observation mutuelles, et sur la mise en commun d'expériences)[16] ». Pendant un an, le groupe se retrouve régulièrement pour des sessions collectives. La démarche entamée ne survit toutefois pas à la baisse d'investissement de la gynécologue au sein de la Maison des femmes, témoignant de la difficulté des féministes bruxelloises à penser des pratiques de santé en dehors du cadre médical. Ce n'est qu'en présence de professionnelles qu'elles pratiquent l'auto-examen et acquièrent des connaissances sur leurs corps et leur santé. Les séances du groupe « Médecine femmes » se limitent de nouveau à l'organisation d'une permanence gynécologique toutes les deux semaines à partir de janvier 1979. Dans ces conditions, aucune critique féministe radicale de la santé et de la médecine traditionnelle ne voit le jour et les revendications se restreignent à l'accès aux droits reproductifs. Par conséquent, la diffusion du *self-help* à Bruxelles n'a pas donné lieu à l'élaboration

---

13. Jeanne-Marie Gagnebin, « Je suis mon corps : sur un groupe de self-help », *Les cahiers du GRIF*, 20 (1), 1978, p. 40-41.
14. Marie Denis et Suzanne Van Rokeghem, *Le féminisme est dans la rue. Belgique 1970-1975*, Bruxelles, Politique & histoire, 1992, p. 165.
15. *Idem.*
16. Bulletin de la Maison des femmes, octobre 1977.

d'un discours féministe critique de la médecine et du rôle du corps médical dans la perpétuation des inégalités de genre.

À Paris, un succès mitigé

Bien qu'il n'ait pas non plus engendré un mouvement féministe de santé d'envergure en France, le *self-help* y a été adapté de façon plus soutenue qu'en Belgique. La tournée de Carol Downer et Debra Law constitue le premier vecteur de son importation. À Paris, la visite des Californiennes a conduit à la création immédiate d'au moins deux groupes de *self-help*[17]. La réception du *self-help* a donc, à ce moment, été plus favorable à Paris qu'à Bruxelles, notamment parce que le *self-help* n'y est pas construit en opposition à l'agenda politique de l'avortement libre. C'est en effet la même année, en 1973, qu'est introduite la méthode d'avortement par aspiration dite « méthode Karman[18] ». Promue par des médecins critiques, elle se diffuse rapidement en France et devient un mode d'action central dans la lutte pour l'avortement libre[19]. Des non-médecins qui défendent une prise en main collective des avortements par les femmes s'emparent également de cette technique simple à apprendre[20]. Un répertoire d'action innovant se développe alors autour de l'avortement. Il déploie des pratiques analogues à celles du *self-help* états-unien fondées sur la prise en main profane d'actes habituellement réservés au corps médical.

L'adaptation française de *Notre corps, nous-mêmes* en 1977 constitue une deuxième étape, plus soutenue, de la réception et de l'implantation du *self-help*. Lucile Ruault a dénombré l'existence d'une douzaine de groupes de *self-help* en France entre 1973 et le début des années 1980, avec une nette augmentation à partir de 1977. Néanmoins, ces groupes entretiennent peu de liens entre eux, si ce n'est aucun. S'ils sont (faiblement) intégrés dans la nébuleuse internationale du *self-help*, *via* des échanges mondiaux, la structuration au niveau national ne se fait pas et ne permet pas

---

17. Lettre de Debra Law et Carol Downer à Lydia Horton, 19 février 1974.
18. Cette méthode permet d'interrompre une grossesse jusqu'à huit semaines et ne nécessite pas d'anesthésie chimique.
19. Bibia Pavard, « Quand la pratique fait mouvement. La méthode Karman dans les mobilisations pour l'avortement libre et gratuit (1972-1975) », *Sociétés contemporaines*, 85 (1), 2012, p. 43-63 ; Lucile Ruault, « Histoires d'A et méthode K : la mise en récit d'une technique et ses enjeux dans le mouvement pour l'avortement libre en France », *Sociétés contemporaines*, 121 (1), 2021, p. 139-170.
20. Lucile Ruault, « Le spéculum, la canule et le miroir... », *op. cit.*, p. 257-323.

l'émergence d'un mouvement de santé des femmes[21]. Plusieurs hypothèses ont été avancées pour éclairer la faiblesse du *self-help* en France[22] : le crédit accordé aux gynécologues au sein de la lutte pour le droit à l'avortement et à la contraception ; la faiblesse de l'institutionnalisation des études de genre qui ont soutenu, dans d'autres contextes, la critique féministe de la biomédecine ; une action collective tournée vers la sauvegarde du système de santé publique plutôt que vers la critique du corps médical ; la focalisation de l'action collective sur la question de la légalisation de l'avortement qui ne favorise pas l'émergence d'une critique plus globale du corps médical ; les contraceptifs chimiques, et notamment la pilule contraceptive, érigés en symbole de l'émancipation des femmes[23].

Malgré une implantation timide en France, le *self-help* a laissé des traces durables. Il a redynamisé les réseaux militants pour l'avortement libre, en particulier auprès des « MLAC dissidents », qui ont continué à pratiquer de façon profane des avortements sécurisés après le passage de la loi Veil en 1975[24]. À partir du milieu des années 1980, il a aussi rencontré un écho favorable au sein du militantisme lesbien. Le *self-help* y a été investi comme une ressource pour penser la spécificité de la santé des femmes lesbiennes. Un groupe de réflexion et de recherches sur la santé des lesbiennes est créé au milieu des années 1980 à Paris. Jusqu'en 1991, année de sa dissolution, il interroge à la fois l'invisibilisation des problématiques lesbiennes dans la prise en charge gynécologique et la médicalisation croissante de leur santé à travers la montée en puissance du cadre préventif. Ces initiatives demeurent néanmoins très marginales.

Une réception favorable à Genève

L'implantation du *self-help* en Suisse connaît un sort différent. Si, comme ailleurs en Europe, le *self-help* n'a pas engendré un mouvement social structuré, l'acclimatation du *self-help* y a

---

21. Lucile Ruault, « La circulation transnationale du *self-help féministe* : acte 2 des luttes pour l'avortement libre ? », art. cité.
22. Ilana Löwy, « Le féminisme a-t-il changé la recherche biomédicale ? Le *Women Health Movement* et les transformations de la médecine aux États-Unis », *Travail, genre et sociétés*, 14 (2), 2005, p. 89-108 ; Lucile Ruault, « Le spéculum, la canule et le miroir... », *op. cit.*
23. Alexandra Roux, *Pilule : défaire l'évidence*, Paris, Éditions de la MSH, 2022.
24. Lucile Ruault, « La circulation transnationale du self-help féministe », art. cité.

néanmoins été considérablement plus aisée qu'en France et en Belgique. À Genève en particulier, la critique féministe de la médecine connaît une trajectoire remarquable, notamment parce que l'importation du *self-help* y donne lieu à l'ouverture en 1978 du Dispensaire des femmes, le seul centre de santé féministe francophone européen.

Le MLF de Genève, né en 1971, se saisit dès ses prémices de la question de l'avortement libre et multiplie les actions sur ce thème tout au long de la décennie 1970. L'avortement constitue alors un délit pénal, sauf si la santé de la femme enceinte est en péril. Le canton de Genève, parmi les plus progressistes, adopte une définition large de la notion de santé, permettant à de nombreuses femmes suisses et étrangères d'y avorter sous contrôle médical. Et c'est bien ce contrôle que les militantes remettent en cause : elles manifestent contre la décision du professeur Hermann de ne plus pratiquer d'avortement à la maternité après douze semaines de grossesse, élaborent un fichier des gynécologues « les moins hostiles aux femmes[25] » et critiquent les modalités médicales de réalisation de l'acte abortif. L'avortement devient le thème central du MLF, comme le montre le tract qui annonce la venue à Genève de Carol Downer et Debra Law lors de leur tournée européenne. Diffusé en octobre 1973, ce texte lie intimement le thème de l'avortement aux libertés reproductives et au « monopole du savoir médical » :

> Libérer nos corps ou libérer l'avortement ? La lutte pour la liberté de l'avortement est en train de prendre un sens nouveau. En effet, dans de nombreux pays, les lois concernant l'avortement ont été libéralisées, ce qui a permis à de nombreuses femmes de voir que l'avortement n'est qu'un aspect du contrôle de leur corps. Il y a de nombreux autres moments de notre vie de femmes où nous sommes complètement à la merci des médecins. [...] En brisant le monopole du savoir médical, nous devenons capables de revendiquer le type de contraception, soins, méthode d'avortement ou d'accouchement que nous voulons vraiment. [...] Brisons les tabous concernant les organes sexuels et génitaux, à commencer par les nôtres. En Suisse, il va y avoir prochainement une votation sur la décriminalisation de l'avortement. [...] Au cas improbable où une nouvelle réglementation serait adoptée, nous savons aussi que ce n'est pas cela qui va nous donner des garanties. Tout au plus, une nouvelle réglementation pourra servir à débloquer la situation

25. « Personne ne décidera pour nous. Nos luttes sur l'avortement. Auto-examen. Attaque contre les gynécos », septembre 1977.

> dans certaines parties de la Suisse où il y a impossibilité quasi absolue d'obtenir un avortement (ce qui n'est pas du tout à négliger). Mais nous voulons plus que le « droit » d'avorter. Nous voulons la possibilité effective d'être bien dans notre peau, d'avoir ou de ne pas avoir des enfants sans devoir payer en argent, en angoisse et en souffrance. « Le bonheur, c'est de connaître le col de son utérus[26] ! »

En confiant aux seuls médecins la prise en charge du geste abortif, la légalisation de l'avortement a contribué à restreindre la définition du principe de libre disposition du corps promue par les féministes. Le *self-help* devient dans ce contexte l'outil privilégié pour accéder librement à l'avortement et pour remédier plus largement au monopole médical des savoirs et savoir-faire sur les corps féminins. L'encadrement légal de l'avortement à Genève a favorisé l'émergence d'une critique féministe de la médecine dont les revendications dépassent l'accès aux droits reproductifs.

Lors de leur passage en Suisse, les militantes américaines vantent les mérites de l'auto-examen. À la suite de leur démonstration, un groupe *self-help* est créé au sein du MLF de Genève. La pratique de l'auto-examen y devient centrale dans la contestation radicale des normes sexuelles, des institutions de santé et des pratiques médicales :

> Cet <u>auto-examen</u> est pour nous, avant tout, une <u>pratique de groupe</u>. C'est dans une atmosphère de confiance que nous pouvons, d'une part mettre en commun nos connaissances quant au fonctionnement de notre corps et d'autre part, avoir une <u>nouvelle conscience</u> de notre propre corps, de notre sexualité. De cette pratique chacune ressort renforcée : Nous avons une nouvelle conscience de nous-même. En connaissant mieux notre façon d'avoir du plaisir, le mythe de la passivité féminine s'écroule pour nous, nous nous découvrons autonomes dans notre sexualité. Face aux médecins, nous sommes davantage en mesure de contrôler ce qui se passe, d'exiger un examen complet par exemple et de recevoir des explications que nous pouvons comprendre. Nous nous réapproprions ainsi un pouvoir sur notre vie de femmes (règles, grossesses, accouchements) que la médecine en devenant science d'hommes nous a pris. [...] C'est entre femmes et par la mise en commun de nos expériences, que :
> – nous reprendrons du pouvoir sur notre corps
> – nous nous rendrons autonomes
> – nous nous donnerons les moyens d'utiliser les institutions dans des conditions définies par nous[27].

---

26. « Réunion avec les femmes des USA », 1973.
27. « Le *self-help* pourquoi ? », non daté (environ 1975).

Pendant près de deux ans, le groupe, composé d'une dizaine de femmes, élabore un ensemble de connaissances sur la santé et les corps. Ses militantes participent aussi activement à la circulation de ces pratiques et savoirs au niveau national et international, par des voyages dans différents cantons suisses, mais aussi en France, aux États-Unis et en Allemagne. Il prend fin lorsqu'un autre groupe se crée dans la perspective de fonder ce qui deviendra le Dispensaire des femmes.

La première mention d'un projet de création d'un « service de femmes pour les femmes » à Genève remonte à novembre 1975, dans un texte signé par Reine, une infirmière militante au MLF et membre du groupe *self-help* :

> Un collectif de femmes médecins, infirmières, avec droit de pratique dans leurs professions peuvent s'installer dans un canton où les avis conformes s'obtiennent[28] et commencer une pratique de l'avortement. Nous parlons depuis longtemps de la méthode par aspiration, nous voulions faire sauter les prix des avortements par nos accompagnements, nous dénonçons la relation médecins-« malades », hommes-femmes qu'on nous inflige. Comment mieux aborder tous ces points et le blocus parlementaire qu'en existant comme un service de femmes pour les femmes[29].

L'enjeu de l'avortement est central dans ce projet. Il en disparaît néanmoins progressivement. À la fin de l'année 1976, Reine renouvelle plus formellement l'invitation à participer à une telle entreprise collective. Elle revient alors d'un voyage de plusieurs mois aux États-Unis, lors duquel elle a rencontré le collectif à l'origine de *Our Bodies, Ourselves*, visité des *Feminist Women's Health Centers* et effectué un stage dans celui de Colorado Springs. Se disant « encore plus déterminée à travailler à l'ouverture d'une clinique féministe en Suisse[30] », elle émet un doute sur la possibilité de l'existence même de la pratique abortive au sein d'une telle structure :

---

28. Pour pouvoir avorter légalement, les femmes devaient obtenir l'avis de deux médecins attestant que leur santé était mise en danger par la grossesse. Ces avis étaient impossibles à obtenir dans certains cantons suisses.
29. « Avortement : impasse ou peut-être la rupture ? », 30 novembre 1975.
30. « Pour la création d'une clinique féministe », non daté (1976).

> Pratiquement, je vois
> Un accueil et prise en charge faits par toutes, également. [...]
> Un(e) toubib responsable qui passe 2 fois par semaine, pour signer le bas des ordonnances, voir le plus difficile et faire les avortements (si on décide d'en faire).
> Je préfère commencer avec la gynécologie (maladie des organes génitaux des femmes) et l'obstétrique (grossesse-accouchement)[31].

Pendant un an et demi (1977-1978), le collectif engagé dans la création du Dispensaire, qui réunit un peu plus de 15 femmes (membres du groupe *self-help*, membres du groupe avortement et professionnelles de santé), se retrouve régulièrement et se forme à l'examen gynécologique préventif, au diagnostic d'infections et d'affections, à l'analyse de prélèvements, au conseil abortif et contraceptif, à la pose de stérilets. C'est un collectif de 16 femmes qui annonce l'ouverture du Dispensaire prévue le 18 mai 1978. L'avortement n'y sera finalement jamais pratiqué : sur cette question, le Dispensaire des femmes devient officiellement un centre de conseil, de référencement et d'accompagnement. La prise en main de la pratique abortive telle que promue par les militantes du MLF à Genève – aspiration et possibilité d'anesthésie locale – est définitivement écartée.

Pour autant, les travailleuses du Dispensaire n'abandonnent pas entièrement l'enjeu de l'avortement dans les premiers temps de l'organisation, témoignant de la force de la critique féministe de la médecine à Genève. Elles utilisent le flou permis par le temps de latence d'une dizaine de jours entre l'identification d'un retard de règles et la constatation d'une grossesse pour expérimenter d'autres manières de contrôler les naissances. Elles étudient en particulier les plantes abortives : elles prescrivent des infusions de plantes « employées par les femmes indiennes nord-américaines[32] » et comparent les résultats avec le « risque de faire une fausse couche dans la première semaine », ainsi que me le raconte Madeleine[33], une ancienne infirmière au Dispensaire. Dressant le constat que « c'était pas très probant », elles mettent fin à ces expérimentations. Les travailleuses non-médecins pratiquent aussi l'extraction de

---

31. *Idem.*
32. « Contraception. Avortement », 1975 et 1979. La circulation des savoirs sur les plantes abortives laisse présager la permanence des liens transnationaux avec les États-Unis à la fin des années 1970.
33. Un tableau récapitulatif des entretiens cités est disponible en annexe.

règles. Cette méthode d'aspiration du contenu de l'utérus par une canule a été diffusée en Europe par Carol Downer et Debra Law dès 1973. Introduite au sein du groupe *self-help*, elle est présentée comme une « méthode [qui] permet d'interrompre très tôt une grossesse ou d'abréger les règles à 5 minutes[34] ». La désignation de l'acte comme « extraction menstruelle » permet d'euphémiser la pratique abortive profane tout en profitant du flou autour de la qualification juridique de l'avortement[35]. Cette solution permet au Dispensaire de disposer d'une marge de manœuvre concernant l'avortement. Cependant, les travailleuses du Dispensaire décident d'interrompre cette pratique au bout de quelques années car les médecins refusent de la faire perdurer dans un contexte de démobilisation militante, ainsi que le relate Geneviève, travailleuse « non médicale » au Dispensaire des femmes, lors de notre entretien :

> Si on avait eu un pépin, c'étaient les toubibs qui se faisaient retirer leur droit de pratique. Mais là, à ce moment-là, il y avait le MLF derrière, j'entends, s'il y avait eu quoi que ce soit, on était soutenues. Mais, au bout de 10 ans, le mouvement périclitait, les toubibs n'ont plus assumé et elles ont dit : on arrête.

La progressive dilution de l'enjeu de l'avortement au sein du projet du Dispensaire s'explique ainsi en partie par la réticence des médecins à déléguer le mandat abortif.

Les processus de circulation transnationale et de réception locale du *self-help* à Bruxelles, à Paris et à Genève mettent en évidence l'entrecroisement des niveaux locaux et nationaux dans l'importation différenciée du *self-help*, et l'importance des actrices locales dans les processus d'adaptation des références transnationales de ce mouvement. Plusieurs facteurs rendent compte de ces différences. En premier lieu, les modes d'encadrement légal de l'interruption de grossesse dans les trois pays ont pu favoriser ou non son adaptation. Alors qu'en Suisse l'accès à cet acte était placé sous la responsabilité et l'autorité des médecins depuis plusieurs décennies (1942), ce n'est qu'à l'aune de sa légalisation que les médecins ont acquis le monopole de l'avortement en France (1975)

34. « Le *self-help* pourquoi ? », non daté (environ 1975).
35. L'article 118 du Code pénal suisse de 1942 stipule : « La personne enceinte qui, par son propre fait ou par celui d'un tiers, se sera fait avorter sera punie de l'emprisonnement ». S'il n'est pas établi que la personne est « enceinte », la personne ne peut donc être punie.

et en Belgique (1990). Un tel contexte a été plus opportun pour l'expérimentation de pratiques militantes d'avortement en France, et notamment pour la prise en main profane de l'acte. Au contraire, la contestation des restrictions légales et pratiques à l'avortement en Suisse a soutenu l'émergence d'une critique féministe de la médecine centrée sur la libération des corps au-delà de la seule légalisation de l'avortement. En second lieu, les configurations féministes locales lors de l'importation du *self-help* ont pu favoriser ou non son implantation. L'existence d'un mouvement féministe local ou national fort a ainsi été propice au développement du *self-help* à Genève et à Paris. À Bruxelles, les luttes ont été moins vigoureuses, ce qui explique en partie la faible implantation d'une critique féministe de la médecine. L'insertion plus ou moins forte des réseaux féministes locaux dans des systèmes d'échanges et de circulations transnationales a aussi joué un rôle. La multiplicité et l'intensité des liens transnationaux développés à Genève, une ville qui se trouvait alors au carrefour des influences américaine, française et allemande, a favorisé à plus long terme une critique féministe de la médecine conventionnelle au-delà de la seule question de l'avortement. Les rapports entre les médecins et les luttes pour l'avortement libre expliquent également l'émergence d'un mouvement féministe prenant à bras-le-corps la question du corps des femmes au-delà des droits reproductifs. Aussi, si les médecins progressistes ont été très actifs dans la lutte pour l'avortement libre en France et en Belgique, leur soutien a été moins visible en Suisse. Les réseaux féministes se sont mobilisés en soutien au docteur Peers à Bruxelles, alors que les militantes genevoises ont lutté contre le docteur Hermann qui réduisait la durée légale et les conditions de recours à l'avortement à la maternité. Une telle différence dans la lutte permet d'expliquer les variations locales de l'implantation du *self-help* : la configuration genevoise a constitué un terrain plus favorable au développement d'une critique féministe de la médecine et à sa mise en pratique.

Le Dispensaire des femmes de Genève (1978-1987) : quand le *self-help* s'institutionnalise

De l'ouverture du Dispensaire des femmes en mai 1978 dans un quartier populaire de Genève jusqu'à sa transformation en centre de santé traditionnel en 1987 se déploie la seule expérience d'institutionnalisation du *self-help* en Europe francophone, fondée sur le modèle des cliniques féministes américaines. Cette expérience est importante dans l'histoire méconnue de la remise en cause féministe de l'emprise médicale sur le corps des femmes. Analyser l'institutionnalisation du *self-help* au sein d'une association féministe permet de saisir la mise en pratique quotidienne des principes féministes pour une autre médecine et les tensions qui en découlent, dans un contexte de moins en moins propice à l'expérimentation d'alternatives politiques.

Négocier quotidiennement l'idéal féministe

Au sein du Dispensaire des femmes, un ensemble de stratégies organisationnelles sont mises en place pour contrer l'autorité médicale et masculine qui s'exerce sur le corps des femmes. La première est la non-mixité. Elle repose sur l'idée que les rapports de pouvoir liés à la classe sociale et à l'autorité seraient neutralisés par une même appartenance de sexe. La non-mixité garantirait une division du travail de soin égalitaire entre les différentes professions de santé représentées au sein du Dispensaire (médecins, infirmières, sages-femmes, psychologues), entre travailleuses « médicales » et travailleuses profanes (appelées « non médicales ») et entre travailleuses et « usagères ». Une deuxième stratégie organisationnelle est celle de l'autogestion, assurée par la prise de décisions à l'unanimité des travailleuses. Afin de minimiser les relations hiérarchiques, l'égalité de salaire horaire et le temps partiel sont instaurés pour toutes. Une rotation des tâches vise à assurer une répartition égalitaire du « sale boulot » (accueil, facturation) et du « boulot sale[36] » (entretien des locaux, ménage, lessives). La rotation concerne réciproquement les tâches les plus valorisées socialement et, parmi celles-ci, les tâches médicales. Leur exécution par les travailleuses profanes témoigne de l'influence du *self-help* dans l'organisation du Dispensaire. Des séances hebdomadaires d'autoformation permettent la redistribution sociale du savoir médical entre travailleuses et évitent les phénomènes de spécialisation.

La rotation des tâches est cependant peu à peu remise en cause. Dès 1981, une « femme de ménage » est recrutée, témoignant de

---

36. Pascale Molinier, Lise Gaignard, Marie-Anne Dujarier, Aurélie Jeantet, Pierre Lénel et Éric Hamraoui, « Introduction au dossier "Sale boulot, boulot sale" », *Travailler*, 24 (2), 2010, p. 9-20. Le « boulot sale » est ici défini comme « salissant et jugé physiquement dégoûtant », *ibid.*, p. 12.

la redélégation précoce du travail de nettoyage et des limites de la tentative de revalorisation de ces tâches. Cette travailleuse bénéficie du même salaire que les autres mais ne participe pas aux réunions de gestion ni au travail de soin. La spécialisation des tâches s'est aussi accrue au sein du Dispensaire au fur et à mesure que la spécialisation des savoirs s'est accentuée, certaines des travailleuses suivant des formations spécifiques (acupuncture, physiothérapie, aromathérapie, homéopathie). La distribution du savoir a d'ailleurs dès le début été limitée par la prise en charge exclusive des accouchements à domicile par les sages-femmes du Dispensaire, soulignant les limites de l'idéal de prise en main collective des savoirs procréatifs. La spécialisation progressive fait l'objet de vives critiques au sein du Dispensaire et conduit dès 1982 à la démission de l'une de ses travailleuses, révélant les tensions qui émergent des contradictions entre l'idéal affiché et sa mise en pratique.

La redistribution sociale des savoirs sur la procréation entre travailleuses et usagères est conçue comme l'une des conditions d'une répartition plus égalitaire du travail de soin. En pratique, plusieurs stratégies sont mises en œuvre : la mise à disposition d'ouvrages et de brochures informatives dans les espaces communs du Dispensaire, notamment sur les moyens de contrôle des naissances ; la proposition faite aux usagères de poser elles-mêmes le spéculum lors de la consultation et l'apprentissage de l'autopalpation de la poitrine ; l'extension de la durée du temps de consultation pour permettre la transmission d'informations ; la présence de deux travailleuses du Dispensaire à chaque consultation, dont une travailleuse « non médicale » pour rendre accessible le vocabulaire médical ; l'extension de l'offre des traitements, par la proposition systématique d'un traitement allopathique et d'un traitement « alternatif » (homéopathie, phytothérapie, acupuncture) ; l'organisation de groupes thématiques d'information et de discussion (contraception, préparation à l'accouchement, pédiatrie, ménopause, sexualité, auto-examen). Cependant, de la même manière que la redistribution du savoir entre professionnelles de santé et travailleuses profanes s'est progressivement amenuisée au cours des années 1980, le partage des savoirs sur la procréation avec les usagères du Dispensaire s'est reconfiguré durant la même décennie. En particulier, les groupes d'auto-examen, centrés sur la pratique emblématique de la démarche collective du *self-help*, ont progressivement disparu. En proposant aux usagères de prendre en main la pose du spéculum et d'utiliser un miroir dans le cadre de la consultation, le travail féministe a paradoxalement reprivatisé le soin et concouru à le cantonner de nouveau dans l'espace restreint et individualisé du cabinet.

Un autre principe guidant la mise en pratique de la critique féministe de la médecine est celui de la « démédicalisation ». L'organisation et l'arrangement de l'espace sont travaillés pour contraster avec l'atmosphère stérile et technicisée du milieu hospitalier ou des cabinets médicaux privés. L'ameublement est de seconde main ; la décoration, soignée. Les étriers de la seule chaise gynécologique du Dispensaire « sont recouverts d'un capuchon de tissu fleuri et les barres de métal d'une gaine de tricot, "parce que les barres, c'est froid"[37] ». La chaise est d'ailleurs rarement utilisée : les travailleuses lui préfèrent de simples lits, recouverts de tissus et de coussins colorés. L'examen se fait avec un spéculum en plastique, objet emblématique du *self-help* féministe. Ces éléments tendent à créer une atmosphère chaleureuse, intimiste et domestique, qui dépathologise la procréation et la réinscrit dans la vie quotidienne des femmes. La démédicalisation se manifeste également par un ensemble de pratiques visant à déconstruire l'asymétrie de pouvoir entre professionnelles et consultantes. La blouse blanche n'est revêtue par aucune travailleuse. L'usage des prénoms et du tutoiement entre travailleuses et usagères est de mise et s'inscrit dans la contestation de l'autorité sociale du corps médical. L'attention aux mots se donne aussi à voir dans l'utilisation du terme « usagère », qui contraste avec le terme « patiente » et tend à affirmer les consultantes (entendues ici comme celles qui consultent) comme sujets du travail de soin réalisé au sein du Dispensaire. Lors de l'examen, les travailleuses se placent aux côtés des consultantes pour le réaliser depuis leur point de vue à travers le miroir. Ces différentes pratiques à haute portée symbolique incarnant la déconstruction de l'autorité médicale ont perduré jusqu'à la fin du Dispensaire.

Fidèle aux revendications ayant émergé au sein du mouvement pour la santé des femmes, le Dispensaire a aussi ajouté à la liste de ses revendications la contestation des inégalités de santé liées à la classe sociale, à l'âge, à la race et à la sexualité. En pratique, le Dispensaire a veillé à ce que les soins proposés soient abordables,

---

37. « Dispensaire des femmes », *Santé du monde* (OMS), février-mars 1981.

à travers la pratique du tiers payant et la réalisation du minimum « d'examens de laboratoire ou d'actes techniques coûteux[38] ». Contraint dans sa capacité d'accueil, le Dispensaire a aussi restreint le nombre de nouvelles usagères, en recevant en priorité les femmes considérées les plus vulnérables face au corps médical : « les adolescentes, les femmes ménopausées, les lesbiennes, les prostituées et les femmes de couleurs et du tiers monde[39] ».

Les transformations des principes fondateurs du Dispensaire contribuent finalement à sa disparition en 1987. Le caractère transnational du *self-help* lui a toutefois permis de résister pendant quelques années au déclin du militantisme ayant marqué les années 1980.

Résister au déclin militant par la transnationalisation

Durant toute son existence, le Dispensaire des femmes a poursuivi les échanges internationaux entamés dans le groupe *self-help* dès le début des années 1970. Des travailleuses du Dispensaire effectuent des séjours dans des cliniques féministes états-uniennes ou rendent visite à des groupes de *self-help* en France et en Europe. Le Dispensaire accueille des professionnelles de santé de pays comme la Tunisie, l'Algérie ou le Brésil pour de courts séjours. Ses travailleuses sont sollicitées par des groupes de Suisse alémanique, du Pays-Bas et de France souhaitant créer des projets similaires. Elles organisent à Genève le 3e Congrès international de *self-help* féministe en juin 1981, qui a rassemblé « plus de 500 femmes venues d'une quarantaine de pays, et représentant 82 groupes féministes[40] ». Ces rencontres internationales « Femmes et Santé » ont, dès la fin des années 1970, intensifié le travail de diffusion transnationale des pratiques et des idées du *self-help*. La première édition de 1977 avait réuni « 300 participantes de tous les pays d'Europe[41] » à Rome.

---

38. « Réponse à l'article "Une petite brèche dans le pouvoir médical : le *self-help*". *Des femmes hebdo* n° 55-56, 1981 », lettre signée par « le collectif du Dispensaire des femmes », 21 janvier 1982.
39. « Le dispensaire des femmes », non daté (environ 1980).
40. « Une santé autonome », *TVB-Hebdo*, 112, 12 juin 1981.
41. « Des femmes à la recherche de leur santé et de leur corps », *Libération*, 7 juillet 1977.

Affiche de la 3e rencontre internationale « Femmes et Santé » à Genève (6-8 juin 1981)

Source : Archives contestataires – EFI, MLF-GE/S3/SS4/D28/P37.

L'organisation de la 3e édition de ces rencontres par le Dispensaire des femmes marque l'élargissement de la promotion internationale du *self-help* au-delà des pays du Nord, lequel se confirmera tout au long de la décennie 1980. Les liens avec celles qui étaient alors appelées les « femmes du tiers-monde[42] » sont alimentés par le « nomadisme international[43] » de certaines travailleuses du Dispensaire, *via* des voyages et des échanges. Ceux-ci sont soutenus par des organisations internationales et non gouvernementales qui prennent le relais des canaux militants transnationaux dans l'internationalisation du *self-help*. Les actions transnationales menées depuis Genève ont permis aux militantes d'affirmer le maintien de leur engagement féministe, et ce, en contraste avec le devenir du mouvement au niveau local :

> Nous ne trouvons plus guère autour de nous, en Suisse, dans le mouvement féministe local, cette stimulation qui nous portait au départ. Notre dimension internationaliste, d'une certaine manière, a pris le relais[44].

La transnationalisation a ainsi permis le maintien des mobilisations féministes sur la santé dans une période marquée par le déclin du militantisme.

Fin du Dispensaire des femmes, continuité du *self-help*

La résistance au déclin militant ne dure cependant qu'un temps : le Dispensaire des femmes est dissous le 31 mars 1987, neuf ans après son ouverture. Les contraintes matérielles contribuent fortement à sa disparition. Il connaît des difficultés financières dès les premiers temps. Si l'ouverture de la structure est rendue possible par des dons privés, ceux-ci se révèlent rapidement insuffisants et le Dispensaire doit effectuer des demandes de subventions publiques pour financer le loyer du local, l'achat de matériel et les salaires des travailleuses. Avec les refus de subvention de l'État de Genève et les pressions économiques dues à la structure capitaliste

---

42. Rina Nissim, « Femmes de tous les pays, à votre bonne santé ! », *Revue syndicale suisse*, 79 (1), 1987, p. 22-27.
43. Johanna Siméant, « La transnationalisation de l'action collective », dans Olivier Fillieule, Éric Agrikoliansky et Isabelle Sommier (dir.), *Penser les mouvements sociaux*, Paris, La Découverte, 2010, p. 138.
44. Rina Nissim, « Femmes de tous les pays, à votre bonne santé ! », art. cité.

du système suisse de santé, la situation matérielle du Dispensaire devient de plus en plus précaire. Le « constat d'un bilan financier négatif[45] » en novembre 1986 contribue à sa dissolution : il motive la démission de la médecin responsable en mars 1987. Aux causes économiques s'ajoutent les processus de démobilisation : nombreuses au début de la décennie, les actions de soutien de la part des usagères du Dispensaire se font de plus en plus rares à la fin des années 1980.

Ces facteurs externes alimentent les conflits internes. Les anciennes travailleuses sont nombreuses à se souvenir des enjeux émotionnels liés à la prise de décision collective – des expériences souvent rétrospectivement vécues comme coûteuses en temps et inefficaces. La « crise », appréhendée comme « bien plus politique que financière[46] », n'est pas qualifiée de la même façon au sein du collectif en fonction du statut. D'un côté, les médecins appellent à la reconnaissance du « pouvoir médical imposé par la société[47] » et à accepter la différence d'acquisition de savoirs liée au statut professionnel ; de l'autre, les sages-femmes condamnent à la fois la « prise de pouvoir du corps médical qui tend à renvoyer les sages-femmes au rang de larbins » et l'abandon d'une perspective de « démystification du pouvoir médical[48] ».

En janvier 1987, les 3 médecins du Dispensaire invitent 6 des 16 travailleuses à une réunion en vue d'élaborer un nouveau projet, qui donnera lieu à l'ouverture du Centre de santé des femmes Rosa Canina dans les locaux de l'ancien Dispensaire. La nouvelle structure se veut « un espace de femmes, géré par des femmes, où il est indispensable de prendre en compte le contexte de l'oppression des femmes[49] ». Le principe de non-mixité est ainsi maintenu, tout comme celui de gestion collective et d'égalité de salaire horaire. Très rapidement cependant, ces deux derniers principes sont remis en cause par les médecins. Les travailleuses non-médecins ne peuvent plus effectuer les tâches à prérogative médicale et sont cantonnées aux tâches de gestion. De même, le principe de démédicalisation est abandonné. En témoigne, de

---

45. « Scission au sein du Dispensaire des femmes. "Rosa Canina" prend le relais », *La Tribune de Genève*, 23 février 1987.
46. « Dispensaire des femmes. Gerbe de mea culpa », *La Suisse*, 11 mars 1987.
47. « Quelques considérations – une pièce de puzzle – une fenêtre que je vous offre sur mes tripes », lettre d'une médecin aux travailleuses du Dispensaire, 9 mars 1987.
48. Appel des trois sages-femmes du Dispensaire, non daté (1987).
49. *Idem*.

manière emblématique, le renoncement à utiliser des lits lors des consultations au profit de chaises gynécologiques « plus modernes avec un petit moteur pour régler les différentes positions », ainsi que me le raconte fièrement Annie, une ancienne médecin du Dispensaire. Les consultations à deux professionnelles disparaissent également. Aussi, les pressions économiques ont peu à peu affecté les possibilités de négociation du pouvoir médical au niveau de l'organisation féministe. La dissolution du Dispensaire a mené au recloisonnement progressif des savoirs et des actes gynécologiques, qui redeviennent la prérogative des médecins, et à la fermeture des possibles ouverts par l'importation du *self-help* en Suisse.

Les trajectoires des travailleuses permettent néanmoins de saisir certaines influences du *self-help* à long terme, au-delà de la disparition du Dispensaire des femmes. Née en 1940 d'un père fonctionnaire comptable et d'une mère au foyer, Geneviève, qui a participé à la création du Dispensaire, a « commencé à [se] politiser » en 1968 pendant ses études d'ergothérapeute à Lausanne. Elle entre notamment dans les « jeunesses progressistes ». Elle déménage ensuite à Genève, où elle participe aux mobilisations contre la guerre du Vietnam, puis au MLF. Elle s'engage dans le groupe *self-help*, dont elle apprécie l'« approche pratique », puis participe au groupe qui crée le Dispensaire. Elle en sera une travailleuse « non médicale » dès l'ouverture. En 1987, lors de la transformation du Dispensaire en « cabinet de médecins », Geneviève est licenciée. Elle effectue alors une formation de conseillère en planning familial, fonction qu'elle exerce jusqu'à la retraite. La faiblesse de sa pension de retraite témoigne des effets à long terme de la précarité des conditions d'emploi des femmes et de l'accentuation des inégalités de genre engendrée par le régime des retraites suisse construit sur le modèle d'une carrière masculine continue et à temps plein[50]. Geneviève est dès lors contrainte de maintenir une activité après l'âge légal de départ à la retraite. Elle entame une formation en haptonomie, une méthode de préparation à l'accouchement, qui lui permet, à l'âge de 77 ans, « d'arrondir [ses] fins de mois ». La trajectoire de Geneviève rend compte des opportunités de reconversion professionnelle à long terme créées par le Dispensaire. Geneviève, dont le premier emploi

---

50. Magdalena Rosende et Céline Schoeni, « Seconde partie de carrière, régime de retraite et inégalités de sexe. Le cas suisse », *Revue française des affaires sociales*, 2-3, 2012, p. 130-147.

était celui de secrétaire, estime que « le *self-help* [lui] a donné un métier ».

Gisèle était également travailleuse « non médicale » au Dispensaire. Contrairement à Geneviève cependant, elle n'a pas participé à sa fondation, ni aux mobilisations féministes des années 1970. Gisèle entre au Dispensaire en 1980, à l'âge de 20 ans. Fraîchement arrivée de France, où elle avait rencontré des « gens qui travaillaient avec des plantes, plein de petits groupes et sous-groupes, retour aux sources, à la nature », elle poursuit des études en psychologie et en sciences de l'éducation. Après avoir été assistée par l'une des sages-femmes du Dispensaire lors de son accouchement à domicile, elle est recrutée au sein de cette institution pour y effectuer un travail de « traduction » :

> J'avais fait l'école de traduction. J'ai commencé à travailler au Dispensaire. En fait, je travaillais avec un médecin ou une infirmière et je faisais la traduction, c'est-à-dire que mon boulot c'était de traduire en langage commun le langage médical, donc de rendre les choses compréhensibles pour la patiente.

Moins attachée que Geneviève à la division égalitaire du travail et à la rotation des tâches, du fait d'une socialisation militante différente, Gisèle décide rapidement de se spécialiser en acupuncture. Cette spécialisation lui permet de ne pas faire partie des personnes licenciées en 1987. Elle continue à exercer au sein du centre Rosa Canina, puis devient membre du cabinet médical de groupe qui lui succède à partir de 1995. Elle y développe une pratique en ostéopathie et en médecine traditionnelle chinoise qu'elle continue d'exercer au moment de notre entretien en 2017. Comme Geneviève, Gisèle est entrée au Dispensaire en tant que profane et a pu reconvertir les savoirs qu'elle y a acquis dans la sphère professionnelle. Néanmoins, les opportunités de spécialisation qui lui ont été offertes par la transformation progressive de la division du travail au sein de l'organisation ont eu des incidences différentes sur sa trajectoire professionnelle : celle-ci a été moins affectée que celle de Geneviève par la disparition du Dispensaire et de son projet politique.

Annie entre au Dispensaire en 1986 à l'âge de 35 ans. Membre des médecins progressistes et mère de deux enfants, elle s'apprête à se spécialiser en psychiatrie mais préfère le temps partiel offert par le Dispensaire – dont elle découvre l'existence par une annonce dans son « cornet de légumes des jardins de cocagne ». Elle y développe une pratique en gynécologie « comme elles [lui] ont enseigné », sans jamais suivre une formation pour l'obtention du titre de spécialiste en gynécologie. Elle fait partie des trois médecins qui, en 1987, se sont retirées du Dispensaire et ont élaboré le projet du centre de santé Rosa Canina. Elle a travaillé dans ce dernier jusqu'à sa dissolution en 1995, puis a continué à exercer dans les mêmes locaux au sein du centre de santé qui lui a succédé, et ce, jusqu'en 2006. Son cabinet actuel, où se déroule notre entretien, porte les traces de sa formation au sein du Dispensaire, fondée sur l'échange de savoirs entre médecins et non-médecins. Annie a voulu développer une atmosphère la « moins technique possible » évoquant la sphère domestique. La chaise gynécologique y est recouverte d'un linge éponge coloré, plutôt que de papier jetable, et ornée de plusieurs coussins. Annie me présente la collection de spéculums en plastique qui emplit les tiroirs d'une vieille commode, insistant sur la diversité de leur taille pour s'adapter aux différentes morphologies et corpulences. L'espace se veut également moins divisé selon la spécialisation des rôles que dans les cabinets médicaux classiques, ce qu'elle présente comme « un héritage du Dispensaire ». Médecin et consultante se trouvent du même côté de la table de bureau afin de contrer l'effet « de pouvoir, [de] mise à distance » lié au fait de mettre « une table entre les gens ». Pour autant, la chaise la plus proche du bureau lui est réservée, ainsi qu'elle me le fait comprendre en m'invitant plutôt à m'asseoir sur l'autre chaise : la division du travail et la hiérarchisation des savoirs dans la consultation médicale s'incarne malgré tout dans l'organisation de l'espace.

Ces trajectoires montrent comment l'expérience au sein du Dispensaire a imprégné à long terme les pratiques professionnelles des anciennes travailleuses ainsi que leur image d'un soi dédié à la cause des femmes. Cependant, cette expérience a eu des incidences différenciées selon la participation antérieure aux mobilisations féministes, selon le statut au sein du Dispensaire ainsi que selon la durée du passage par cette organisation. Plus largement, la disparition du Dispensaire a marqué la fin de l'institutionnalisation du *self-help* en Europe et son déclin tardif à la faveur du tournant réactionnaire de la décennie 1980. Les traces du *self-help* disparaissent des archives à partir des années 1990. Si l'influence du *self-help* a peu à peu disparu en Europe, comment expliquer la résurgence de son répertoire d'action et de revendication depuis les années 2010 ?

Un renouveau à caractère politique

Dès les années 2010, les démarches collectives invitant les femmes à se réapproprier leur corps font l'objet d'un intérêt croissant. Des collectifs dédiés à la santé des femmes se forment, des ateliers d'auto-gynécologie sont mis en place, des projections de films sur les luttes des années 1970 pour la libre disposition du corps sont organisées et les articles de presse sur ces différentes activités se multiplient. La redynamisation du *self-help* gynécologique entend renouer avec sa visée émancipatrice initiale.

Le corps comme objet de revendication

Le retour du *self-help* au cours des années 2010 s'inscrit dans le renouvellement contemporain des mobilisations féministes qui accordent une place centrale au corps. Il repose sur la réactualisation de deux principes issus des années 1970 : la revendication du droit des femmes à disposer librement de leur corps et la critique politique du pouvoir médical.

Le corps au cœur du renouvellement des mobilisations féministes

De #MeToo au succès mondial de la performance des féministes chiliennes du collectif Las Tesis, *Un violador en tu camino*[51], dénonçant les violences fondées sur le genre, de la marée violette qui a déferlé dans les rues des villes suisses lors de la « grève des femmes* et féministe[52] » du 14 juin 2019 à l'ampleur inédite de la manifestation du 23 novembre 2019 contre les violences sexistes et sexuelles en France, les signes d'un renouveau du féminisme protestataire « qui conteste le monde tel qu'il est et qui agit en premier lieu en dehors des institutions[53] » en Europe et dans le monde se multiplient depuis les années 2010. Le corps y occupe une place centrale. On assiste à un renouvellement et à une extension des thématiques corporelles et sexuelles : le plaisir féminin, les règles, le clitoris sont autant de thèmes qui s'ajoutent à des sujets politisés de longue date, comme les droits reproductifs et les violences sexistes et sexuelles. Pour penser des sexualités égalitaires et émancipatrices, les féministes ont remis en cause depuis

---

51. « Un violeur sur ton chemin ».
52. L'astérisque signifie que le terme « femmes » inclut toutes les personnes qui ne sont pas des hommes cisgenres.
53. Pauline Delage et Fanny Gallot (dir.), *Féminismes dans le monde. 23 récits d'une révolution planétaire*, Paris, Textuel, 2020, p. 11.

une dizaine d'années « l'omerta pesant sur la représentation du sexe des femmes[54] ». Contestant la place centrale accordée aux organes reproductifs dans ces représentations, les militantes s'emploient à diffuser des figurations plurielles et complètes des organes génitaux féminins. Dans la mouvance *body positive*, elles exposent la diversité des vulves, en dehors des normes sociales et des représentations stéréotypées. La représentation du clitoris devient un enjeu féministe : depuis la « découverte » scientifique de la structure complète du clitoris par l'urologue australienne Helen O'Connell entre 1998 et 2005 et sa large médiatisation au cours des années suivantes[55], les représentations de cet organe entièrement dédié au plaisir féminin se multiplient dans les espaces féministes et sont progressivement insérées dans les manuels scolaires. En 2016, la mise à disposition en ligne d'un clitoris imprimable en 3D à taille réelle par la militante féministe Odile Fillod soutient ces initiatives militantes et artistiques qui entendent « changer les représentations pour changer les expériences possibles de la sexualité[56] ».

En parallèle, la prise en charge médicale du corps des femmes est de plus en plus contestée, notamment à travers la dénonciation des violences gynécologiques et obstétricales[57]. Ces transformations et ces mobilisations favorisent le renouvellement du *self-help* féministe.

---

54. Catherine Achin, Viviane Albenga, Armelle Andro, Pauline Delage, Samira Ouardi, Juliette Rennes et Sylvia Zappi (dir.), « Révoltes sexuelles après #MeToo », *Mouvements*, 99 (3), 2019, p. 9.
55. Alessandra Cencin, « Les différentes versions de la "découverte" du clitoris par Helen O'Connell (1998-2005). Entre restitution scientifique et vulgarisation médiatique », *Genre, sexualité & société*, hors-série 3, 2018, p. 1-23.
56. Delphine Gardey, *Politique du clitoris*, Paris, Textuel, 2019, p. 11.
57. Lucile Quéré, « Luttes féministes autour du consentement. Héritages et impensés des mobilisations contemporaines sur la gynécologie », *Nouvelles Questions Féministes*, 35 (1), 2016, p. 32-47 ; Virginie Rozée et Clémence Schantz, « Les violences gynécologiques et obstétricales. Construction d'une question politique et de santé publique », *Santé publique*, 33 (5), 2021, p. 629-634 ; Margaux Nève, « Violences obstétricales et gynécologiques. Avec et à côté du mouvement #MeToo », dans Catherine Cavalin, Jaércio Da Silva, Pauline Delage, Irène Despontin Lefèvre, Delphine Lacombe et Bibia Pavard (dir.), *Les Violences sexistes après #MeToo*, Paris, Presses des Mines, 2022, p. 183-196.

Affiche tirée de la campagne militante *It's not a Bretzel*, organisée par @gangduclito

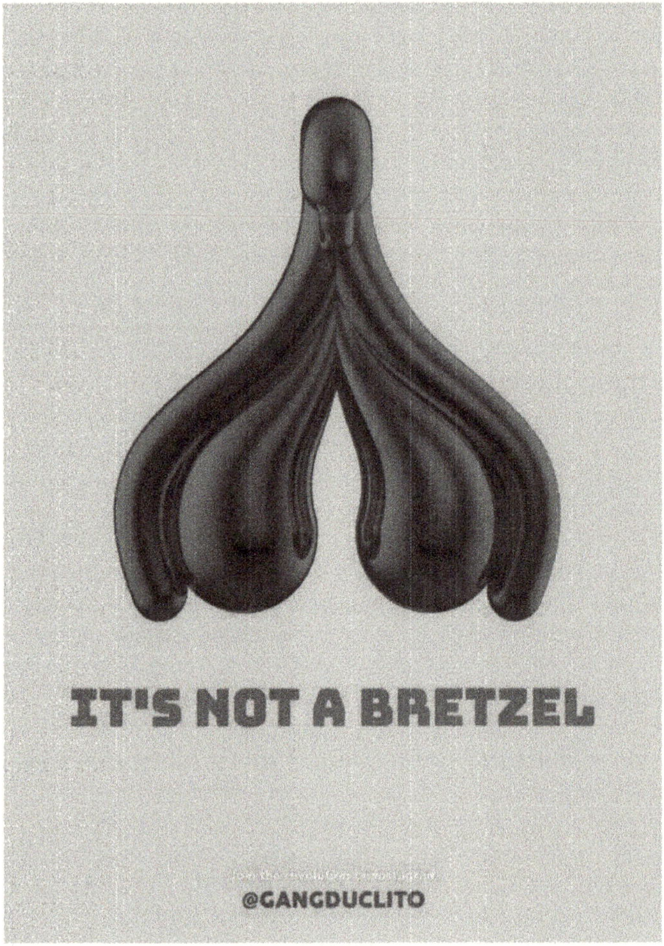

Crédit : Illustratrice Julia Pietri (2019), http://itsnotabretzel.com/revolution.html

L'ignorance féminine érigée en problème politique

Les femmes connaissent mal leur propre corps et leur santé : en dressant ce constat, les militantes invitent les femmes à se réapproprier leur corps. Elles réactualisent ainsi le principe féministe de libre disposition du corps et la critique politique du pouvoir médical.

Les militantes du *self-help* érigent l'ignorance féminine en problème politique de trois manières différentes[58]. Elles dévoilent d'abord les déterminants sociaux de cette ignorance. En identifiant les tabous, le mystère, les silences, les non-dits et les interdits qui pèseraient sur le sexe féminin, et plus largement sur le corps et la sexualité des femmes, elles affirment que l'ignorance des femmes est une production, le résultat des rapports de genre qui organisent la société. Elles conceptualisent la manière dont le genre produit des représentations sociales négatives du corps des femmes et, en particulier, de la honte. Le sang menstruel, la masturbation, le plaisir ou encore le désir sont entre autres identifiés comme objets de honte. Or, pour les militantes du *self-help*, la honte ainsi produite est un obstacle à la connaissance, qui limite tant l'autonomie des femmes vis-à-vis des membres du corps médical que leur accès à une sexualité émancipée.

Ensuite, ces militantes affirment que les conditions et les processus de production des savoirs scientifiques engendrent une absence de savoir. Contre une vision progressiste de l'histoire des sciences, qui verrait l'ignorance comme ce qui n'a pas encore été trouvé et que la science ne saurait tarder à combler, elles affirment que la non-production de savoirs scientifiques résulte de processus politiques. Elles interrogent par exemple l'absence de données sur nombre d'organes et de phénomènes physiologiques, ou encore la permanence de l'ignorance sur des fluides corporels comme la cyprine ou l'éjaculat féminin. En problématisant la construction sélective des connaissances et en questionnant la manière dont le genre continue de donner forme aux savoirs sur le sexe, les textes produits par les collectifs de *self-help* entendent illustrer le biais androcentré des sciences médicales et actualisent la critique féministe des sciences dans le champ militant. Une brochure sur le papillomavirus humain (HPV) parue en 2015 à l'initiative d'un collectif français « de réflexion critique sur la gynéco et la médecine » est révélatrice de la manière dont les militantes se saisissent de ces enjeux. Cette brochure défend l'idée que les protocoles de recherche en épidémiologie participent à l'invisibilisation de

---

58. L'analyse s'appuie sur un corpus de sept textes publiés par des collectifs de femmes se réunissant autour de questions de santé entre 2014 et 2019 – à l'exception d'un texte publié pendant les années 2000 et d'un autre publié en 1991 qui continuent de circuler aujourd'hui. Ces textes, d'une longueur variable (entre 4 et 92 pages), sont autoédités par les collectifs sous la forme de brochures. Les références sont disponibles en annexe.

certains risques tout en mettant en avant d'autres risques. Le HPV est à ce jour compris par la recherche biomédicale comme étant à l'origine de lésions sur le col de l'utérus pouvant provoquer le cancer de l'organe. Selon les militantes, l'épidémiologie a mis en relation deux facteurs de risque du développement de lésions issues du HPV en cancer du col de l'utérus : l'usage régulier du tabac et le nombre de partenaires sexuels. Les autrices du texte développent une analyse critique du protocole de recherche en épidémiologie et de ses conclusions :

> Le choix de ce qui va être étudié n'est pas neutre : peut-être que le tabac favorise le développement du cancer du col de l'utérus mais peut-être beaucoup moins que l'exposition à certains pesticides qui, elle, n'est pas observée. Or en disant que fumer et avoir plusieurs partenaires entraîne le cancer du col de l'utérus, on laisse sous-entendre que ce serait à l'exclusion de tout le reste. Enfin, et c'est bien sûr lié, le choix des phénomènes à étudier – consommation de tabac plutôt qu'exposition aux pesticides – contribue à la stigmatisation, ou au contraire à la valorisation, de certains comportements ou modes de vie. Finalement cela légitime le modèle économique capitaliste car ses avatars sont rarement étudiés comme « facteurs de risque » contrairement à tout ce qui relève des comportements individuels[59].

Aux yeux des militantes, les choix opérés lors du protocole de recherche sont des choix politiques, en ce qu'ils servent des intérêts politiques et économiques. Le texte invite à questionner le rôle des industries et des États dans la production et la circulation des connaissances scientifiques. Il interroge également le rôle de la reproduction de normes de genre qui stigmatisent les femmes transgressant les modalités de la « respectabilité[60] » féminine. Les militantes du *self-help* opèrent une critique des modalités de (non-)production des savoirs scientifiques sur le corps et la santé des femmes : loin d'être un manque de connaissances, l'ignorance est le résultat d'une fabrication active constamment reproduite, qui sert l'état institué des rapports de domination, notamment de genre et d'autorité.

---

59. Brochure *Papillomavirus : de la prévention au cabinet médical, récit d'un contrôle de nos corps et de nos sexualités*, Lille, Collectif de réflexion critique sur la gynéco et la médecine, 2015, p. 4.
60. Beverley Skeggs, *Des femmes respectables. Classe et genre en milieu populaire*, trad. de l'angl. par Marie-Pierre Pouly, Marseille, Agone, 2015.

Les militantes dénoncent enfin la manière dont les pratiques médicales ordinaires concourent à la reproduction et au maintien quotidien de l'ignorance. Loin d'adhérer à l'image véhiculée par la profession gynécologique[61], qui se veut l'alliée complice des femmes[62] – un discours parfois relayé par les patientes elles-mêmes[63] et par certains travaux en sciences sociales[64] –, ces militantes participent au mouvement de repolitisation critique de la médecine en général et du cabinet gynécologique en particulier, et renouvellent les logiques de mobilisation féministe en santé[65]. Elles considèrent que les processus de professionnalisation de la médecine et de spécialisation de la gynécologie entretiennent l'ignorance des femmes, en les privant d'un ensemble de savoirs historiquement monopolisés par les experts. La professionnalisation, en donnant lieu à un rapport de pouvoir lié à l'asymétrie de savoir et d'autorité, aurait non seulement refusé aux femmes l'accès aux savoirs médicaux, mais leur aurait aussi dénié la capacité de produire des savoirs sur elles-mêmes et, en dernière instance, à opérer des choix. Les militantes mettent en lumière la manière dont ce processus est produit au quotidien par des pratiques professionnelles qui se déploient dans les interactions ordinaires entre femmes et médecins et qui reflètent la persistance du pouvoir médical :

> Une femme n'est pas censée savoir ni décider ce qui est bon ou mal pour elle. L'institution a tout intérêt à faire croire aux femmes à leur ignorance. Ainsi, elle les maintient dans une forme de peur qui les rend dépendantes de ses décisions. Tout le monde valide que le

---

61. Marilène Vuille, « Gynécologie », dans Juliette Rennes (dir.), *Encyclopédie critique du genre. Corps, sexualité, rapports sociaux*, Paris, La Découverte, 2016, p. 283-292.
62. Ilana Löwy, « Le féminisme a-t-il changé la recherche biomédicale ? », art. cité.
63. Lucile Quéré, « Les formes ordinaires du consentement. Consciences du droit dans la consultation gynécologique », *Droit et société*, 102 (2), 2019, p. 413-432.
64. Monique Dagnaud et Dominique Mehl, « Les gynécologues 1 : une profession sous influence », *Sociologie du travail*, 30 (2), 1988, p. 271-285.
65. Laure Pitti, « Experts "bruts" et médecins critiques. Ou comment la mise en débats des savoirs médicaux a modifié la définition du saturnisme en France durant les années 1970 », *Politix*, 91, 2010, p. 103-132 ; Pascal Marichalar et Laure Pitti, « Réinventer la médecine ouvrière ? Retour sur des mouvements médicaux alternatifs dans la France post-1968 », *Actes de la recherche en sciences sociales*, 196-197 (1-2), 2013, p. 114-131 ; Julie de Dardel, *Révolution sexuelle et Mouvement de libération des femmes à Genève (1970-1977)*, Lausanne, Antipodes, « Histoire », 2007, p. 103-106 ; Sylvie Burgnard, *Produire, diffuser et contester les savoirs sur le sexe. Une sociohistoire de la sexualité dans la Genève des années 1970*, Bern, Peter Lang, 2015, p. 298-308.

> médecin est un super-héros qui a tous les droits sur le corps de ses patient·es. L'immensité du pouvoir médical est telle qu'il peut, en toute légitimité, nous soumettre à des pratiques dégradantes et humiliantes, tout en nous maintenant dans l'ignorance de notre propre corps et en nous refusant l'intuition de nos ressentis. Qui d'entre nous ne s'est jamais sentie faible, désarmée, idiote, en face de l'expert praticien[66] ?

Les militantes souhaitent démontrer que les soignants reproduisent quotidiennement cette monopolisation des savoirs dans les consultations médicales. Examens inutiles, rétention d'informations, usage d'un jargon médical, absence de demande du consentement, jugements de valeur sur les corps non conformes sont autant de pratiques médicales ordinaires qu'elles politisent à l'aune d'une déconstruction critique des normes sexuées et sexuelles. Les militantes du *self-help* entendent ainsi dévoiler comment le genre façonne leurs expériences médicales. Ce faisant, le corps est placé au centre de la contestation de l'ordre de genre.

Le corps comme moyen d'action

Le corps n'est pas seulement au centre des revendications : il constitue aussi un moyen d'action central du *self-help* féministe contemporain. Les militantes d'aujourd'hui réactualisent les modes d'action d'hier en développant un répertoire étendu de pratiques visant à remettre en cause la mainmise médicale sur les corps, la santé et la sexualité des femmes.

Conscientiser et expérimenter l'alternative : deux registres d'action parallèles

De l'élaboration de listes locales ou nationales de « bonnes gynécos » au fait de se rendre en groupe aux consultations gynécologiques, de la cueillette collective de plantes médicinales à la confection de potions, le répertoire d'action du *self-help* féministe contemporain recouvre un ensemble diversifié de modes d'action, qui traitent d'une pluralité de thématiques en lien avec la santé gynécologique : contraception, avortement, grossesse, accouchement, traitement d'infections, ménopause, menstruations, sexualité. Ce répertoire combine deux registres d'action : un registre pédagogique et un registre préfiguratif. Le primat de ces deux

---

66. Brochure *S'armer jusqu'aux lèvres. Quelques outils d'auto-défense gynécologique à l'usage de toutes les femmes**, Collectif, France, 2016, p. 4.

registres d'action centrés sur l'acquisition de savoirs et de savoir-faire par l'engagement peut s'expliquer par la faiblesse des ressources militantes et financières des collectifs de *self-help*.

Afin d'éveiller la conscience politique des individus et de les sensibiliser au féminisme, les militantes utilisent le registre pédagogique, en mettant en avant la méconnaissance que les femmes ont de leur propre corps. Cette démarche repose sur un double postulat : le public à qui il s'agit de transmettre cette « conscience » serait constitué de personnes peu ou pas politisées ; l'accès à l'information et au savoir serait nécessaire, si ce n'est suffisant, pour mener au féminisme. Ce registre d'action repose sur l'élaboration et la diffusion de différents types de supports (livres, brochures, newsletters, vidéos et podcasts) et sur l'organisation d'événements (tables rondes, soirées thématiques, conférences gesticulées). Les militantes du *self-help* produisent et diffusent de nombreux textes. Cette propension à l'activité intellectuelle reflète leur position de classe, ratifiée par leurs capitaux culturels[67]. Il s'agit alors de concevoir des guides pour expliquer très concrètement comment procéder pour former un groupe *self-help* ou réaliser un auto-examen, de transmettre un récit de l'histoire du *self-help* à partir du compte rendu d'une expérience militante, de rendre hommage aux mobilisations des années 1970 sur le plaisir et la santé ainsi qu'à leurs militantes ou encore de traduire, réadapter ou rééditer des ouvrages emblématiques de ces luttes. La réédition de l'ouvrage *Notre corps, nous-mêmes* en 2020 en constitue un bon exemple. Ce manuel « par les femmes, pour les femmes » avait été adapté une première fois en français en 1977 avant d'être réactualisé par un collectif féministe[68]. Il incarne la démarche de production par les femmes de savoirs sur leur corps caractéristique du *self-help*. Le registre pédagogique se décline aussi dans l'organisation d'événements, qui sont autant d'occasions de transmettre aux participantes l'analyse politique du problème de l'ignorance féminine et les contenus élaborés pour y remédier. Une soirée « Sorcières » réunissant universitaires et militantes et portant sur les pratiques féministes de réappropriation du corps et les critiques féministes de la médecine a par exemple été organisée par une association d'éducation populaire en articulant « un temps plus "théorique" avec ensuite quelque chose de

67. Voir le chapitre 2.
68. Collectif NCNM, *Notre corps, nous-mêmes*, *op. cit.*

plus pratique [comme] un atelier d'auto-examen ou d'auto-défense verbale[69] ». Ce registre d'action combine la transmission de savoirs théoriques et académiques avec la valorisation des savoirs expérientiels issus de la pratique.

Au registre pédagogique s'articule un registre préfiguratif, tourné vers la production ici et maintenant de pratiques alternatives dans un entre-soi affinitaire. La notion de politique préfigurative fait référence à « une orientation politique fondée sur le postulat selon lequel les buts réalisés par un mouvement social sont fondamentalement façonnés par les moyens employés, et les mouvements doivent dès lors faire de leur mieux pour choisir les moyens qui incarnent ou "préfigurent" le type de société que les participantes souhaitent voir advenir[70] ». La préfiguration désigne alors les tentatives de réaliser ici et maintenant l'idéal d'une société émancipée. Dans le militantisme de *self-help*, qui conteste les hiérarchies reproduites dans le cadre médical et l'individualisation des parcours de soin, la préfiguration se traduit par le développement de pratiques promouvant à la fois l'autonomie dans les relations de soin et l'horizontalité dans les collectifs de *self-help*. Ce registre d'action se concrétise dans des modes d'organisation qui contrastent avec ceux développés au sein du registre d'action pédagogique : il s'agit moins de conscientiser et de politiser les autres que de construire un entre-soi permettant l'expérimentation de pratiques alternatives. Le registre d'action préfiguratif se décline dans la formation de collectifs non mixtes et autonomes qui expérimentent des pratiques alternatives de soin et de transmission de savoirs. Dans les groupes de parole, les participantes, qui se réunissent généralement à intervalle régulier, partagent leurs expériences personnelles et intimes, dans la lignée des groupes de conscience des années 1970. Ces groupes peuvent se constituer autour de thématiques générales (comme la santé) ou spécifiques, en lien avec la procréation (maternité, contraception, menstruations, etc.). Les groupes de pratique intègrent aussi des techniques corporelles (auto-examen, exercices du périnée, yoga du bassin, etc.) et expérimentent des méthodes de soin alternatives. Par exemple, le groupe « Prendre corps » est un collectif non mixte

---

69. Mail de Maurane, organisatrice de la soirée.

70. Darcy K. Leach, « Prefigurative Politics », dans David A. Snow, Donatella della Porta, Bert Klandermans et Doug McAdam (eds), *The Wiley-Blackwell Encyclopedia of Social and Political Movements*, Oxford, Blackwell Publishing, 2013, p. 1004.

créé en 2016 dans une région rurale du sud de la France pour « s'initier à l'auto-examen ». Le collectif, qui rassemble une vingtaine de personnes engagées dans un réseau interpersonnel dense et qui est ouvert à l'intégration de nouvelles personnes, se réunit à raison d'une journée tous les deux mois dans les locaux d'une bibliothèque féministe autogérée. À chaque séance, la journée est divisée en deux temps. La matinée est consacrée à la pratique de l'auto-examen, alors que l'après-midi, qui a « aussi un but social de se retrouver entre nous », est structuré autour de groupes de parole sur la santé (ménopause, grossesse) ou d'activités diverses (massages, exercices de cirque, théâtre de l'opprimé, autopalpation des seins, etc.).

L'auto-examen gynécologique : combiner les registres, politiser les femmes

L'auto-observation gynécologique permet de combiner les deux registres d'action du *self-help* (pédagogique et préfiguratif). La réalisation de ce geste en atelier collectif est comprise par les militantes comme un moyen d'éduquer au féminisme par l'expérience même de la pratique militante corporelle ; elle permet de mettre en pratique la conception expérientielle du savoir promue par le *self-help* féministe.

Cette pratique corporelle, outillée par un miroir et un spéculum, est construite comme un moyen de contrer la production sociale et médicale de la méconnaissance qu'ont les femmes de leur propre corps. En prenant en main un geste et un outil réservés au monde médical, il s'agit de redonner aux femmes le contrôle de leur corps. Pour les militantes, la réalisation du geste de l'auto-observation en atelier collectif est un moyen privilégié de politiser au féminisme par l'expérience. L'extrait d'un texte publié sur une plateforme collaborative « dédiée au cycle menstruel et à la santé gynécologique » montre comment cette pratique corporelle est conçue comme une réponse à un ensemble de problèmes auxquels est attribuée une dimension politique :

> Il y a des personnes qui vont chez læ gynéco à la puberté, qui prennent une pilule qui leur convient toute leur vie. Il y a des personnes qui vont passer de médecin en médecin pendant des années, que l'on traitera de fragiles et qui, sept ans et demi après, trouveront quelqu'un·e pour leur annoncer qu'elles souffrent d'endométriose. Il y a des personnes qui souffrent de dépression pendant des années avant de réaliser que la cause est leur contraception hormonale. Il y a des personnes qui ont des mycoses à répétition et qui passent leur

> temps entre le cabinet médical et la pharmacie. Il y a des personnes qui ont peur d'aller voir læ gynéco car elles ont subi des violences médicales, ou parce qu'elles ont honte de leur corps. À toutes ces personnes et à toutes celles qui en possèdent une, je dis : regardez-vous la chatte[71].

Les militantes défendent une conception expérientielle du savoir, qui passe par la valorisation de l'auto-observation de son sexe. Cette conception est fondée sur la mise à distance des savoirs théoriques et sur la valorisation des savoirs issus de l'expérience vécue. Les militantes insistent par exemple sur la nécessité d'« expérimenter » le *self-help* pour en acquérir une connaissance pleine et entière. À la fin de notre entretien, Carolina, qui organise régulièrement des ateliers centrés sur l'auto-examen, me fait part de sa frilosité à l'endroit de la démarche qu'implique ma recherche :

> Je pense [que] de lire quelque chose c'est différent d'avoir une porte d'entrée pour pratiquer, et ressentir ce que ça te fait dans ton corps, dans ton vécu. Après ça peut être une porte d'entrée pour certaines mais... je crois que c'est possible aussi de rester dans la théorie et... il y a beaucoup de gens, de chercheurs, d'universitaires qui parlent de choses qu'ils ne connaissent pas. Du coup je trouve ça plutôt chouette que tu sois revenue à l'atelier et que tu lances ça autour de chez toi, enfin ça me paraît essentiel, si on veut écrire sur un truc, de le pratiquer. C'est sûr que si tu m'avais contactée sans avoir jamais fait les ateliers, comme les journalistes, ben ça me paraît juste absurde.

Carolina opère une distinction entre « lire » et « rester dans la théorie » d'une part, et « pratiquer » et « ressentir ce que ça te fait dans ton corps, dans ton vécu » d'autre part. Cette distinction lui permet d'affirmer que par « la pratique », on peut éventuellement faire de « la théorie », mais que l'inverse n'est pas possible. Autrement dit, pour Carolina, la connaissance passe nécessairement par l'expérience – et par l'expérience corporelle. Cette conception de la connaissance est partagée par l'ensemble des militantes du *self-help*. Sophie, une ancienne sage-femme en voie de reconversion professionnelle qui a organisé une session de formation de professionnelles de la santé au *self-help*, affirme qu'elle n'aurait

---

71. « Pourquoi faut-il se regarder la chatte ? Une introduction à l'auto-gynécologie », *Cyclique*, juillet 2018 : https://cyclique.fr/magazine/pourquoi-faut-il-se-regarder-la-chatte-une-introduction-a-lauto-gynecologie.

« jamais compris ce que c'était le *self-help* » si elle ne l'avait pas expérimenté et poursuit :

> Tant que tu n'as pas vécu le truc et que tu ne t'es pas rendu compte que des fois aussi le concept c'est bien mais qu'après il y a la vraie vie ben… des fois c'est compliqué. Et le *self-help* pour moi c'est ça, c'est pas juste un concept, c'est pas juste un truc intellectuel à poser comme ça, un acte politique et militant, de dire : « il faut faire des ateliers *self-help* ». Pour moi, il faut l'expérimenter, parce que tu l'expérimentes, tu vois ce que ça t'apporte et si ça t'apporte quelque chose tu continues et tu le promeus.

L'expérience de l'auto-observation est construite comme le fondement d'une connaissance directe sur soi et sur le monde (« tu vois ce que ça t'apporte ») et d'un engagement politique (« et tu le promeus »). Ce discours confère un privilège politique et épistémique à l'auto-observation.

La valorisation de l'implication corporelle comme moyen d'accès au savoir et à l'engagement sert à construire, pour reprendre les termes de Joan Scott, « l'évidence de l'expérience » de l'auto-observation. Cette conception repose sur l'idée selon laquelle l'expérience de cette pratique corporelle serait au fondement d'une connaissance sur soi et sur les rapports de genre qui façonnent les expériences vécues. Pour les militantes du *self-help*, l'expérience de l'auto-observation mènerait alors « directement à la résistance à l'oppression, c'est-à-dire au féminisme[72] ». L'auto-observation, en créant une « révélation », permettrait d'accéder de manière immédiate – au double sens d'instantané et ne nécessitant pas de médiation – de « prise de conscience », d'une part, et d'engagement dans le projet politique du féminisme, d'autre part. Une telle conception de l'expérience trouve ses racines dans l'histoire des féminismes[73]. Elle est pleinement réactivée dans la mise en avant de la pratique d'auto-observation.

L'auto-observation des organes génitaux doit faire événement dans la vie des personnes qui l'expérimentent : elle serait une « découverte », un « déclic » ou encore une « épiphanie » permettant une « prise de conscience » féministe. Les militantes du *self-help*,

---

72. Joan W. Scott, « The Evidence of Experience », *Critical Inquiry*, 17 (4), 1991, p. 787.
73. Voir aussi Jane Jenson, « Le féminisme en France depuis Mai 68 », *Vingtième Siècle. Revue d'histoire*, 24 (1), 1989, p. 55-68.

comme Aurore, qui a créé un collectif de « réappropriation des savoirs gynécologiques » et qui organise des « ateliers de *self-help* », conçoivent leur activité comme une socialisation politique au féminisme. Elles œuvrent, selon elles, à la production de nouveaux sujets féministes :

> Je pense qu'aborder des questions concrètes comme la gynéco ça permet aussi de toucher des personnes qui sont pas féministes, qui sont juste concernées par leur corps, et je pense que c'est une bonne voie d'entrée vers le féminisme en fait. [...] Donc oui je pense que c'est un moyen, c'est un outil d'émancipation.

Juliette conçoit les ateliers « d'auto-observation de la vulve » qu'elle organise comme des moments « hyper politisants » qui transmettraient un rapport contestataire au monde social et aux normes qui encadrent la féminité. Pour Mariam, membre d'une association de promotion du clitoris qui organise des ateliers sur la sexualité et le plaisir féminin, les conséquences de cette « prise de conscience » seraient susceptibles de se faire ressentir tout au long de la vie :

> Je pense que ça a vraiment un potentiel de changement assez grand ces ateliers. Ça peut potentiellement changer une vie, en tout cas une vie sexuelle, de manière assez importante.

Contre un féminisme qui serait excessivement théorique et élitiste, valoriser la dimension pratique du *self-help* sert aussi à construire l'image d'un mode d'action qui serait accessible à toutes les femmes quelle que soit leur position sociale. Morgane le résume en quelques mots : « j'ai envie que mon féminisme soit vachement impliqué, j'ai pas envie que ce soit un truc extérieur au monde réservé à une petite élite qui a accès au savoir ». Le *self-help* serait ainsi un militantisme au sein duquel les rapports de pouvoir identifiés ailleurs seraient abolis, ou tout au moins suspendus. Pour Cha, ce sont les « outils politiques » qu'elle utilise, comme l'auto-observation, qu'elle promeut dans ses ateliers, qui permettraient de dépasser les rapports de pouvoir qui structurent les autres espaces militants qu'elle a fréquentés :

> Les rares endroits militants, assos, etc., où j'ai pu traîner un peu, pour moi très très vite je voyais tout de suite une évidence énorme de rapports de pouvoir, ça m'intéresse vraiment pas du tout et j'en suis

> vraiment allergique, et pour moi il y a des outils politiques qui sont pas très mis en valeur dont l'esthétique, le visuel, le soin, les rapports entre les gens, la non-hiérarchisation.

Cha met ainsi en scène une autre manière de faire de la politique qui mènerait à construire des espaces militants sans rapports de pouvoir. Ce faisant, elle occulte le fait que des rapports de pouvoir traversent la catégorie « femmes » et donc, nécessairement, les espaces du *self-help*. Les militantes du *self-help* postulent qu'on ne peut produire des sujets politiques sans passer par le corps. Elles défendent l'idée que leur répertoire d'action, qui attribue une place centrale au corps et à l'expérimentation de pratiques alternatives, serait nécessairement protégé des rapports de domination. Le corps est ainsi construit comme un outil central du féminisme contemporain, ce que le militantisme de *self-help* illustre de manière paradigmatique.

Conclusion

À la fin des années 1960 aux États-Unis, des militantes féministes élaborent une critique du contrôle médical sur le corps des femmes et développent des pratiques concrètes pour que les femmes se réapproprient leur corps face au pouvoir médical. Ce pan de la lutte pour la libre disposition du corps a voyagé de manière transnationale à l'initiative de militantes du *Women's Health Movement*. Il se diffuse en Europe au début des années 1970. Cependant, les réceptions locales varient, selon les chronologies et les enjeux des luttes pour l'avortement libre et de son encadrement législatif. Sans donner naissance à un mouvement social structuré, ce courant transnational a laissé son empreinte à long terme sur les mobilisations féministes. L'expérience du Dispensaire des femmes de Genève a permis de résister un temps au déclin du militantisme ayant marqué les années 1980, ce qui bouscule les chronologies classiques des vagues des mouvements féministes. Le début des années 1990 marque l'amenuisement de l'influence du *self-help*, qui ressurgit à la faveur du renouvellement du féminisme protestataire des années 2010.

En érigeant en problème politique l'ignorance des femmes au sujet de leur corps, le renouveau du *self-help* renoue avec la revendication du principe selon lequel les femmes doivent disposer librement de leur corps et avec la critique de la médecine propres aux luttes des années 1970. Le répertoire d'action du *self-help* contemporain attribue une place centrale au corps, notamment à travers la promotion de l'auto-observation gynécologique. Emblématique du mouvement de santé des femmes des années 1970, cette pratique militante permettrait de politiser les participantes et de les faire adhérer à la cause féministe *via* l'expérience. Son ambition est de transformer les femmes plutôt que l'institution médicale. Ainsi, l'objectif politique revendiqué de transformation sociale est d'abord envisagé *via* une perspective de transformation de soi.

Chapitre 2

Luttes de corps, corps en lutte

Réfléchir aux manières dont les féministes politisent le corps, c'est d'abord examiner le profil et le parcours des actrices qui incarnent ces luttes. Comment la résurgence, au cours des années 2010, d'une démarche féministe contestant le pouvoir médical et invitant les femmes à reprendre possession de leur corps s'incarne-t-elle dans des trajectoires individuelles ? Quels types de militantes ces engagements façonnent-ils ?

L'étude des carrières militantes nous permet de « travailler ensemble les questions des prédispositions au militantisme, du passage à l'acte [et] des formes différenciées et variables dans le temps prises par l'engagement[1] ». Il convient donc de retracer les socialisations politiques et corporelles primaires des militantes, leurs carrières[2] – douloureuses ou non conformes – de patientes en gynécologie, mais aussi leurs trajectoires militantes et professionnelles. Profanes ou professionnelles de santé, elles ont accumulé différents capitaux militants et savoirs sur les corps, la santé et la sexualité. Ces expertises différenciées conduisent à des formes d'engagement variées. En retour, l'expérience du militantisme féministe transforme inégalement les trajectoires.

---

1. Olivier Fillieule, « Propositions pour une analyse processuelle de l'engagement individuel », *Revue française de science politique*, 51 (1-2), 2001, p. 201.
2. Lucile Ruault, « La force de l'âge du sexe faible. Gynécologie médicale et construction d'une *vie féminine* », *Nouvelles Questions Féministes*, 34 (1), 2015, p. 35-50.

Des dispositions au militantisme féministe sur le corps et la santé

Les travaux récents sur les mouvements féministes autonomes de la deuxième vague ont montré que les féministes, et en particulier celles luttant dans les mobilisations de santé, constituaient une population plus hétérogène que ne le voulait le sens commun de l'époque[3]. Qu'en est-il aujourd'hui ?

Des féministes situées en haut de l'espace social

Les origines sociales des militantes du *self-help* féministe contemporain sont très homogènes. Comme nombre de femmes qui s'engagent et comme nombre de féministes[4], elles sont majoritairement issues de classes moyennes et supérieures. Les pères de près de la moitié des militantes interviewées appartiennent aux cadres ou professions intellectuelles supérieures, et seulement 9 % d'entre elles ont un père ouvrier ou employé et 15 % un père commerçant ou chef d'entreprise. Leurs mères sont elles aussi nombreuses à faire partie de la catégorie des cadres, bien qu'elles soient davantage représentées parmi les professions intermédiaires. Si ces propriétés sociales sont peu surprenantes au regard de ce qu'ont montré les travaux précédents en sociologie des mouvements sociaux[5], la forte homogénéité des origines sociales des militantes du *self-help* contraste avec les résultats des études sur les féministes contemporaines engagées dans le pôle associatif de l'espace de la cause des femmes[6]. La très grande prédominance des familles de classe supérieure est un trait marquant des militantes du *self-help*. Leurs parents ont investi les métiers de l'enseignement,

---

3. Camille Masclet, « Sociologie des féministes des années 1970. Analyse localisée, incidences biographiques et transmissions familiales d'un engagement pour la cause des femmes en France », thèse de doctorat en sociologie et science politique, sous la direction de Michèle Ferrand et Olivier Fillieule, Paris/Lausanne, Paris 8/Université de Lausanne, 2017, p. 298-319 ; Lucile Ruault, « Le spéculum, la canule et le miroir… », *op. cit.*
4. Sophie Rétif, « Entrer en militantisme par les associations. L'engagement associatif dans les trajectoires militantes féminines », *Modern & Contemporary France*, 18 (4), 2010, p. 415-429.
5. Lilian Mathieu, *L'Espace des mouvements sociaux*, *op. cit.*
6. La notion d'espace de la cause des femmes a été élaborée par Laure Bereni pour désigner la pluralité et la dispersion des luttes pour la cause des femmes. Le pôle associatif est constitué de l'ensemble des collectifs autonomes spécialisés dans la défense de cette cause. Laure Bereni, « Penser la transversalité des mobilisations féministes : l'espace de la cause des femmes » dans Christine Bard (dir.), *Les Féministes de la deuxième vague*, Rennes, Presses universitaires de Rennes, 2012, p. 27-41.

de la santé et du travail social : elles et ils sont médecins, enseignants du primaire ou du secondaire, assistants sociaux, infirmiers ou professeurs d'université. L'art et la culture sont aussi représentés : on retrouve un couple de libraires, une traductrice ou encore un journaliste.

Les familles dont sont issues les militantes du *self-help* sont ainsi fortement dotées en capitaux culturels, ce qui se reflète dans leur niveau de diplôme. Seules 5 des 68 militantes interviewées ne sont pas diplômées de l'enseignement supérieur. Les autres possèdent majoritairement un diplôme de niveau master et quelques-unes un doctorat : leur niveau de diplôme est bien supérieur aux niveaux de diplôme de leur classe d'âge et de sexe dans chaque contexte national. Celles qui ont effectué des études supérieures sont nombreuses, comme d'autres militantes féministes, à avoir choisi un cursus en sciences humaines et sociales (science politique, histoire, géographie, psychologie, anthropologie, études de genre) ou en lettres et arts (philosophie, littérature, beaux-arts). Elles se distinguent néanmoins d'autres militantes féministes par la très forte proportion de celles qui ont suivi une formation dans le domaine de la santé : près d'un tiers d'entre elles a réalisé des études d'infirmière, de sage-femme ou de médecine.

Conformément à leurs origines sociales et leurs capitaux, elles occupent des positions sociales élevées. Elles se répartissent majoritairement entre les cadres et professions intellectuelles supérieures (chercheuse, journaliste, éditrice, ingénieure) et les professions intermédiaires (éducatrice, médiatrice culturelle). Parmi elles, 15 exercent une profession en lien avec la santé et la santé sexuelle. On dénombre 10 sages-femmes, ex-sages-femmes ou étudiantes sages-femmes, 2 médecins, et 5 accompagnatrices aux relations affectives et sexuelles dans des organisations féministes ou en libéral. Les autres sont infirmières ou encore orthophoniste. La prédominance du secteur de la santé reflète l'importance de ce monde professionnel dans les familles d'origine. Seules 8 d'entre elles sont employées, dont 5 dans des associations féministes (Planning familial, associations de lutte contre les violences de genre, association d'éducation permanente sur le genre, la santé et la sexualité). On décompte seulement une ouvrière : ayant obtenu une licence d'arts plastiques, elle est costumière et bénéficie du statut d'intermittente du spectacle. Enfin, certaines sont absentes du marché de l'emploi, comme celles qui sont encore étudiantes ou les trois militantes rencontrées qui sont travailleuses du sexe.

Certaines d'entre elles ont connu une trajectoire de déclassement par rapport à leurs parents, ce qu'elles tendent à présenter comme un choix délibéré en lien avec leur engagement politique. Malorie, une militante de 38 ans qui a grandi à Genève dans une famille blanche de classe supérieure (père médecin, mère professeure d'université) et qui a effectué sa scolarité dans une école privée « autogérée par les parents », déclare être allée à l'encontre de la volonté de ses parents en ayant décidé de ne pas poursuivre d'études supérieures :

> Je me suis arrêtée au bac, je n'ai pas souhaité faire d'études contrairement à ce que mes parents souhaitaient pour moi, parce que je trouvais que ce n'était pas un endroit, l'université, où il se passait des trucs. J'avais envie de faire des choses dans la vraie vie à un moment donné.

Après avoir habité en squat à Genève pendant de nombreuses années, elle a ensuite déménagé dans une région rurale française, où elle participe à « des espèces de laboratoires de pratiques collectives » :

> On fait des productions partagées avec d'autres gens qui font aussi du jardin ou avec des gens qui n'ont pas de jardin, donc une réflexion commune sur quelle quantité il faut produire. [...] Et les gens qui n'ont pas de jardin peuvent aussi profiter de venir quand c'est la récolte des haricots, de venir aussi en prendre, les congeler, etc. Par exemple aussi, moi, là où j'habite, on a une maison avec de l'électricité donc on propose... la maison n'est pas terminée mais l'idée c'est de faire une laverie collective, que les gens qui habitent pas trop loin et qui ont des habitats où il n'y a pas d'électricité puissent venir faire des machines à laver chez nous. Avec la boulange on a aussi une remorque qu'on a installée en cantine, donc on est capable d'aller faire des bouffes de soutien ou des bouffes tout court.

Elle considère son emploi de secrétaire dans une association, qu'elle occupe à mi-temps, comme un « boulot alimentaire ».

Les militantes du *self-help* occupent également une position privilégiée dans les rapports sociaux de race. Seules 5 d'entre elles se définissent comme « non blanche », « de couleur » ou « racisée ». Au-delà du fait qu'elles cumulent des propriétés sociales prédisposant à l'engagement, les militantes du *self-help* sont caractérisées par leur forte « disponibilité biographique[7] ». En grande

7. Cette notion, élaborée par Doug McAdam, désigne « l'absence de contraintes personnelles qui augmenteraient les coûts et les risques de l'engagement, comme un emploi à

majorité, elles ont entre 25 et 29 ans quand elles commencent à s'engager dans des pratiques de *self-help*, ce qui révèle une certaine homogénéité de l'âge du recrutement[8]. Elles sont peu à devoir cumuler responsabilités professionnelles, conjugales et familiales : elles s'éloignent en effet d'une conjugalité limitée au cadre du couple hétérosexuel exclusif et sont plus de deux tiers à ne pas avoir d'enfant. Les trajectoires des militantes du *self-help* sont aussi caractérisées par une forte mobilité géographique transnationale. Cette mobilité reflète le processus d'internationalisation des classes moyennes dotées en capital culturel dont elles sont issues[9]. Alors que les classes populaires, cantonnées à l'espace local, sont définies par leur « capital d'autochtonie[10] », les militantes du *self-help* accumulent un capital de cosmopolitisme, c'est-à-dire un ensemble de ressources procurées par l'appartenance à des réseaux de relations transnationales. Elles sont 11 sur 68 à ne pas vivre dans le pays dans lequel elles sont nées, circulant principalement entre la France, la Suisse et la Belgique, même si certaines sont nées ou vivent dans d'autres pays européens (Allemagne, Autriche, Écosse, Espagne). Laurine, une militante de 35 ans, est née et a grandi dans une grande ville suisse où elle a participé à des sessions ponctuelles d'auto-observation. Elle a ensuite vécu une année à Berlin à « 33 en non-mixité meufs gouines trans », puis s'est installée dans une région rurale française parce que « ça bougeait à fond, qu'il y avait plein de groupes ultra-militants à plein de niveaux ». Dans cette région, elle s'est investie dans la création d'une « bibliothèque féministe » et a participé à la fondation d'un collectif non mixte autour du corps. Sa trajectoire reflète les ressources dont les militantes disposent et démontre la

---

plein temps, le mariage ou des responsabilités familiales » : Doug McAdam, « Recruitment to High-Risk Activism : The Case of Freedom Summer », *American Journal of Sociology*, 92 (1), 1986, p. 70.

8. Elles partagent ces caractéristiques d'âge avec d'autres militantes féministes : Sophie Rétif, *Logiques de genre dans l'engagement associatif. Carrières et pratiques militantes dans des associations revendicatives*, Paris, Dalloz, 2013 ; Laurane Bouron, « À la frontière du champ partisan. Carrières et socialisation militantes à "Osez le féminisme" », mémoire de master 2 en science politique, sous la direction de Frédérique Matonti, Paris, Université Paris 1 Panthéon-Sorbonne, 2012.

9. Anne-Catherine Wagner, *Les Classes sociales dans la mondialisation*, Paris, La Découverte, « Repères », 2007.

10. Jean-Noël Retière, « Autour de l'autochtonie. Réflexions sur la notion de capital social populaire », art. cité ; Nicolas Renahy, « Classes populaires et capital d'autochtonie. Genèses et usages d'une notion », art. cité.

grande circulation des idées et des modes d'action du féminisme et du *self-help*.

Souvent issues de milieux sociaux privilégiés, les militantes s'inscrivent dans une reproduction des positions sociales dont elles ont hérité, notamment par l'accumulation de capitaux scolaires, culturels et cosmopolites. Elles se trouvent, de plus, à un âge où elles sont encore peu à devoir affronter le cumul des responsabilités professionnelles et familiales, ce qui leur permet de libérer du temps pour le militantisme. À cette reproduction de positions sociales dominantes s'ajoutent les transmissions familiales de dispositions contestataires.

Une histoire de famille

Les militantes ont hérité de leurs familles des convictions politiques ancrées à gauche. Nombre d'entre elles ont aussi été éduquées au féminisme par leur mère. Elles ont donc une nette propension à contester un ordre social inégalitaire et genré.

Des familles politisées à gauche

Clémence est une sage-femme blanche de 30 ans qui a fait partie d'un « cercle gynéco » non mixte pendant ses études. Elle participe à l'organisation annuelle d'un festival proposant des ateliers d'auto-observation et prend part à un collectif de traduction française de l'ouvrage *A New View of a Woman's Body*[11], considéré comme un « classique » du mouvement de santé des femmes et du *self-help* nord-américains. Fille d'un couple d'instituteurs membres du Parti communiste français, dont la mère était investie dans un « groupe de femmes au parti communiste », Clémence se souvient avoir « été bercée par [le militantisme] » pendant son enfance. Mélodie, 37 ans, est issue des classes populaires (son père est électricien, sa mère téléphoniste) et a grandi dans une famille politisée à gauche. Elle se souvient que ses parents, syndiqués et « très engagés dans le milieu associatif », évoquaient souvent à table les « questions sur l'actualité, sur la société ». Mélodie s'est engagée il y a quelques années dans un parti anticapitaliste, ce qui lui a permis, après une dizaine d'années passées à enchaîner les petits boulots, de décrocher un

---

11. Federation of Feminist Women's Health Center, *A New View of a Woman's Body. A Fully Illustrated Guide*, New York, Simon & Schuster, 1981.

poste de secrétaire politique qui s'inscrit dans une trajectoire d'ascension sociale.

Comme tant d'autres militantes du *self-help* dont les parents ont été membres du parti communiste, « soixante-huitards » ou « syndicalistes », Clémence et Mélodie ont connu une socialisation politique familiale marquée à gauche, dans laquelle elles continuent de se reconnaître. Les militantes ne s'approprient cependant pas toujours de la même manière ces convictions et ces dispositions contestataires. Certaines se disent d'« extrême gauche », de « gauche critique » ou « très à gauche », d'autres affirment une proximité avec l'anarchisme ou une sensibilité « libertaire », ou mentionnent une adhésion à une lecture politique radicale de l'écologie. Seules 2 d'entre elles ont adhéré ou adhèrent à un syndicat (SUD Étudiant, syndicat de sages-femmes), et 4 à un parti politique (parti écologiste, parti ouvrier). Les militantes sont en revanche un peu plus nombreuses à préférer la forme associative. Un petit nombre d'entre elles ont rejoint ATTAC, Amnesty International, Greenpeace, des groupes d'achat solidaire ou des associations d'aide aux migrants ou aux réfugiés. Leur préférence va toutefois aux associations féministes et à celles dont les revendications portent sur des questions sexuelles et de santé, comme le Planning familial, mais aussi Aides, Act Up ou encore le STRASS[12].

Plus de la moitié des militantes déclarent n'avoir participé à aucun parti, association ou syndicat au cours de leur vie. Loin d'être le signe d'un faible degré de politisation, l'engagement assez ténu dans des organisations politiques semble plutôt révéler leur préférence pour des formes différentes de participation politique. Elles privilégient notamment des modes d'organisation informels, comme les collectifs formés sur une base affinitaire. Les interviewées sont nombreuses à politiser les choix de la vie quotidienne par des pratiques de consommation engagée – qui vont du boycott individuel à la participation à des réseaux d'accès alternatif aux services et aux produits – ou d'habitat collectif comme les squats. Elles décrivent également leur propension à l'abstention électorale comme un choix politique – et non comme le reflet d'un sentiment d'incompétence politique[13]. Isolde, une étudiante en théâtre de 30 ans, me confie ainsi :

---

12. Syndicat du travail sexuel, créé en France en 2009.
13. Daniel Gaxie, *Le Cens caché. Inégalités culturelles et ségrégation politique*, Paris, Seuil, 1978.

> Je ne suis pas du tout d'accord avec le système mis en place aujourd'hui d'élire un président, enfin tout le système tel qu'il existe, je ne le cautionne pas et pour moi d'aller voter c'est le cautionner.

Ces éléments attestent l'insertion du *self-help* dans des répertoires d'action politique qui se complexifient et qui valorisent les modalités informelles et non traditionnelles de participation politique.

Hériter du féminisme

Les familles des militantes du *self-help* interviewées ne leur ont pas seulement transmis des convictions politiques marquées à gauche mais aussi, dans une moindre mesure, des valeurs féministes. En effet, toutes les militantes rencontrées déclarent une proximité à la cause des femmes ou s'attribuent l'étiquette féministe. Cela ne signifie pas que cette étiquette recouvre la même signification pour toutes. Bien au contraire, le terme renvoie à une diversité de définitions, que les militantes rattachent aux différents courants idéologiques qui traversent et clivent ce mouvement social pluriel – ce qui témoigne de leur haut niveau de compétence politique : « matérialiste », « écoféministe », « féminin sacré », « transpédégouine », « anarcha-féministe » ou encore « intersectionnel ». Elles se rejoignent néanmoins sur l'adhésion à un féminisme qui se décline « au quotidien ». Elles évoquent ainsi différentes sphères de vie (professionnelle, familiale, affective et conjugale) dans lesquelles elles réinvestissent des visions du monde et des pratiques qu'elles relient symboliquement au féminisme. C'est le cas de Lucie, une éditrice blanche de 36 ans. Fille d'un couple d'enseignants du secondaire, titulaire de deux masters en lettres, elle participe à un collectif de *self-help* depuis deux années. Lorsque je lui demande ce que signifie pour elle de se dire féministe, elle me répond :

> Pour moi ça veut dire des choses très simples de la vie quotidienne, comme encourager du mieux que je peux les femmes que je côtoie, qui m'entourent, veiller à ne pas reproduire des comportements qu'on a bien pris soin de nous apprendre quand on en était petites, de rivalités, de manque d'écoute, essayer de traquer en moi tout ce qui ressemble à de la culpabilisation et de vouloir faire correspondre les gens à une norme, ce qui n'est jamais facile, ce qui est une réflexion de tous les jours. Pour moi concrètement dans ma pratique professionnelle ça veut aussi dire... là maintenant, j'ai cette chance

> immense d'avoir pu cofonder une [maison d'édition], donc c'est génial parce qu'elle peut vraiment ressembler à ce dont j'ai envie. Donc là, par exemple, le comité éditorial, on a décidé dès le départ qu'il serait au moins paritaire, et maintenant il est en fait constitué en majorité de femmes, les réunions éditoriales on veille énormément à ce que la parole des femmes prenne toute la place qu'elle doit prendre et elle la prend, ce qui me fait un bien fou parce que j'ai fait un nombre incalculable de réunions où les hommes parlaient tout seul. Ça veut dire qu'on veille aussi évidemment à la place des femmes dans ce qu'on publie. Là aussi, on est au moins à parité si ce n'est plus [...]. C'est pour moi, en tant qu'éditrice, accompagner des femmes qui ne se sentent pas forcément légitimes, qui se sentent peut-être intimidées, qui ne se sentent pas capables d'écrire un livre, donc de les encourager, de les accompagner, de les protéger aussi des attaques qu'elles pourraient subir ou des intimidations, dans la mesure de ce que je peux faire bien sûr. C'est aussi évidemment remettre au goût du jour des thématiques oubliées, faire prendre conscience de choses dont on n'a pas encore pris conscience, c'est participer à cet élan auquel participent beaucoup de gens en ce moment, de réflexion, d'analyse, de recueil de témoignages, de contributions à ces prises de conscience, à ces combats politiques, à ces revendications.

Pour certaines des militantes du *self-help* contemporain rencontrées, la sensibilité à la cause des femmes, et en particulier au *self-help*, a été transmise par les mères. Elles sont quelques-unes à évoquer, parfois en pointillé, l'engagement féministe de leur mère durant la décennie 1970. La mère de Malorie, qui fait partie d'un groupe de *self-help* en France depuis plusieurs années, « était dans les mouvements MLF » à Genève, celle d'Agnès « a un peu milité au MLAC », celle de Lucie a été « proche du MLF » et a « beaucoup manifesté ». Comme l'a montré Camille Masclet, la transmission de ces dispositions contestataires par les mères se mue d'autant plus facilement en militantisme féministe pour les filles qu'elles font l'expérience d'une position minoritaire dans les rapports sociaux de sexe et qu'elles cumulent les capitaux scolaires et universitaires[14]. Au-delà du féminisme, les mères transmettent un attrait pour une démarche de réappropriation du corps. Cette transmission passe souvent par les livres, et ce, en cohérence avec leur

---

14. Camille Masclet, « Le féminisme en héritage ? Enfants de militantes de la deuxième vague », *Politix*, 109, 2015, p. 45-68.

appartenance aux classes moyennes à capital culturel élevé[15]. Lucie se souvient que sa mère « avait une bibliothèque féministe de classiques auxquels [elle a] eu accès très tôt et qu'elle [lui] a offert ». Le projet de réédition de *Notre corps, nous-mêmes* est issu de la découverte de cet ouvrage à l'adolescence. Malorie a pris connaissance de la pratique de l'auto-examen *via* des brochures éditées pendant les années 1970 par des militantes du MLF de Genève et retrouvées chez sa mère. Cette dernière lui en avait déjà fait le récit :

> J'avais toujours ce récit de ma mère qui disait qu'il y avait celles qui faisaient des groupes de conscience comme elles appelaient ça, où plutôt elles discutaient, et celles qui faisaient des auto-examens, il y avait un peu celles qui étaient pragmatiques et celles qui n'y touchaient pas trop. Bon, ça c'était la description de ma mère.

Juliette aussi a découvert sur le tard des « bouquins sur le *self-help* » de sa mère, ce qui lui a permis de « renouer avec le côté soixante-huitard » de cette dernière. Les parents de Juliette sont en effet propriétaires d'une « ferme agrotouristique » dans le sud de la France, héritière des revendications de « retour à la terre » des luttes des années 1970. Issus de milieux différents (Juliette qualifie son père de « prolo », quand sa mère est issue d'une famille de la bourgeoisie pied-noir tunisienne), ils appartiennent à « la classe moyenne supérieure de gauche ». La découverte des livres maternels suscite l'intérêt de Juliette pour « la réappropriation du corps par la réappropriation de la gynécologie » une fois acquis un cadre d'interprétation féministe :

> Je me suis aussi renseignée sur les différents courants du féminisme et tout ça, et c'est vrai que ce qui était lié à la gynécologie ne m'intéressait pas trop de prime abord, donc, étant lesbienne, j'avais pas besoin de moyen de contraception et ça ne m'intéressait pas plus que ça la gynécologie, jusqu'à ce que je tombe sur des bouquins de ma mère sur le *self-help*, où là je me suis dit que c'était génial tout ça et que ça ne concernait pas que les hétéros, bien au contraire.

---

15. Viviane Albenga et Laurence Bachmann, « Appropriations des idées féministes et transformation de soi par la lecture », *Politix*, 109, 2015, p. 69-89.

La transmission maternelle de convictions féministes, qui semble parfois se faire de manière indirecte, peut ainsi constituer dans le même temps une instance de socialisation au *self-help*. Quand la propension à politiser l'intime et le corps n'est pas transmise directement par les mères, la famille, les études et les parcours sexuels et conjugaux minoritaires constituent d'autres canaux de formation de ces dispositions.

Des socialisations atypiques au corps et à la santé

Pour nombre de militantes rencontrées, le rapport libéral au corps et l'attitude critique vis-à-vis de la médecine conventionnelle qu'elles entretiennent se sont forgés dans l'enfance. La proximité familiale avec la sphère médicale, par exemple chez les militantes dont les parents exercent des professions de santé, a pu faire naître un regard critique sur les discours médicaux. Aurore, une militante blanche de 30 ans qui a créé un collectif de réappropriation des savoirs gynécologiques, fille d'un père infirmier et d'une mère cadre-infirmière reconvertie au métier de psychologue, évoque en entretien l'« approche du soin et de la santé plutôt critique » de ses parents. Des événements ayant conduit à des ruptures biographiques ont aussi pu façonner un tel rapport à la santé et à la médecine. Vanessa, une sage-femme blanche de 38 ans qui cherche à intégrer une démarche issue du *self-help* dans sa pratique professionnelle, se souvient de la manière dont son opposition à l'organisation du système de santé et de la médecine lui a été transmise par sa mère, atteinte d'un cancer du sein :

> Ma mère a été malade toute mon enfance, elle a eu un cancer du sein [...]. Je pense que l'histoire du médical et de comment on se protège du médical, elle m'a donné un exemple, c'est-à-dire qu'elle n'acceptait pas... Les choses pour lesquelles elle n'était pas d'accord, elle ne les faisait pas. Je me rappelle un exemple, quand tu es malade, c'est énorme le temps qu'on te demande de passer dans les salles d'attente, d'attendre, ça bouffe toute ta vie. Donc, elle, des fois, elle ne faisait pas tous leurs trucs et elle leur disait : « vous allez faire autrement ». Et elle était un peu à leur imposer son emploi du temps plus que de se faire imposer l'emploi du temps de l'équipe.

Comme dans le cas de Vanessa, c'est souvent par les mères que se construit un rapport critique à la médecine conventionnelle, et ce, en cohérence avec la division sexuelle du travail domestique de santé[16]. Les militantes rencontrées sont plusieurs à relater la réticence maternelle à l'utilisation de médicaments allopathiques et la préférence pour des médecines dites « alternatives ». Violette, une étudiante en arts de 21 ans qui a participé à un atelier d'auto-gynécologie, se souvient avoir « grandi avec une mère qui [ne lui] donnait que de l'homéopathie ». L'usage de l'homéopathie est particulièrement répandu et témoigne de pratiques hétérodoxes de santé dans la sphère familiale. Les choix des mères en matière de procréation témoignent aussi d'un rapport critique à la médecine et à la gynécologie. Mathilde, une étudiante de 25 ans qui fait partie d'un collectif de *self-help*, fait le lien entre l'accouchement à domicile de sa mère et le fait que cette dernière n'a « jamais voulu [lui] donner trop de médocs ». À ce rapport critique à la médecine conventionnelle s'ajoute une socialisation corporelle libérale. Mélanie, une conseillère en santé sexuelle de 36 ans qui fait partie d'une association de promotion du clitoris en Suisse, se souvient :

> Moi je me suis masturbée très tôt, je pense que dès que j'avais 3 ou 4 ans j'ai commencé, c'est ma mère qui m'a dit, et puis, mes parents, ils ne m'ont jamais brimé avec ça, ça a toujours été un truc à la cool.

Au-delà de ces transmissions familiales, certaines développent un rapport atypique au corps et à la santé pendant leurs études supérieures ou lors de leur pratique professionnelle. Les formations dans le secteur de la santé permettent à celles qui les suivent de s'éloigner des normes du suivi médical et de mettre en place des pratiques d'automédication. Sophie, une sage-femme en reconversion de 36 ans, confie : « la pilule je me l'auto-prescrivais parce que comme j'étais en études de sage-femme j'avais accès à des ordonnances ». Certaines des militantes interviewées ayant étudié dans des écoles d'arts ont appris à mettre leur corps à contribution dans leur pratique professionnelle en développant des « performances ». Le corps est aussi l'outil de travail direct des trois militantes qui exercent le travail du sexe. Ces pratiques professionnelles sont autant d'instances de formation d'un autre rapport au corps et à la sexualité. Enfin, la très grande majorité des militantes ont des parcours conjugaux et sexuels minoritaires : elles s'éloignent de la

16. Geneviève Cresson, *Le Travail domestique de santé*, Paris, L'Harmattan, 1995.

norme d'une sexualité et d'une conjugalité limitée au cadre du couple hétérosexuel exclusif. Elles sont nombreuses à avoir ou avoir eu des relations autres qu'hétérosexuelles et certaines se définissent comme « lesbienne », « gouine », « homo » ou « bisexuelle ». Elles sont également un certain nombre à déclarer un répertoire sexuel élargi (sexualités *kink*[17], « BDSM[18] », ou autres). Lors de ces pratiques sexuelles se forme un rapport au corps anticonformiste, qui forge autant de dispositions à le politiser.

Issues de classes moyennes et supérieures, les militantes du *self-help* se caractérisent par leur fort capital culturel et par les dispositions à la contestation qui leur ont été transmises. Elles cumulent donc un certain nombre de dispositions à l'engagement, par leurs positions sociales, leurs trajectoires scolaires et leur socialisation politique. Elles se distinguent cependant d'autres types de recrutement féministe par leur lien avec le champ médical : une très forte proportion d'entre elles ont suivi une formation en santé ou exercent une activité professionnelle dans ce domaine. Leurs socialisations corporelles et sanitaires atypiques contribuent à forger des dispositions intimes à s'engager en faveur de la santé des femmes et du principe de libre disposition du corps. Comment convertissent-elles ces dispositions en militantisme ?

L'entrée dans le *self-help* : en tant que femme ?

Les militantes du *self-help* font référence à leurs expériences vécues en tant que femmes, en matière de santé et de sexualité, pour rendre compte de leur passage à l'engagement. Un « déterminant expérientiel de l'engagement[19] » pouvait déjà être mis en évidence dans les mobilisations de santé des femmes des années 1970. Le rôle, plus classiquement souligné[20], des différents réseaux auxquels elles appartiennent ne doit cependant pas être sous-estimé :

---

17. La sexualité *kink* revendique des pratiques sexuelles jugées déviantes ou peu acceptables socialement.

18. Bondage, domination, discipline et soumission, sado-masochisme.

19. Lucile Ruault, « Le spéculum, la canule et le miroir... », *op. cit.*, p. 568.

20. David A. Snow, Louis A. Zurcher et Sheldon Ekland-Olson, « Social Networks and Social Movements : A Microstructural Approach to Differential Recruitment », *American Sociological Review*, 45 (5), 1980, p. 787-801 ; Doug McAdam et Ronnelle Paulsen, « Specifying the Relationship between Social Ties and Activism », *American Journal of Sociology*, 99 (3), 1993, p. 640-667 ; Jean-Philippe Heurtin (dir.), « Fréquentations militantes », *Politix*, 63, 2003 ; Alban Jacquemart, *Les Hommes dans les mouvements féministes. Socio-histoire d'un engagement improbable*, Rennes, Presses universitaires de Rennes, 2015 ; Camille Masclet, « Sociologie des féministes des années 1970... », *op. cit.*

si certaines entrent en *self-help* par le féminisme, d'autres rejoignent ce militantisme par la profession.

Des expériences gynécologiques et sexuelles douloureuses

> J'en suis arrivée un peu au *self-help* comme ça, en étant tellement maltraitée par la médecine conventionnelle que j'ai décidé de me débrouiller toute seule. Donc c'était un peu par la force des choses. [...] Alors le *self-help*, comment ça a commencé ? Comme je te disais, c'est le corps, la santé, c'était vraiment quelque chose qui a toujours été plus ou moins au cœur de mon expérience de la domination. Que ce soit la santé gynéco, la santé sexuelle, j'ai des expériences catastrophiques avec les médecins et j'ai mis du temps à comprendre que ce n'était pas normal. Mais vraiment, le niveau de violence que j'ai vécu dans la sphère médicale je le mettrais dans le trio de tête de la misogynie, du sexisme que j'ai vécus.

C'est par ces mots que Sara, une doctorante en sociologie de 29 ans qui organise régulièrement des ateliers d'auto-observation, explique s'être engagée dans des pratiques collectives de réappropriation du corps. Comme de nombreuses autres militantes, elle explique sa « conscientisation féministe » et sa détermination à agir par son expérience personnelle du sexisme dans la sphère médicale. Elle décide de rompre avec les normes de genre et les rapports de pouvoir qu'elle subit lors des consultations médicales. Son discours, qui lie politisation féministe et expériences vécues, est partagé par de nombreuses militantes : elles sont une immense majorité à faire référence à un registre expérientiel pour rendre compte de leur engagement dans le *self-help*. Elles se souviennent notamment de certains événements de leurs trajectoires procréatives et sexuelles au cours desquels la force des rapports sociaux de sexe leur est apparue.

Aurore, une militante de 30 ans qui a fondé un collectif de réappropriation des savoirs gynécologiques et qui anime régulièrement des ateliers d'auto-observation me confie aussi en entretien : « je pense que c'est vraiment les problématiques gynécos et de sexualité qui m'ont fait rentrer dans le féminisme ». Néanmoins, si Sara insiste sur l'intensité de la violence subie dans ses consultations médicales, ce qui lui permet de souligner la spécificité des « violences gynécologiques et médicales » et de légitimer cette catégorie, Aurore adopte une autre stratégie : déclarant ne pas avoir vécu d'« expériences traumatisantes » en gynécologie, elle relate les « expériences anodines qui ne devraient pas l'être » :

> Je ne suis pas activement pas allée chez la gynéco parce que j'avais eu une mauvaise expérience, etc., mais c'est tous les trucs anodins qui le sont pas, te demander de te déshabiller entièrement, que le soignant soit saoulé parce que tu poses des questions, ou qu'il te réponde un peu par-dessus la jambe ou qu'il ne te donne pas toutes les informations, ou qu'il refuse de te poser un DIU parce que t'es nullipare, ou...

Critiquant l'absence de transmission d'informations par les médecins ainsi que le monopole qu'elles et ils exercent sur des décisions concernant son propre corps, Aurore souligne le caractère ordinaire et habituel de ces pratiques. Les discours de Sara et d'Aurore reflètent ainsi deux stratégies différenciées de construction de la catégorie de « violences médicales et gynécologiques ». Cependant, ces expériences de la domination de genre et d'autorité sont parfois vécues avec une intensité émotionnelle telle qu'elle ne permet pas une mise en récit. Ophélie, militante de 28 ans d'un collectif de *self-help*, qui a notamment créé une « liste rouge » de gynécologues à Bruxelles, souligne : « moi je tiens énormément [à cette initiative] parce que voilà j'ai eu une mauvaise expérience, et que je ne suis pas la seule ». Lorsque je lui demande, un peu plus tard dans l'entretien, de revenir sur les situations qui lui ont posé problème dans ses consultations gynécologiques, elle me répond : « la plus traumatisante, je ne suis pas prête à en parler », laissant entrevoir la portée émotionnelle de ces épreuves.

Le regard critique porté sur la médecine conventionnelle résulte également de son inefficacité à traiter des affections gynécologiques perçues comme ordinaires. Pour expliquer leur engagement, les militantes évoquent leur parcours d'errance médicale sur les questions sexuelles et reproductives. Gabrielle, une militante de 31 ans qui organise régulièrement des « ateliers d'anatomie sexuelle » rapporte des « infections urinaires chroniques » pour lesquelles « les médecins n'avaient vraiment pas du tout de solution à [lui] proposer ». Son sentiment profond d'isolement lui donne envie de « faire des groupes de *self-help* où on peut se retrouver entre personnes qui ont les mêmes soucis ». Sara décrit à fois le sexisme régnant dans les consultations et l'insuffisance de la médecine pour soigner une mycose :

> J'ai commencé à faire des mycoses tout le temps, tout le temps, pendant un an et demi. Et c'était l'enfer parce que, chaque fois, c'était pire. Donc, au début, tu vas voir le médecin qui limite te fait sentir conne de le déranger pour si peu, tu te fais engueuler parce que tu as acheté de la crème à la pharmacie pour te soulager : « on ne va rien voir aux analyses », vraiment un sentiment d'humiliation permanent. Et j'avais ce truc-là qui revenait et qui a pris une telle proportion tellement c'était récidivant qu'à la fin je ne pouvais plus me lever et je ne pouvais plus marcher quand ça m'arrivait. Et ça, pendant un an et demi.

Ce parcours médical l'amène à rompre avec la norme qui consiste à déléguer le soin au corps médical et à s'orienter vers une appréhension politique du problème :

> Et un jour, je n'en pouvais plus, et j'ai fait ce que tout le monde nous dit de ne pas faire, à savoir taper dans Google ce que tu as. Je suis assez estomaquée sur le fait qu'il m'a fallu un an et demi pour y arriver et que je n'ai pas fait ça au bout de deux semaines, comme quoi j'étais vraiment sage et conciliante avec la médecine. Et j'ai fini par échouer dans un forum Doctissimo où plein de meufs racontent à quel point elles souffrent de ça, à quel point c'est récurrent, ça arrive tout le temps, personne ne les écoute, personne ne les prend au sérieux, donc, du coup, tu te sens moins seule et t'es là : « ah mais en fait c'est un vrai problème, et [ce ne sont] que des meufs, ah il y a peut-être quelque chose de l'ordre du collectif derrière ». Et j'ai commencé à regarder les trucs, et j'ai commencé à me soigner avec des huiles essentielles. Et, en deux jours, c'était parti, donc vraiment j'étais là : « ah oui en fait ce qu'aucun médecin n'a réussi à me proposer pendant un an et demi je l'ai fait toute seule, juste en écoutant des conseils de meufs sur un forum quelconque », et c'était vraiment quelque chose qui me gâchait la vie ce truc, je ne pouvais plus rien faire. Du coup, là, j'ai acheté un bouquin d'aromathérapie et j'ai commencé à me dire : « en fait, avant d'aller consulter un médecin, je vais voir si je ne peux pas gérer le truc toute seule ».

L'incapacité de la médecine à traiter une affection gynécologique – une expérience vécue sur le mode événementiel – permet l'imbrication des dimensions individuelle et collective dans la trajectoire de Sara. Lorsqu'elle a rencontré Aurore quelque temps plus tard et que celle-ci lui a indiqué « qu'il y avait des collectifs autour de ça », et donc une offre politique déjà existante, elle s'est « engouffrée là-dedans ». Lucie explique quant à elle son engagement dans un collectif travaillant à la réédition d'un « classique » du *self-help* féministe par l'inhabilité des discours médicaux à répondre aux dimensions émotionnelles de certains événements de sa trajectoire procréative. Sa fausse couche a joué le rôle d'élément déclencheur :

> J'ai fait une fausse couche et j'ai été confrontée à un événement complètement inédit et inouï pour moi, que je n'arrivais à raccrocher à aucune expérience antérieure et qui m'a fait réaliser qu'il y avait un énorme tabou et un énorme impensé autour de ça. Moi, on ne m'en avait jamais parlé, je ne m'étais jamais sentie concernée, et tout ce que je trouvais comme témoignages ou comme textes sur internet me paraissait soit extrêmement dramatique, sur le deuil d'un enfant, ce qui n'était pas du tout ce que je vivais, soit extrêmement froid et médical, sur le fait que tout le monde en vivait, ce qui ne m'avançait pas énormément, et au contraire me confortait dans l'idée qu'il y avait un vrai problème autour de ça. Mais là, je me suis redit de manière très forte qu'il y avait absolument besoin de [ce livre], c'était très exactement ce qu'il m'aurait fallu à ce moment-là.

La création d'un collectif féministe visant à produire des savoirs sur le corps, la sexualité et la procréation entend ainsi pallier l'unidimensionnalité des discours médicaux qui échouent à prendre en compte les composantes affectives des événements dont ils traitent.

C'est enfin l'expérience de violences sexuelles et de l'accueil médical qui leur est réservé qui peut être un élément déclencheur du passage à l'acte militant. L'expérience d'Olivia en témoigne. Fille d'une professeure de musique en école primaire et d'un père chirurgien, Olivia a grandi dans une petite ville des Alpes françaises. À l'âge de 19 ans, elle s'installe à Bruxelles et entame un cursus de langues à l'université, qu'elle abandonne rapidement avant de s'inscrire aux Beaux-Arts. Elle se rapproche des « milieux des squats » et des réseaux libertaires. À la suite d'une agression sexuelle qu'elle subit dans l'espace public, elle se rend à l'hôpital avec une amie. Or, les médecins qu'elle y rencontre conditionnent l'examen médical à son dépôt de plainte pour viol auprès de la police, ce qu'elle refuse de faire. Face à leur insistance, elle « commence à céder », jusqu'à ce que son amie intervienne et réaffirme son refus d'entamer une telle démarche. À la suite de cette expérience, elle crée avec certaines de ses amies un « cercle de femmes ». Celui-ci devient rapidement un « tremplin » pour mettre en place des pratiques d'auto-santé, ce qu'elles feront collectivement durant un peu plus d'une année.

L'expérience douloureuse des rapports sociaux de sexe dans la sphère médicale incitent les femmes à s'engager en *self-help*. Des événements dans les parcours intimes, sexuels et procréatifs catalysent en effet l'activation de leurs dispositions contestataires mais ne suffisent pas à expliquer le passage à l'action collective. L'insertion préalable dans différents réseaux joue un rôle prépondérant.

S'engager en féministe

Plus de la moitié des enquêtées étaient militantes féministes avant d'être militantes du *self-help*. Pour autant, les parcours militants qui les ont menées à s'engager dans une démarche collective de réappropriation des savoirs sur le corps et la santé sont loin d'être homogènes. Il convient donc d'en restituer la diversité.

Le milieu universitaire constitue tout d'abord un premier accès au féminisme[21] et au *self-help*. Les formations en sciences sociales que suivent de nombreuses militantes du *self-help* favorisent l'adhésion au féminisme, par l'apprentissage de « la dénaturalisation des catégories sociales[22] » et par la confrontation aux enseignements sur le genre. Gabrielle, une militante blanche d'une petite trentaine d'années, fille d'un autoentrepreneur « riche » et d'une mère enseignante dans le secondaire, souligne le rôle déterminant que ses études en philosophie ont joué dans son intérêt pour le féminisme, puis dans son parcours militant :

> Je pense qu'il y a pas mal de choses qui se sont passées à la fac [...]. J'étais en philo à la fac et je kiffais bien lire Michel Foucault et je me souviens qu'en lisant l'*Histoire de la sexualité* je m'étais dit : « ah mais ce serait trop bien de travailler tous ces concepts-là autour de la question d'être femme », et du coup, un jour, je suis tombée sur Judith Butler, et j'étais là : « ah mais c'est exactement ce que j'ai rêvé de... »... pas de faire parce que j'aurais pas eu les capacités de le faire, mais bon voilà, le truc dont je rêvais. Et du coup j'ai kiffé sur Judith Butler et sur l'idée du genre. [...] J'en ai fait mon sujet de mémoire.

---

21. Émeline Fourment, « Théories en action. Appropriations des théories féministes en milieu libertaire à Berlin et Montréal », thèse de doctorat en science politique, sous la direction de Florence Haegel, Paris, Institut d'études politiques de Paris, 2021 ; Alice Romerio, *Le Travail féministe. Le militantisme au Planning familial à l'épreuve de sa professionnalisation*, Rennes, Presses universitaires de Rennes, 2022.
22. Alban Jacquemart, *Les Hommes dans les mouvements féministes...*, *op. cit.*, p. 171.

Constatant la faible implantation des études de genre dans le cursus en philosophie à l'époque et ayant le sentiment d'avoir « des profs qui ne connaissaient pas du tout [ses] sujets, [ses] auteures », Gabrielle se tourne vers une association de jeunes chercheuses sur le genre pour « rompre l'isolement » dans lequel elle se trouve. Cet engagement féministe est le premier d'une longue liste :

> [...] après je suis rentrée dans des groupes féministes assez divers, il y a eu les émissions de radio féministes, un groupe féministe transpédégouine, [...] j'avais [aussi] essayé de faire un groupe de discussion non mixte sur la sexualité, mais ça a tenu six mois à peu près.

Peu à peu, elle multiplie les rencontres. Elle visionne le film *Regarde, elle a les yeux grand ouverts*[23]. Coréalisé par Yann Le Masson et les militantes du MLAC d'Aix-en-Provence, ce documentaire présente les pratiques militantes d'avortement et d'accouchement à domicile de ce MLAC en dehors de la mainmise médicale. Elle entame alors une formation de conseillère au Planning familial, participe à des sessions collectives de *self-help* puis propose des ateliers de découverte de l'anatomie.

Les études artistiques peuvent jouer un rôle similaire, en offrant un accès tant aux enseignements sur le genre et sur l'histoire du féminisme qu'à des pratiques de réappropriation des savoirs sur le corps, et ce, d'autant plus quand les convictions féministes n'ont pas été héritées de la famille. Charlotte est une artiste performeuse blanche de 39 ans. Issue d'une famille ouvrière peu politisée, elle a suivi un cursus aux Beaux-Arts, où elle a notamment découvert les travaux d'Annie Sprinkle, une artiste féministe américaine ayant créé une performance au cours de laquelle elle invite le public à regarder son sexe et son col de l'utérus. En parallèle, elle milite au sein d'une association lesbienne qui mène une campagne de sensibilisation des gynécologues à l'accueil d'un public lesbien. Au cours de ses études, elle dirige sa pratique artistique vers les questions de genre et de sexualité, notamment avec « des ateliers orientés autour des sexualités, avec le point de vue clairement plus destiné soit à un public femme ou en mettant à l'honneur justement un public féminin ». Constatant que les participantes méconnaissent leur propre corps, Charlotte propose progressivement

---

23. Collectif de femmes MLAC et Yann Le Masson (écriture et réalisation), *Regarde, elle a les yeux grands ouverts*, film documentaire, Les Films Grain De Sable, 1982.

d'animer des ateliers inspirés de la pratique d'Annie Sprinkle ainsi que des ateliers de botanique en lien avec la santé gynécologique. Le *self-hep* recrute facilement dans les cursus universitaires artistiques car les artistes féministes ont depuis longtemps investi les questions corporelles.

Au-delà du parcours universitaire strict, les configurations locales des espaces féministes et militants façonnent les processus d'engagement. À Toulouse, l'engagement dans le *self-help* est facilité par la présence de deux masters spécialisés dans les études de genre[24], par l'existence d'un maillage associatif et militant resserré et par la structuration du pôle autonome de l'espace de la cause des femmes. La création d'une liste mail de diffusion sur l'actualité du féminisme local en est un signe. C'est le cas pour Laurène, une militante de 21 ans. Laurène est élevée par une mère fonctionnaire de catégorie C « très peu militante » et désireuse de voir sa fille réussir ses études – elle l'inscrit en option chinois pour éviter le collège de secteur classé en réseau d'éducation prioritaire (REP). Laurène obtient brillamment son baccalauréat après des années de lycée marquées par « la discrimination de genre, de classe ». Encouragée par son professeur principal à envoyer des dossiers aux Instituts d'études politiques alors qu'elle n'avait pas passé les concours par manque de moyens financiers, elle est reçue à l'IEP de Toulouse. Dans la lignée de son engagement lycéen au syndicat SUD à la suite des mobilisations contre la réforme des retraites, elle s'inscrit dans une association d'éducation populaire dès sa première année d'études supérieures. Rapidement, les causes que Laurène défend et les organisations dans lesquelles elle s'engage se multiplient : réseau d'aide aux réfugiés et exilés politiques, bénévolat dans une maison d'éducation à caractère social, théâtre-forum, association de lutte contre l'homophobie, association universitaire LGBTQIAP+, jeunes écolos. Dans le cadre de ses activités militantes, elle rencontre Corinne, qui a effectué son service civique dans une association de promotion de l'éducation sexuelle au cours duquel elle est initiée à la réappropriation des savoirs sur le corps. Elles pratiquent toutes les deux l'auto-observation dans le salon de Corinne. En parallèle, Laurène débute son master en études de genre à l'IEP de Toulouse. Par ce biais, elle se rapproche du Planning familial, s'inscrit à la newsletter de l'association et

24. Le master « Politique, discrimination, genre » à l'Institut d'études politiques (IEP) et le master « Genre, égalité et politiques sociales » de l'Université Toulouse Jean-Jaurès.

participe à certaines de leurs activités. Elle apprend de cette manière la tenue de journées portant sur l'« autonomie en santé sexuelle ». Dans ce cadre, elle participe à un atelier d'« altergynécologie » puis anime chez elle une session de reprise en main des savoirs anatomiques et d'auto-observation réunissant une petite dizaine de personnes. La manière dont elle mobilise le réseau qu'elle s'est forgé rappelle « la force des liens faibles[25] » dans l'initiation d'une démarche collective de *self-help*.

L'engagement en *self-help* peut aussi se faire *via* les réseaux libertaires. Ces réseaux, informels et aux frontières floues, s'ancrent dans des lieux et des événements promouvant l'« autonomie » (squats culturels ou d'habitation, festivals, conférences-discussions, etc.). Dans ces lieux, les militantes découvrent des brochures sur les plantes, des fanzines sur la sexualité ou des groupes de discussion non mixtes sur le corps qui les mènent au *self-help*. Anna est née à la fin des années 1980 dans une famille blanche en Normandie. Ses parents, travailleurs sociaux, sont « tous les deux issus d'un milieu bourgeois, très bourgeois du nord de la France [et] ont décidé de rompre avec le style de vie familial riche et de vivre une vie plus modeste ». Très tôt, elle acquiert des dispositions au militantisme. Ses parents, engagés dans plusieurs associations (Emmaüs, ATD Quart Monde), l'emmènent régulièrement manifester. Elle s'oriente vers des études en santé et devient kinésithérapeute. Après deux ans d'exercice d'un métier qu'elle trouve peu captivant, elle reprend des études en sciences du langage, puis exerce en tant que médiatrice culturelle. À Toulouse, où elle a déménagé, elle rencontre des « activistes climatiques » qui se mobilisent à la suite de l'accident de la centrale nucléaire de Fukushima. Anna participe à des actions de désobéissance civile qu'elles et ils organisent, et s'insère progressivement dans les réseaux libertaires de la ville. Habitant en squat, elle revendique l'« envie d'actualiser [ses] convictions politiques dans [son] quotidien ». Au sein de ces réseaux, elle développe une sensibilité féministe et une conscience des rapports de genre qui structurent les interactions au sein des organisations politiques :

> En commençant à vouloir agir avec d'autres dans des contextes autogestionnaires, où du coup j'ai côtoyé les personnes qui commençaient

---

25. Mark S. Granovetter, « The Strength of Weak Ties », *American Journal of Sociology*, 78 (6), 1973, p. 1360-1380.

> à déconstruire un peu des choses, j'ai commencé à voir, notamment dans comment les gens se comportent, dans les prises de parole, un peu tous les rapports de force et de domination entre les femmes et les hommes. Ça a été très progressif. Ça a commencé surtout par des prises de conscience, et puis des lectures ensuite, et beaucoup de discussions.

Victime d'un viol, elle ressent le « besoin » de s'engager dans une organisation féministe. Peu après, par des listes de diffusion militantes, elle apprend la tenue d'une conférence de Rina Nissim, une militante du *self-help* des années 1970, autour de la sortie de son livre-témoignage[26]. Elle en prend connaissance à cette occasion. À la suite de la conférence, deux participantes proposent par mail de « constituer un groupe [*self-help*] et se mettre à l'action ». Anna répond « du tac au tac » et participe à l'expérience. Pendant six mois, à raison d'une fois par mois, elle retrouve six autres personnes avec lesquelles elle échange sur des sujets tels que leurs « découvertes de livres, brochures, sites internet féministes, [leurs] éventuels problèmes gynéco et les recettes naturelles pour les traiter, [leurs] relations amoureuses, sexuelles, familiales [...], [leurs] expériences de la masturbation, du sexe en général[27] ». À leurs côtés, elle expérimente la pratique de l'auto-examen gynécologique et celle de l'autopalpation des seins. Une année plus tard, Anna répond à un appel de plusieurs personnes qui « avaient envie de se réunir pour partager autour de livres, films, choses comme ça autour du féminisme ou des féminismes, et pourquoi pas d'autres activités ». La première rencontre rassemble une quarantaine de personnes. Certaines décident d'organiser une marche de nuit non mixte et d'autres de se réunir « autour des pratiques de *self-help* ». Anna fait partie de ce deuxième groupe, qui rassemble une dizaine de femmes environ deux fois par mois. Deux types de séances sont proposées : des séances de discussion autour de « questions d'auto-soin, d'apprentissage de choses anatomiques ou de choses comme ça », et des sessions centrées sur la pratique de l'auto-examen, pour lesquelles Anna avait « acheté un gros lot de spéculums ». Le groupe ne subsiste pas plus de trois ou quatre mois.

---

26. Rina Nissim, *Une sorcière des temps modernes...*, *op. cit.*
27. Brochure *Cercle de Femmes et auto-examen : retour sur l'expérience d'un cercle de femmes intégrant la pratique du self-help (auto-examen)*, Collectif, Toulouse, 2015.

S'engager en professionnelle

D'autres militantes commencent à s'engager en *self-help* par leur activité professionnelle. Se trouvant « à la frontière de l'institution médicale [et] en rupture avec l'ordre médical[28] », ces militantes sont médecins, infirmières ou (majoritairement) sages-femmes, mais aussi sexothérapeutes en libéral ou conseillères en santé sexuelle dans des organisations féministes ou à l'hôpital.

Pour Maxime, le *self-help* permet de réenchanter un métier dans lequel elle plaçait beaucoup d'espoir mais qui l'a déçue. Maxime est née en 1988 dans une famille blanche « un peu spirituelle *New Age*, assez écologiste ». Son père est agent commercial de livres d'art, et sa mère, après des études d'éducatrice, s'est consacrée à l'éducation de ses enfants. Maxime s'oriente vers un bac scientifique pour pouvoir « faire sage-femme ». Après avoir abandonné ses études de médecine en première année à cause de « toutes les violences qu'il y avait », elle s'y inscrit de nouveau l'année suivante. Ses parents la soutiennent en finançant une école privée pour faciliter l'obtention du concours de sage-femme, qu'elle décroche. Toutefois, elle est rapidement contrariée par la tournure que prennent ses études :

> Je suis partie à l'école de sage-femme en me disant : « trop bien, ça va être la douceur, ça va être fini cette violence des études », et là, ça a été la grosse claque parce qu'en fait les études de sage-femme c'est un peu l'armée version meufs, au niveau des harcèlements, des exigences, c'est vraiment d'une violence... il y a un taux de suicide assez élevé, prise de médocs, de harcèlement, de viols, etc. Là j'ai fait les deux premières années d'école de sage-femme et j'en pouvais plus, je ne savais même plus pourquoi je voulais faire ça, parce que moi je voulais faire ça à la base pour accompagner les naissances à domicile et, en fait, on ne faisait que de l'hospitalier et c'était vraiment des violences médicales tout le temps.

Après deux années, Maxime prend une année sabbatique durant laquelle elle part voyager pour « faire une pause ». Une fois son cursus terminé et son diplôme en poche, Maxime décide finalement de ne pas exercer :

---

28. Chiara Quagliariello et Lucile Ruault, « Accoucher de manière "alternative" en France et en Italie. Sur des modalités du travail de mise au monde des enfants et leur portée féministe », *Recherches sociologiques et anthropologiques*, 48 (2), 2017, p. 59.

> À la fin de mes études, quand j'ai eu mon diplôme, je me souviens j'avais envie de chialer le jour de la remise des diplômes tellement j'avais honte de ce que j'avais fait, et j'avais l'impression d'avoir les mains pleines de sang de toutes les fois où j'avais collaboré avec les personnes qui étaient oppressives pour essayer de faire passer la pilule auprès de meufs qui s'étaient faites violenter pendant leur accouchement, et comment leur expliquer pour que ce soit moins douloureux que : « oui mais bon il a fait de son mieux ». Trop horrible. D'être témoin de mutilations génitales comme l'épisiotomie alors que je savais que ce n'était pas nécessaire, plein de trucs comme ça qui ont fait que j'ai décidé de rompre complètement avec ça pendant plusieurs années.

Maxime exprime une contestation forte de la profession face au déni de la dimension du *care*[29], centrale dans sa vision du métier. Après trois années passées à l'étranger pendant lesquelles elle a développé une « pensée plus politique », elle rentre en France. Elle est notamment sensibilisée au féminisme « matérialiste » par une amie d'enfance doctorante en sociologie, qui lui offre le « manuel de gynécologie naturopathique » de Rina Nissim[30]. Elle commence alors à « chercher comment adapter [sa pensée politique] à [sa] pratique professionnelle » pour « construire un métier qui [lui] convient » :

> Quand j'ai voulu reprendre le boulot, je voulais faire un camion itinérant, justement avec les questions d'auto-observation et de réappropriation des connaissances en santé gynécologique et contre les violences sexistes, etc.

Elle s'associe à deux sages-femmes accompagnant les naissances à domicile, rencontre des collectifs professionnels sur l'accouchement à domicile et commence à organiser, d'abord à l'invitation d'une association professionnelle puis dans son cabinet, des ateliers *self-help* de « réappropriation des savoirs en santé gynécologique » et pour « l'autonomie des premiers soins en santé gynéco ». Se disant peu intéressée par la question de la maternité, elle arrête

---

29. Le *care* est ici compris comme un ensemble de qualités morales fondées sur l'attention à autrui, le soin et la sollicitude. Voir Pascale Molinier, Sandra Laugier et Patricia Paperman, *Qu'est-ce que le* care *? Souci des autres, sensibilité, responsabilité*, Paris, Payot, 2009.

30. Rina Nissim, *Mamamélis. Manuel de gynécologie naturopathique à l'usage des femmes*, Genève, Mamamélis, 2001.

rapidement les accouchements à domicile pour se concentrer sur les « consultations en santé gynécologique, en santé sexuelle et reproductive », d'une part, et sur les ateliers *self-help*, d'autre part. L'écart entre une identité professionnelle fondée sur la valorisation du *care* et l'alignement effectif des pratiques sur celles des médecins, qui représentent la figure repoussoir contre laquelle est forgée l'identité professionnelle des sages-femmes, a constitué un moteur fort d'engagement pour Maxime. L'engagement dans le *self-help* lui permet ainsi de mobiliser ses compétences professionnelles à des fins militantes, sans pour autant se limiter à un « militantisme directement professionnel[31] » : Maxime n'est pas engagée dans les instances de représentation et de défense de la profession. Elle est une professionnelle engagée, au même titre que les avocats travaillistes étudiés par Laurent Willemez pour qui « au moins deux sphères de leur vie sont intimement mêlées, par la grâce de leur profession : leur métier et leur engagement politique[32] ». Cependant, et à la différence d'autres formes d'engagement professionnel comme celles des médecins dans la bataille de l'avortement[33] ou des salariés d'EDF engagés dans une activité humanitaire[34], l'imbrication entre engagement militant et engagement professionnel ne se traduit pas, dans son cas, par la décision d'exercer son métier dans une organisation politique ou une association. L'engagement vient plutôt redéfinir la pratique professionnelle au quotidien, en lui permettant de lier soutien à la cause des femmes et dispositions au *care*.

Grâce à leur activité professionnelle, les militantes peuvent également acquérir une grille de lecture féministe et des compétences contestataires, qui seront ensuite réinvesties dans le *self-help*. Sybille est une sage-femme libérale blanche de 37 ans. Issue d'un « milieu aristocratique, catholique pratiquant » avec « une

---

31. Laurent Willemez, « Engagement professionnel et fidélités militantes. Les avocats travaillistes dans la défense judiciaire des salariés », *Politix*, 62, 2003, p. 145-164.
32. *Ibid.*, p. 145.
33. Sandrine Garcia, « Expertise scientifique et capital militant. Le rôle des médecins dans la lutte pour la légalisation de l'avortement », *Actes de la recherche en sciences sociales*, 158 (3), 2005, p. 96-115 ; Jean-Paul Gaudillière, « Intellectuels engagés et experts : biologistes et médecins dans la bataille de l'avortement », *Natures Sciences Sociétés*, 14 (3), 2006, p. 239-248.
34. Annie Collovald, Marie-Hélène Lechien, Sabine Rozier et Laurent Willemez (dir.), *L'Humanitaire ou le management des dévouements. Enquête sur un militantisme de « solidarité internationale » en faveur du Tiers-Monde*, Rennes, Presses universitaires de Rennes, 2002.

ouverture au monde, à la différence », Sybille se dit « plutôt centriste » et « modérée ». Baignée des récits familiaux sur une grand-mère sage-femme, Sybille s'engage dans des études de sage-femme qui deviennent rapidement difficiles : « mes études, j'ai failli arrêter, j'ai été très très mal, beaucoup de maltraitance morale, psychologique, le monde médical est violent ». Après l'obtention de son diplôme, elle exerce pendant six ans à l'hôpital. Pendant les quatre premières années, elle cherche « à partir de ce métier ». Sa participation à la grève des sages-femmes de 2013-2014 constitue un tournant dans sa trajectoire et peut être interprétée comme une instance forte de socialisation politique. Pour Sybille, la participation à la grève fait événement et a aiguisé sa sensibilité féministe :

> – *Est-ce que tu peux me raconter comment tu en es venue à te dire féministe ?*
> – C'est très simple, c'est hyper marqué dans mon histoire, c'est à partir de la grève des sages-femmes. Il y a quelques années en France, on a fait une grève qui a duré une année. J'étais très impliquée dans cette grève et je ne comprenais pas les réactions du monde des gynécos. Et j'avais l'impression d'être un petit peu comme à l'époque où les femmes n'avaient pas le droit d'ouvrir un compte en banque sans l'accord de leur mari, et pourtant c'étaient elles qui géraient les thunes du ménage. C'est-à-dire que nous, on nous disait : « Il faut qu'on vérifie toujours ce que vous faites », alors que finalement c'est nous qui faisons rouler les maternités. [...] Et donc ce parallèle qui s'est imposé à moi m'a fait prendre conscience que notre posture de sage-femme c'est la posture symbolique des femmes et que la posture du gynéco c'est la posture symbolique de l'homme dans la société. [...] C'est là vraiment que le virage pour moi s'est fait, où j'ai pris conscience de mon féminisme et que je l'ai affirmé haut et fort, en me rendant compte que oui, le patriarcat avait encore de belles heures devant lui et qu'il y avait beaucoup beaucoup de taf pour faire changer toutes les mentalités.

L'épisode de la grève conduit Sybille à concevoir la profession de sage-femme sous l'angle de la « rivalité de genre » sur laquelle elle a été historiquement bâtie[35]. À la suite de la grève, elle redéfinit sa pratique professionnelle à l'aune de cette « pensée féministe »,

---

35. Maï Le Dû, « Synthèse entre *cure* et *care* : les sages-femmes déboussolent le genre », *Clio. Femmes, Genre, Histoire*, 49 (1), 2019, p. 139.

ce qui se traduit par l'insertion de « petites choses de *self-help* » dans les consultations qu'elle mène. Les trajectoires de Maxime et de Sybille mettent en avant la façon dont l'activité professionnelle peut inciter à s'engager dans des pratiques de *self-help*. Ces sages-femmes y voient une occasion d'allier leur *ethos* et leurs compétences professionnelles fondées sur la valorisation du *care* avec un engagement pour la cause des femmes. Le militantisme professionnel des sages-femmes peut même constituer une instance de socialisation politique au féminisme et travailler à l'acquisition de dispositions à l'activité contestataire ensuite réinvesties dans le *self-help*.

La très grande majorité des enquêtées mobilisent un registre expérientiel pour rendre compte de leur engagement. L'étude des modalités d'entrée en *self-help* montre qu'au-delà de ces expériences sexuées les dispositions à politiser le corps et la santé sont également activées par l'inscription dans des réseaux féministes ou professionnels. La diversité de ces modalités d'entrée se manifeste par des formes d'engagement distinctes.

Des formes variées d'engagement

Une fois entrées en militantisme, les militantes s'investissent selon des modalités et des intensités de participation différentes, ainsi que l'illustrent les trajectoires d'Anaïs, de Carolina et d'Agnès.

Anaïs, participante profane

Anaïs a 23 ans. Elle a grandi dans un pavillon en périphérie de Besançon, dans une famille de classe moyenne blanche peu politisée. Son père est cadre, sa mère auxiliaire de puéricultrice. Lors de ses années de lycée, Anaïs fréquente assidûment les réseaux libertaires :

> Il y avait un endroit qui s'appelait L'Autodidacte, c'est une librairie anarchiste. Juste en face de cette librairie, nous on avait une petite maison qui était squattée par des gens un peu plus vieux que nous, qui vivaient dedans. Et nous on passait des après-midi sur cette place où il y avait tout, il y avait la librairie, il fallait toujours faire du café pour les gens, ranger des bouquins, lire des bouquins, et puis juste en face il y avait la petite maison où on avait des peintures, des draps, où on préparait les luttes. C'était au moment de la réforme du travail, de la réforme étudiante, il y avait plein de manifs, il y avait plein de

> choses à faire, et donc on était toujours là-dedans. On était vraiment les bébés du groupe, on avait genre 15 ans ou 16 ou 17 ans.

Anaïs déménage à Aix-en-Provence pour commencer des études aux Beaux-Arts, qu'elle arrête rapidement parce que « c'est une ville pas vivante du tout ». Suivant les conseils d'une amie, elle emménage à Bruxelles pour poursuivre ses études. Elle obtient une licence tout en prenant des cours du soir de taille de pierre. Au cours de ses études, elle s'insère dans des réseaux politiques libertaires. Elle participe à des actions organisées par un collectif informel contre la réforme du chômage ainsi qu'à des actions de solidarité avec des sans-papiers. Dans ces réseaux, elle fréquente « certains groupes, certains milieux un peu féministes ». Une fois sa licence en poche, Anaïs retourne en France faire un CAP en taille de pierre. Elle s'installe à la campagne pour exercer son métier et s'intéresse de près à l'herboristerie. De sa grand-mère, elle a hérité plusieurs livres sur les plantes, qu'elle utilise comme support :

> C'est un livre de plantes médicinales mais c'est très abstrait pour moi. Quand je suis arrivée à la campagne je me suis dit : « OK, là je me motive, je vais essayer de cueillir un peu des choses, de me renseigner », et puis après j'ai trouvé des cours sur Internet, [...] et j'avais aussi des bouquins sur le Moyen Âge où je voyais qu'il y avait aussi une façon de... un rapport à la nature d'expérimentation, ou tu essayes de... c'est vraiment par la pratique que tu vas trouver ce qui va aller. Et comme j'étais dans le Berry, c'est vraiment la région en France des sorcières, il y a plein d'histoires, il y a plein de bouquins, il y a plein de choses.

Son intérêt pour le soin par les plantes s'accroît d'autant plus que l'une de ses amies, Olivia, qui rencontre des problèmes de santé gynécologique à la suite d'une agression sexuelle, lance avec des amies communes un cercle de femmes sur les questions de sexualité et de santé. Face aux échecs successifs des solutions thérapeutiques proposées à Olivia par la médecine conventionnelle, Anaïs essaye de « trouver [pour elle] des façons de se soigner différentes ». Olivia l'invite à participer avec elle à un week-end sur l'auto-santé organisé à Bruxelles par l'association Soins de Femmes. Anaïs s'y rend, « avec aucune attente et aucun renseignement ». Dans ce cadre, elle retrouve des amies, participe à divers groupes de parole, notamment à un temps d'échange d'expériences sur la sexualité « très très fort en émotions », et découvre l'existence de la pratique de l'auto-examen et du *self-help*. Une semaine plus tard, un groupe de cinq femmes ayant participé au week-end, dont Anaïs et Olivia, organise une session d'auto-examen gynécologique. Anaïs le vit comme « une grosse révolution mentale ». Ce groupe se réunit ensuite à plusieurs reprises pour « pousser un petit peu le truc, faire vraiment des diagnostics, faire des frottis et tout ». Anaïs, rentrée en France, ne participe pas à cette dynamique.

La trajectoire d'Anaïs est caractéristique de celle de nombreuses militantes : leur engagement en *self-help* est de faible intensité et de courte durée. Anaïs a acquis peu de dispositions au militantisme pendant sa socialisation primaire. Si elle a eu accès aux études supérieures, son niveau de diplôme est moins élevé que celui de la plupart des militantes rencontrées. Ce passage plus rapide par l'institution universitaire a néanmoins constitué une instance de socialisation à l'activité contestataire et lui a permis de s'insérer dans des réseaux de sociabilité qui, réactivés, facilitent l'investissement dans le *self-help*. La confrontation indirecte avec les violences sexuelles, d'une part, et l'expérience du sexisme dans un métier d'hommes, d'autre part, viennent activer les dispositions à la critique du monde social acquises par Anaïs. Elle développe un « rapport mobilisé[36] » au genre et à la santé. C'est à ce moment-là où plusieurs espaces de sa trajectoire biographique et sociale se croisent et entrent en résonance qu'elle s'engage dans le *self-help*. Néanmoins, la dilatation des liens qu'elle entretient avec les réseaux de sociabilité militants dans lesquels elle a été insérée lors de ses études, du fait de sa forte mobilité géographique et d'une moindre disponibilité liée au début de sa vie active, ont raison de la pérennité de son engagement. À l'instar de plusieurs autres enquêtées aux caractéristiques sociales proches, Anaïs est demeurée une participante ordinaire du militantisme de *self-help*.

Carolina, profane-experte

Née au milieu des années 1980 dans une famille blanche en Belgique, fille d'un professeur de français et d'une traductrice, Carolina raconte avoir un « parcours politique très autonomisant ». Elle rencontre « la scène punk, hardcore » et « le DIY » (Do it

---

36. Yasmine Siblot, « Entretenir un rapport mobilisé à sa condition sociale en milieu populaire », *Sociétés contemporaines*, 109 (1), 2018, p. 65-92.

yourself) pendant son adolescence. Dès le début de ses études supérieures en arts et design, elle s'installe en « collectif d'habitation » et participe à « des collectifs de lutte, des collectifs d'action » caractérisés par un militantisme libertaire informel. Lors d'un événement organisé dans son école, elle découvre à l'âge de 19 ans la brochure *C'est toujours chaud dans la culotte des filles*. Paru à Montréal au début des années 1990, ce document autoédité constitue un « livret de gynécologie maison à base de plantes médicinales[37] ». Carolina y puise d'autres références qui appuient le développement d'une perspective critique sur la santé, à une période où elle souhaitait arrêter de prendre la pilule contraceptive parce qu'elle a « toujours eu un rejet assez fort de tout ce qui est médicament ». Grâce à « une amie allemande », elle découvre aussi le manuel d'anatomie féministe *A New View of a Woman's Body*. Elle raconte avoir petit à petit « ouvert les yeux avec d'autres camarades femmes » sur la répartition genrée des tâches dans leur lieu d'habitation : « on prétend révolutionner plein de choses, et puis en fait dans le collectif c'est qui qui fait la paperasse, c'est qui qui fait le ménage, c'est qui qui fait la cuisine ? ». Avec ses cohabitantes, elles décident d'organiser un mois de rencontres sur les « questions de santé, sexualité, corps ». À la suite de cet événement ponctué d'ateliers incluant des pratiques corporelles et de santé (danse-forum, apprentissage de la fabrication d'ovules gynécologiques, balades collectives), elles déménagent pour vivre en non-mixité et lancer un groupe d'autodéfense féministe. En parallèle, Carolina répond « à un appel qui était lancé par [l'association] Soins de Femmes où elles proposaient de créer un cycle de formation de femmes à femmes ». Cet appel donne lieu à la création d'un groupe d'une dizaine de femmes qui se retrouvent deux jours par mois pendant un an autour de thématiques touchant à la santé sexuelle et reproductive. Carolina participe aussi à des rencontres en France, comme la « fête des plantes médicinales » organisée par le Syndicat des Simples[38], à l'occasion desquelles elle étend son réseau de sociabilité à l'international. Elle commence alors à animer des ateliers d'auto-observation « pour des groupes de femmes en France [...], ou des copines en Italie [...] ou en Espagne ».

---

37. Vancouver Women's Health Collective, *C'est toujours chaud dans les culottes des filles. Livret de gynécologie maison à base de plantes médicinales*, Montréal, 1991 [2e éd.].
38. Syndicat professionnel de productrices et de producteurs de plantes aromatiques et médicinales.

À partir de 2012, Carolina propose à plusieurs personnes de son entourage rencontrées dans les réseaux libertaires de Bruxelles de créer un groupe *self-help* sur des bases affinitaires, notamment pour « se réapproprier l'usage des plantes pour les problèmes gynécos ». Ce collectif, qui se réunira pendant plus de cinq ans, est aussi inscrit dans un réseau international de plusieurs collectifs de *self-help*. Carolina, deux fois par an, se rend à une formation dispensée par une naturopathe à destination de ces différents groupes. En 2013, elle rencontre, à l'issue de la projection d'un documentaire sur les menstruations dans un festival de films féministes, la fondatrice de l'association Soins de Femmes, avec qui elle engage une conversation et qui lui propose d'animer des « ateliers d'auto-examen » dans le cadre de cette association. Elle en anime entre quatre et six par an pendant cinq ans.

Comme d'autres enquêtées, Carolina fait partie des militantes du *self-help* qui s'apparentent à ce que Myriam Aït-Aoudia, Mounia Bennani-Chraïbi et Jean-Gabriel Contamin ont appelé des « entrepreneuses de politisation », soit des individus qui « imposent un sens politique à telle ou telle pratique et qui, ce faisant, contribuent à une politisation des agents et des problèmes[39] ». Ces militantes organisent des ateliers de discussion sur l'auto-gynécologie ou de diffusion de pratiques d'auto-observation, sont à l'initiative ou participent activement à des collectifs de *self-help* ou à des associations de promotion du *self-help*, ou produisent un discours critique sur la santé des femmes qui promeut le *self-help* et le médiatisent à travers différents moyens (podcasts, brochures, traduction et édition d'ouvrages). Par ces activités, elles effectuent un double travail militant de politisation : elles promeuvent le *self-help* féministe et travaillent à en produire une définition politique ; elles développent un ensemble d'activités militantes visant à sensibiliser les participantes profanes à la cause du corps et de la santé des femmes. Ces entrepreneuses de politisation acquièrent dans le cours de l'action collective un ensemble de compétences militantes ainsi que des formes d'expertise sur les corps et la santé : en cela, elles ont un statut de profanes-expertes.

39. Myriam Aït-Aoudia, Mounia Bennani-Chraïbi et Jean-Gabriel Contamin, « Indicateurs et vecteurs de la politisation des individus : les vertus heuristiques du croisement des regards », *Critique internationale*, 50 (1), 2011, p. 17.

Agnès, professionnelle engagée

Agnès a 30 ans et est interne en médecine. Elle a grandi en milieu rural, dans une famille blanche de « classe moyenne sup', éduquée » et « un peu hippie sur les bords ». Fille d'une professeure agrégée de l'enseignement secondaire et d'un médecin « farfelu », elle a connu une socialisation primaire qui a forgé ses dispositions à la contestation. Sa mère a « un peu milité au MLAC » et a « avorté illégalement ». Elle incarne aux yeux d'Agnès ces « personnes qui ont en partie démoli l'image de l'homme ». Agnès connaît également une socialisation primaire à la santé atypique, à la fois par un père « homéopathe [qui] fait beaucoup de manipulations physiques et [qui] fait presque charlatan » et par une attention spécifique à l'alimentation (« on bouffait toujours des trucs chelous, [comme] du boulghour »). Elle rappelle que si ces pratiques « sont beaucoup plus à la mode » dans les milieux qu'elle fréquente aujourd'hui, « dans les années [19]85-[19]90-[19]95, c'était chiant ». Et en effet, Agnès est insérée dans de nombreux réseaux politiques d'extrême gauche. À partir de sa deuxième année de médecine, qui la rend plus disponible au militantisme, Agnès fait du bénévolat et s'engage dans des associations d'étudiants en médecine qui ont pour objectif de transformer la formation médicale. Elle aspire à « exercer la médecine d'une manière politique ». À ses yeux, cela passe tant par la lutte collective pour « enleve[r] du pouvoir au médecin » que par l'utilisation individuelle de ce pouvoir :

> Par exemple, tu vois, pouvoir faire des certificats qui vont permettre à des gens d'aller attaquer au pénal des personnes comme leur patron, les personnes qui les violentent si c'est des femmes ou si c'est d'autres personnes qui sont violentées physiquement, sexuellement, psychiquement, mais aussi pour des étrangers pour faire des titres de séjour à la préfecture, enfin voilà toute la défense des droits qui passent par le pouvoir médical, le pouvoir médical au service de la personne pour défendre ses droits.

Agnès participe à des rencontres du Syndicat de la médecine générale qui défend une vision politique du soin, rencontre un « collectif féministe de soignantes assez *underground* » et réalise un stage dans un centre de santé communautaire expérimentant « un nouveau mode d'organisation de la santé » pour lutter contre « les inégalités sociales de santé ». En 2008, alors qu'elle est en troisième année de médecine, elle « commence à militer » et s'engage avec les clowns activistes. Elle s'insère de plus en plus dans les milieux libertaires, vit à plusieurs reprises en squat, participe aux mobilisations contre la COP21 qui se tient à Paris en 2015 et soutient les mouvements d'occupation des « zones à défendre ». Ces réseaux constituent pour Agnès une porte d'entrée vers le féminisme (« moi c'est aussi mon anticapitalisme qui m'a permis de me nommer féministe »), auquel elle est déjà prédisposée par transmission familiale (« ma mère, elle se dit féministe, donc j'ai été un peu bercée là-dedans »).

Parallèlement, Agnès est confrontée aux questions procréatives, tant par sa trajectoire personnelle que par sa trajectoire professionnelle. À la suite d'une grossesse non désirée, Agnès a recours à une IVG. Elle fait l'expérience de la persistance de la stigmatisation de cette pratique encore considérée comme une « déviance légale[40] ». À ses yeux, cette expérience participe de sa prise de conscience féministe. En 2014, elle effectue un stage de six mois en gynécologie dans un hôpital universitaire, qui l'a « politisée sur le plan du féminisme » :

> Là, après ce stage je me suis dit : c'est pas possible que l'accouchement soit aussi médicalisé, c'est pas possible que l'accueil soit aussi misogyne, c'est pas possible que moi j'ai accès à voir autant de chattes et que ce savoir soit professionnel, et que d'autres ne peuvent pas le faire. Enfin moi je voyais vraiment le bénéfice d'avoir accès à cet endroit-là. Et surtout ce n'est pas possible que les gens ne puissent pas voir des accouchements dans leur vie.

Les dispositions acquises au militantisme, au féminisme et à un rapport critique à la santé s'activent dans la confrontation intime avec des thématiques procréatives centrales aux revendications féministes, en particulier l'avortement et l'accouchement. Tous ces éléments constituent un terreau favorable à l'engagement en *self-help*.

Lorsqu'elle participe pour la première fois à un atelier de « gynécologie domestique » lors d'un festival de soutien à une « zone à défendre » à l'été 2015, Agnès a déjà pris connaissance de l'histoire du *self-help via* des « brochures ». Elle a alors en tête l'idée de

---

40. Sophie Divay, « L'avortement : une déviance légale », *Déviance et Société*, 28 (2), 2004, p. 195-209.

consacrer sa thèse de médecine aux pratiques de *self-help*. Au cours de l'année 2015, elle participe à plusieurs ateliers sur la santé des femmes, se rend à Bruxelles auprès de la fondatrice d'une association de promotion de l'auto-santé dans une perspective féministe, rencontre des pionnières du *self-help* des années 1970 et 1980 à Paris et à Genève. Elle poursuit cette démarche les années suivantes. Elle anime elle-même plusieurs ateliers d'auto-examen lors d'un festival « punk sur les bords, tendance hippie » ou encore au cours d'une « fête des sorcières organisée par un collectif de nomades anarchistes ». Entre 2015 et 2018, elle continue également à prendre part à des ateliers d'auto-observation et participe à des formations sur le *self-help* et l'auto-santé gynécologique à destination de professionnelles de santé. En 2019, elle soutient sa thèse de médecine sur les pratiques collectives d'auto-examen gynécologique. Par ce travail, elle entend valoriser les savoirs accumulés par les profanes de la santé dans le champ médical et améliorer les pratiques de soin en gynécologie, notamment en luttant contre les actes sexistes et discriminatoires des médecins et contre la « (sur)médicalisation ».

Le parcours d'Agnès donne à voir la production en actes d'une professionnelle engagée. Par une socialisation précoce à la contestation, de l'ordre de genre *via* sa mère, des conditions d'exercice de la médecine *via* son père et des cadres sociaux qui entourent la santé en général, par une socialisation politique qui passe notamment par l'expérimentation de modes de vie « alternatifs » promouvant « l'autonomie », Agnès combine un ensemble de dispositions qui facilitent le passage à un militantisme actif en *self-help*. Sa trajectoire, caractérisée par l'entremêlement entre sphère militante et sphère professionnelle, actualise ces dispositions acquises. La carrière militante d'Agnès, comme celle de nombreuses autres professionnelles de la santé et de la santé sexuelle engagées dans le militantisme de *self-help*, brouille les frontières entre espace politique et espace professionnel. Elle renoue ainsi avec le courant des médecins critiques envers l'institution médicale des années 1970[41]. Cette position n'est pas dénuée de tensions pour Agnès. D'un côté, et ainsi qu'en témoigne son travail de thèse, elle investit le *self-help* et la production collective de savoirs profanes sur la santé comme un moyen de donner corps aux critiques

41. Laure Pitti, « Experts "bruts" et médecins critiques... », art. cité ; Pascal Marichalar et Laure Pitti, « Réinventer la médecine ouvrière ? », art. cité.

qu'elle adresse à la médecine et de transformer cette dernière de l'intérieur. De l'autre, elle s'alarme de la possibilité que des professionnelles de santé « formées avec des groupes de *self-help* » puissent « se glorifie[r] d'être amies », « s'ouvr[ir] un nouveau marché » en recrutant une patientèle féministe, « voler la parole des usagers » et trahir ainsi la « démarche politique, féministe, anti-autoritaire » du *self-help*.

Ces trois modalités d'engagement, incarnées dans les trajectoires d'Anaïs, de Carolina et d'Agnès, forment trois groupes de militantes : les profanes, caractérisées par un niveau d'engagement faible ou modéré et par une expertise limitée sur la santé ; les profanes-expertes, qui ont accumulé des compétences militantes et des savoirs sur les corps et la santé dans et par l'action collective, et qui ont pour ambition de politiser et, éventuellement, de mobiliser les profanes sur la santé ; des professionnelles de santé, aux niveaux d'engagement divers mais dont le degré d'expertise sur le corps, la santé et la sexualité est élevé et dont la légitimité est reconnue socialement. La forme que prend l'engagement varie selon des déterminants sociaux : les participantes ordinaires sont issues de classes supérieures tout en étant légèrement moins diplômées que les autres militantes (entre bac + 3 et bac + 5) alors que les profanes-expertes ont des niveaux de diplôme plus élevés (entre bac + 5 et bac + 8) et sont plus souvent issues de classes populaires, bien qu'elles soient en majorité issues de classes moyennes et supérieures. Ces formes d'engagement peuvent se succéder dans une même carrière militante. Entre profane, profane-experte et professionnelle engagée, les frontières sont parfois poreuses. Les différences d'expertise sur les corps et la santé ne sont pas figées : elles sont aussi transformées dans et par l'action collective.

Infléchissements des trajectoires professionnelles

Quelles sont les tensions qui apparaissent entre logiques professionnelle et médicale et logiques militante et profane dans ces processus[42] ? Si les discours des personnes interviewées

---

42. Ces tensions s'actualisent aussi dans les ateliers collectifs de *self-help*, dans lesquels les actrices doivent composer avec des différences de statut qu'elles contestent par ailleurs. J'analyse ces éléments, qui éclairent certaines limites d'un militantisme qui infléchit plus qu'il n'abolit l'ordre médical, dans l'article suivant : Lucile Quéré, « "Moi, je n'y crois pas trop à cette vérité scientifique". Contestation des savoirs médicaux dans les mobilisations féministes de santé en Europe francophone », *Critique internationale*, 99 (2), 2023 (à paraître).

laissent percevoir une opposition entre militantes et professionnelles de santé, l'analyse des dynamiques de professionnalisation du *self-help* et de reconversion des savoir-faire militants dans la sphère médicale témoigne d'une réalité plus nuancée. L'engagement dans le *self-help* a ainsi des effets variés sur les trajectoires des militantes, qu'elles soient profanes ou professionnelles de santé.

Les profanes-expertes, qui contestent les savoirs institués et leur spécialisation, développent une expertise concurrente à celle des professionnelles de santé. Elles n'en élaborent pas moins des pratiques visant à faire reconnaître les savoirs qu'elles ont acquis et accumulés dans la conduite de l'action collective. La tension entre la remise en cause de l'ordre médical et la quête de professionnalisation s'incarne dans leurs trajectoires, marquées par des processus non linéaires et souvent non aboutis de professionnalisation : elles entament des formations qualifiantes, recherchent une reconnaissance professionnelle de leurs activités et participent parfois au « processus croissant de capitalisation de l'intérêt grandissant des femmes pour la connaissance de leurs corps[43] ». Quelques-unes ont commencé des études de naturopathie et plusieurs se disent intéressées par des formations d'accompagnatrice à la naissance (doula). La trajectoire de Clitorine, qui anime régulièrement des ateliers d'auto-gynécologie, illustre bien ces dynamiques. Clitorine est une artiste qui performe un personnage appelé « DocteurE » qualifié de « sexologue, sorcière et alter-gynécologue ». Ces désignations mêlent deux régimes de qualification : un régime militant, d'une part, avec l'utilisation de la majuscule pour féminiser le nom de métier, l'appellation « sorcière » et l'emploi du mot « alter- », et un régime professionnel, d'autre part, avec l'usage des mots « docteure », « sexologue » et « gynécologue » pour désigner ses activités. Issue d'une famille de classe moyenne blanche politisée à gauche (ses parents sont tous deux éducateurs spécialisés), elle a été socialisée au féminisme lors de ses études en école d'art et aborde dans ses premières performances artistiques les questions de corps, de genre et de sexualité. Cherchant à « explorer un nouveau rapport avec le public », elle se tourne vers des performances individualisées

43. Eva Fontenelle, « L'auto-gynécologie, du MLAC à nos jours : un "héritage sans testament" ? », mémoire de licence 3 en science politique, Saint-Denis, Université Paris 8, 2021, p. 28.

et crée « un personnage de docteure qui attend dans son cabinet » pour « parler de sexualité ». Peu à peu, elle se rend compte que les thématiques de « gynéco, de problèmes de chatte, de violences médicales, de violences sexuelles » prennent de l'importance dans ces rendez-vous en « tête-à-tête ». Avec la volonté de proposer, en réponse, « des outils d'autonomie individuelle pour quand on va chez le médecin », elle se forme sur « l'anatomie, l'écosystème du vagin, les infections, les maladies » et les plantes médicinales.

Clitorine découvre progressivement l'histoire du *self-help* gynécologique et participe à « des cercles » non mixtes sur le corps et la santé. Parallèlement, elle tombe enceinte et « avorte toute seule avec des plantes ». Comme pour d'autres militantes, son rapport au champ médical et aux normes de genre qui façonnent ses expériences corporelles et sanitaires se trouve transformé par le *self-help*[44]. Elle précise cependant : « mon avis sur l'avortement avec les plantes, il a changé parce qu'un an et demi après j'ai été de nouveau enceinte et ça n'a pas marché, et j'ai avorté à l'hôpital ». Elle développe alors des ateliers collectifs de transmission de savoirs sur l'auto-gynécologie à destination de profanes de la santé, dont la participation est à prix libre. Parallèlement, elle poursuit les « entretiens individuels », qu'elle transforme en « consultations » rendues payantes. À l'entraide collective qui constitue l'idéal des relations de *self-help*, elle substitue une aide individualisée qui s'apparente, par la mise en présence d'une experte et d'une profane, à une relation de service[45]. Comme pour les sessions collectives, le prix est « libre » : « c'est plus confortable pour moi aussi, déjà pour gagner ma vie un petit peu et du coup ça me permet aussi de me dire : avec telle fille, je vais faire plus ou moins des recherches préalables, je vais prendre plus ou moins de temps, selon le prix qu'on me propose ». Clitorine retraduit ainsi la pratique du prix libre, habituellement utilisée dans les milieux libertaires pour « rembourser les frais financiers engagés et non

---

44. Les effets d'un militantisme visant à instituer les profanes en expertes de leur corps et de leur santé sur les rapports individuels à l'encadrement médical des corps, de la sexualité et de la santé des femmes ne sont pas traités ici. Je les ai développés dans l'article suivant : Lucile Quéré, « Repousser les frontières des normes corporelles et sexuelles. Effets de l'engagement dans le *self-help* féministe sur la sphère intime », *Sociétés contemporaines*, 126 (2), 2022, p. 93-119.

45. Stéphanie Boujut, « Le travail social comme relation de service ou la gestion des émotions comme compétence professionnelle », *Déviance et Société*, 29 (2), 2005, p. 142.

[pour] rémunérer le travail[46] ». Elle estime en effet que son travail militant n'est pas reconnu financièrement à sa juste valeur, ainsi qu'elle me le fait savoir en entretien : « ça m'arrive assez souvent de faire un atelier, ça dure trois heures, tu donnes tout et, à la fin de l'atelier, il y avait 20 personnes et tu fais le calcul et tu te rends compte que ce que tu as recueilli c'est une moyenne de deux ou trois euros par personne, et c'est un peu [choquant] ». Le parcours de Clitorine est ainsi caractérisé par la tension entre la remise en cause de l'ordre médical et la recherche de reconnaissance – tant matérielle que symbolique – de son travail militant comme une activité professionnelle, dont l'accumulation et la diffusion des savoirs militants sont une dimension à part entière. Cette reconnaissance, placée sous la menace d'accusation d'exercice illégal de la médecine, lui semble d'autant plus nécessaire que sa trajectoire est marquée par la précarité qui touche les artistes. C'est ce dont témoigne sa demande de rétribution de l'entretien que j'ai mené avec elle, dans le mail suivant :

> Aussi je voulais éclaircir un point précis : depuis quelques mois je me bats, après une sorte de *burnout*, pour réussir à continuer mon travail sans craquer émotionnellement, mais aussi en survivant économiquement. Répondre aux questions d'étudiant·e·s et de chercheu·r·ses comme toi fait partie des activités qui me demandent du temps et de l'énergie. J'aimerais que tu réfléchisses à une forme de rémunération, troc, échange... qui te paraîtrait juste en échange des 2 heures que l'on passera ensemble. Ceci fait partie d'une réflexion globale que nous avons, avec d'autres amies qui mettent « les mains à la pâte », concernant le partage de nos connaissances avec l'académie et/ou les médias.

Parallèlement à ses activités de *self-help*, elle entreprend une formation de doula afin de proposer un accompagnement non médical à la grossesse et à l'accouchement, initiative dont elle revendique la dimension militante :

> Actuellement clairement le travail de doula, en France en tout cas, c'est quand même un truc qui est assez réservé à la bourgeoisie et disons à des gens qui sont très informés. Un peu pareil, moi, le boulot de doula ça m'intéresse à fond mais, en ce moment, les publics qui

46. Geneviève Pruvost, « Critique en acte de la vie quotidienne à la ZAD de Notre-Dame-des-Landes (2013-2014) », *Politix*, 117, 2017, p. 54.

> font appel à des doulas c'est quand même des publics qui sont assez riches, assez blancs, assez privilégiés, etc., assez hétéros, très hétéros, très classiques au niveau de la constitution familiale en général. Et moi c'est pareil, mon projet pour ma pratique de doula c'est d'être explicitement, si j'ai un site internet, enfin dans ma représentation, de donner explicitement la priorité soit aux meufs seules, soit aux couples de même sexe, soit à des gens qui vont avoir une famille où il y a trois parents, ou quatre parents.

Au-delà de la reconnaissance matérielle de ses activités, Clitorine cherche aussi à faire reconnaître ses savoirs par les professionnelles de santé. Elle anime ainsi des formations sur le *self-help* et l'auto-santé gynécologique à destination de soignantes pour promouvoir une « approche horizontale et inclusive du soin ». Autrement dit, si Clitorine cherche à acquérir une contrepartie monétaire de ses savoirs militants, elle aspire aussi à en faire reconnaître la spécificité vis-à-vis de l'expertise des professionnelles de santé et, ce faisant, à entériner sa légitimité à exercer une activité de formation à l'auto-santé.

Ces dynamiques sont génératrices de tensions entre logique militante et logique professionnelle, lesquelles sont parfois perçues subjectivement comme entrant en contradiction. C'est ce qu'illustre l'extrait d'entretien suivant avec Aurore :

> Parfois, j'ai envie de me former plus spécifiquement professionnellement et, en même temps, je me dis : c'est bien de pouvoir dire que non, c'est pas un savoir professionnel, c'est un savoir de personne concernée par le sujet. Ça, c'est important pour moi. Moi je dis toujours au début de l'atelier, j'en apprends tout autant. À chaque atelier j'apprends des nouvelles choses, je suis pas une spécialiste.

Aurore est une militante de 30 ans qui fait partie d'un collectif de *self-help* et anime régulièrement des sessions collectives sur l'auto-observation gynécologique. Elle oppose savoirs militants issus de l'expérience et savoirs professionnels établis et spécialisés. Issue d'un milieu social proche de celui de Clitorine (son père est infirmier, sa mère cadre infirmière), son activité professionnelle d'orthophoniste lui permet de ne pas connaître la même précarité. Aurore est ainsi plus faiblement contrainte de rechercher des opportunités professionnelles pour reconvertir les ressources acquises dans la sphère militante. Dans tous les cas, les faibles rétributions, tant matérielles que symboliques, acquises par les profanes-expertes conduisent à des défections et à un *turn-over* élevé de ces militantes, ainsi qu'en témoigne la faible longévité (de quelques mois à trois ou quatre années) de leurs initiatives.

A contrario, les rétributions associées à l'engagement dans des pratiques de *self-help* semblent plus élevées pour les professionnelles de santé. Les sages-femmes tirent un bénéfice de la reconversion dans l'univers professionnel des ressources acquises dans la sphère militante. Ayant suivi des formations délivrées par des expertes-profanes ou participé à des collectifs durables de *self-help*, ces sages-femmes développent ce que l'une d'entre elles appelle « une vision féministe de [leur] pratique soignante gynéco » qui les mène à modifier leurs pratiques professionnelles. Leur pratique médicale quotidienne s'en trouve affectée. Maxime, sage-femme libérale qui « présente et vit son activité professionnelle comme directement politique, socialement engagée et finalement militante », rend compte de l'évolution de la forme de ses consultations :

> Mes consultations, c'est à peu près 20 minutes ou une demi-heure d'écoute de la personne. Après, il y a un temps de réappropriation des connaissances théoriques que la personne souhaite, cycle menstruel, mycoses, contraception et tout ça, et après s'il y a besoin et/ou que la personne a envie on fait un examen, et donc là souvent ça va être auto-examen. Très souvent, je ne vais pas du tout toucher la personne de tout l'examen parce que c'est elle qui va tout faire, s'examiner, se mettre le spéculum, se faire un frottis, mettre un stérilet, retirer le stérilet et tout ça. Ça on va dire c'est pour moi un peu la consultation-type et après elle va se construire différemment selon les personnes.

Elle aspire ainsi à « [se] prémunir des violences médicales qu['elle] peu[t] exercer malgré [elle] ». Le temps de consultation s'en trouvant significativement allongé, alors que la tarification se fait à l'acte en France, où elle exerce, Maxime ne « [s]'en sortait plus financièrement ». Se disant sensible à l'enjeu de l'accès aux soins, elle a alors « mis en place une méthode pour faire des dépassements d'honoraires si la personne a les ressources ».

Clémence, qui a participé à un groupe de *self-help* pendant ses études de sage-femme, raconte pour sa part laisser aux consultantes l'accès à un miroir. De manière similaire, Line, une sage-femme hospitalière de 33 ans, met l'accent sur la transmission de l'information et le respect du choix des consultantes en vue de favoriser leur « autonomie » et un rapport de proximité à leur corps, et ce, au sein même du cabinet médical :

> J'ai l'envie de transmettre aux femmes qui viennent me voir un maximum d'informations pour qu'après elles puissent se soigner au mieux elles-mêmes et décider elles-mêmes de ce qu'elles font pour leur corps et pour leur vie. [...] J'examine beaucoup beaucoup moins que ce qu'on m'a appris, parce que finalement, la plupart du temps, simplement en posant des questions, la plupart des femmes se connaissent suffisamment pour pouvoir répondre sans que j'aie moi besoin d'aller voir. Et puis dans le fait de leur laisser un maximum de choix, notamment dans la contraception. [...] Même quand c'est pour soigner des affections gynécos, il y a toujours plusieurs options, il y a toujours au minimum l'option traiter/ne pas traiter. Et, là encore, c'est pas du tout comme ça qu'on m'a appris à soigner, et c'est ce que j'essaye de faire au quotidien, d'être toujours dans le fait de laisser à la personne en face de moi le libre choix de ce qu'elle souhaite faire.

Line insiste sur la manière dont ces pratiques s'inscrivent en rupture avec sa socialisation professionnelle et avec les pratiques majoritaires, lesquelles ne garantissent effectivement pas toujours un choix libre et éclairé aux consultantes[47]. L'engagement de professionnelles de santé en *self-help* vient ainsi modifier les pratiques professionnelles et soutient une pratique militante du métier de sage-femme. Line souligne néanmoins que des conditions matérielles sont nécessaires à une telle pratique du suivi gynécologique :

> J'avais bien conscience que forcément, par définition, ça prenait plus de temps, je pense que je n'avais pas réfléchi avant à ce que ça demandait comme environnement de façon générale, et que, du coup, c'est pas compatible à l'heure actuelle avec ce que je peux proposer. Je travaille en hospitalier, et l'hôpital [...] c'est froid, c'est moche, il n'y a pas de place, il y a du bruit, il y a du monde partout. Donc en fait, même si je pouvais me dégager du temps, j'ai aussi réalisé à quel point, de toute façon, c'étaient pas les bonnes conditions pour proposer ça autrement que très ponctuellement.

---

47. Leslie Fonquerne, « À qui faire avaler la pilule ? », *Émulations. Revue de sciences sociales*, 35-36, 2020, p. 65-79.

L'infléchissement de la pratique professionnelle quotidienne est surtout le fait des sages-femmes libérales, qui ont davantage de possibilités de modifier les modalités de l'exercice professionnel que les sages-femmes hospitalières.

Les effets du *self-help* peuvent même être perçus comme entrant en tension avec l'existence d'un suivi gynécologique délégué aux praticiennes de santé. Sybille, une sage-femme libérale de 37 ans, me confie ainsi : « Je ne vais pas faire de l'autogynéco comme mode de consultation, parce que de manière très pragmatique, financièrement, c'est impossible de vivre avec ça. » Pourtant, loin de porter un risque de délégitimation de la profession, l'intégration de pratiques militantes dans les pratiques professionnelles apporte des rétributions individuelles à ces sages-femmes. Leur engagement leur permet d'élargir le vivier de recrutement de leurs patientes parmi les profanes du *self-help* et leurs paires. Maxime m'explique que « des personnes viennent [la] voir parce qu'elles [connaissent son] approche ». Ces sages-femmes se composent ainsi « une clientèle constituée sur la base d'un engagement militant[48] ». Au niveau collectif, cela peut même avoir pour effet de « maintenir, voire de transformer, [la] position [du groupe] dans la structure sociale[49] », alors que la profession de sage-femme est dévaluée dans les hiérarchies professionnelles[50]. La valorisation par un segment de la population des pratiques de ces sages-femmes a pour effet de soutenir leur revendication d'indépendance par rapport aux médecins[51] et de pouvoir effectuer le suivi gynécologique non pathologique des patientes. Ce faisant, l'engagement de sages-femmes dans le *self-help* et la conversion des ressources militantes qu'elles y acquièrent contribuent à renforcer tout en le modifiant l'encadrement spécialisé du corps des femmes et la norme d'un suivi gynécologique régulier effectué par des professionnelles de santé.

---

48. Laurent Willemez, « *Perseverare Diabolicum* : l'engagement militant à l'épreuve du vieillissement social », *Lien social et Politiques*, 51, 2004, p. 76.
49. Frédérique Matonti et Franck Poupeau, « Le capital militant. Essai de définition », *Actes de la recherche en sciences sociales*, 155 (5), 2004, p. 8.
50. François-Xavier Schweyer, « La profession de sage-femme : autonomie au travail et corporatisme protectionniste », *Sciences sociales et santé*, 14 (3), 1996, p. 67-102.
51. Philippe Charrier, « Comment envisage-t-on d'être sage-femme quand on est un homme ? », *Travail, genre et sociétés*, 12 (2), 2004, p. 105-124.

Conclusion

Issues de familles privilégiées, les militantes contemporaines du *self-help* acquièrent tôt capitaux culturels et dispositions contestataires qui forgent autant de propensions à s'engager et à développer un rapport critique aux savoirs institués. Leurs trajectoires individuelles sont marquées par la reproduction des propriétés sociales dont elles ont hérité, donnant lieu à des mobilisations dont l'homogénéité sociale est significative. Leurs socialisations corporelles et sanitaires atypiques les prédisposent à un engagement critique par rapport à la médecine et aux questions de santé. Le rôle d'événements corporels où s'expérimentent les rapports sociaux de sexe, au premier rang desquels des expériences sexuelles et gynécologiques douloureuses, est central dans la conversion de ces dispositions en engagement effectif, facilité par l'insertion dans des réseaux féministes et professionnels. Les militantes cumulent ainsi différents capitaux militants et niveaux d'expertise sur les questions de santé au moment de leur engagement. Ces disparités se manifestent dans des formes variées d'engagement : participantes profanes, profanes-expertes et professionnelles de santé se côtoient dans une même mobilisation pour remettre en cause les hiérarchies liées à l'ordre médical. Cet engagement engendre des trajectoires caractérisées par des formes d'hybridation entre sphère militante et sphère professionnelle, qu'il s'agisse de prolonger professionnellement la cause ou de transformer le métier par la cause. Les rétributions sont cependant inégales et plus profitables aux professionnelles qu'aux profanes-expertes.

Chapitre 3
Le féminisme, c'était mieux avant ?

> Dans la droite lignée des ateliers féministes de découverte de soi des années 1970, je vous embarque à la découverte de votre sexe. [...] Après ce bref rappel historique, nous passerons de la théorie à... la découverte arméEs d'un miroir. Oui comme dans les années 1970 !
>
> Texte de présentation de l'atelier « Ma chatte à moi », 2016.

Les clins d'œil aux mobilisations de santé des femmes des années 1970 sont constants dans le *self-help* féministe contemporain. L'omniprésence de ces références historiques et la réactualisation d'un répertoire d'action et de revendication issu de la deuxième vague féministe interrogent. Pourquoi la filiation entre les pratiques actuelles et celles des années 1970 semble-t-elle évidente aux yeux des actrices du *self-help* ?

La sociologie des mouvements sociaux s'est depuis longtemps penchée sur la question des phénomènes de continuité. Elle a en particulier mis en lumière le rôle des facteurs structurels et des organisations dans ce processus[1]. Ces approches, qui privilégient un niveau macro d'analyse, ne permettent pas de saisir l'importance

1. Verta Taylor, « Social Movement Continuity », art. cité.

de l'investissement mémoriel dont font preuve les militantes du *self-help*. L'omniprésence des références aux années 1970 et le foisonnement des pratiques convoquant le passé invitent à envisager la continuité comme un processus produit en pratique dans les mouvements sociaux. Une telle perspective implique d'appréhender la mémoire sous l'angle des activités concrètes et des logiques pratiques qui l'organisent. Je regroupe ces tâches orientées vers la construction de la mémoire et de la continuité entre deux périodes de mobilisation sur les questions de corps et de santé (la décennie 1970 et les années 2010) sous le terme de *travail militant mémoriel*.

Cette notion a l'intérêt de souligner que la mémoire et la continuité résultent d'un travail militant actif de construction et qu'elles sont produites dans et par l'action collective. Elle permet aussi de nuancer les analyses centrées sur les différences et les divisions générationnelles entre « vagues » de mobilisation féministe, souvent privilégiées dans l'historiographie féministe[2], pour s'intéresser plutôt à la manière dont sont produites deux générations unies autour du passé. Elle met enfin en évidence les processus de division et de spécialisation des tâches militantes à dimension mémorielle. Analyser qui fait quoi permet d'interroger la manière dont la production de la mémoire et de la continuité reproduit ou redéfinit des hiérarchies au sein des groupements militants.

Les deux générations militantes qui se côtoient dans les mobilisations contemporaines de lutte pour la réappropriation du corps – celles entrées pendant les années 1970 et celles dont l'engagement date des années 2010 – entretiennent des relations pacifiées. Cette apparente absence de conflits n'a rien d'une coïncidence : elle fait l'objet d'un travail militant actif orienté vers la production d'un rapport consensuel et nostalgique à la mémoire des luttes passées. Féministes d'hier et d'aujourd'hui contribuent ensemble, quoique différemment, à perpétuer la mémoire d'un passé magnifié et supposé perdu (la deuxième vague), caractérisé par l'unité des femmes et des féministes autour du corps et de l'expérience vécue. Les tâches militantes à dimension mémorielle sont spécialisées selon l'appartenance générationnelle. Cette division du travail participe à la formation de deux groupes générationnels unis autour du passé mais génère des tensions. Différents rapports de pouvoir façonnent en outre les frontières entre ces deux groupes.

---

2. Bibia Pavard, « Faire naître et mourir les vagues : comment s'écrit l'histoire des féminismes », *Itinéraires. Littérature, textes, cultures*, 2017 (2), 2018.

Créer une mémoire collective autour du *self-help* : un travail d'« anciennes »

La première tâche du travail militant mémoriel consiste à créer une mémoire collective et donc le souvenir du *self-help* des années 1970. Cette activité revient aux militantes qui ont participé aux mobilisations féministes de santé de la deuxième vague et qui sont encore actives dans le courant de *self-help* aujourd'hui. Afin de comprendre la place centrale qu'occupe la dimension mémorielle dans leur militantisme, il convient de s'intéresser aux trajectoires qui les conduisent de la deuxième vague au renouveau féministe et de décortiquer le travail militant qu'elles déploient pour rassembler les féministes autour d'une mémoire commune.

De la deuxième vague au renouveau féministe

Nées au milieu des années 1950, ces militantes étaient âgées d'une petite vingtaine d'années quand elles ont rencontré l'ébullition politique et le contexte de forte mobilisation féministe des années 1968. Certaines ont poursuivi leur engagement sous d'autres formes tout au long de leur vie, d'autres l'ont réactivé pendant les années 2010 à la faveur du renouveau des mobilisations féministes sur le corps. Les trajectoires d'Édith et de Mireille sont emblématiques d'un engagement continu depuis les années 1970. Édith est issue d'une famille de commerçants juifs qui « ont recommencé à zéro en Palestine » puis ont migré en Suisse à la suite de la promotion de son père au sein d'une banque. Elle suit des études d'infirmière à Genève et rencontre les membres du Mouvement de libération des femmes *via* son frère aîné qui fréquente assidûment un « local anarchiste ». Elle découvre le *self-help* lors de la tournée européenne de deux militantes du *Feminist Women's Health Center* de Los Angeles en 1973 et s'engage rapidement au sein du groupe de *self-help* du MLF genevois. Avec une dizaine de femmes, elle expérimente pendant plusieurs années « l'auto-examen », « l'extraction de règles » et la « pose de stérilets ». En 1976, Édith part faire un « stage » de plusieurs mois dans une *Women's Health Clinic* aux États-Unis et revient avec le projet de créer un dispensaire sur le modèle états-unien. Celui-ci ouvre officiellement en 1978. Édith travaille au Dispensaire des femmes jusqu'en 1987, date à laquelle elle part pour cinq années à l'étranger, dans la continuité de son engagement internationaliste. Lorsqu'elle revient en 1992, elle effectue des remplacements quelque temps au centre de santé qui succède au Dispensaire, où elle entend être réengagée. Sa requête se solde par un refus qu'elle vit comme une « catastrophe ». Elle commence alors à travailler dans le Centre femmes et santé de Neuchâtel et pratique en parallèle la naturopathie en libéral, et ce, jusqu'à la retraite. La trajectoire d'Édith est exemplaire des entrelacements entre carrière militante et carrière professionnelle qui ont marqué les parcours d'une partie non négligeable des féministes de la deuxième vague. L'acquisition de compétences en santé lors de sa participation au groupe *self-help* de Genève lui a permis de prolonger professionnellement son engagement féministe, ce qui a soutenu en retour son activité militante. L'intensité de cette activité a varié selon le contexte contestataire en Suisse et en Europe. Édith saisit au vol le regain contestataire des années 2010 dont elle est partie prenante : à partir de 2012 et pendant environ six ans, elle anime des formations au *self-help* à l'intention de plusieurs collectifs réunis de Belgique, de France et de Suisse.

Mireille a contribué à fonder le groupe Self-Help Abbesses en 1978 à Paris, qui a existé jusqu'en 1984. Dès 1974, âgée de 26 ans, elle avait été engagée dans un « groupe Femmes » parisien dans lequel elle a rencontré Helen, « une copine canadienne anglophone qui ramenait des États-Unis toute cette pratique [du *self-help*] », avec qui elle crée le groupe Self-Help Abbesses. Composé d'une douzaine de femmes, ce collectif se réunit « pratiquement tous les dix ou quinze jours » et organise des ateliers centrés sur l'auto-examen. En 1981, alors qu'Helen repart au Canada, une « femme médecin » rejoint le groupe, ce qui lui donne un second souffle. Pendant trois ans, le collectif tient des permanences une fois par mois dans une librairie puis dans un cabinet médical. Ce changement marque pour Mireille un « basculement de la découverte de son corps pour avoir la maîtrise d'un certain nombre de choses » à « une résistance à la médecine officielle » et à « la gynécologie française ». En collaboration avec le groupe lyonnais Femmes Pratique-Santé, elle rédige une brochure sur la cape cervicale contraceptive. En 1981, elle participe aux rencontres internationales « Femmes et Santé » organisées par le Dispensaire des femmes de Genève. Elle y rencontre Édith, avec qui elle restera en contact « toute [sa] vie ». Mireille est issue d'une famille au capital culturel élevé. Elle en a hérité des dispositions au militantisme. Son père, militant au Parti communiste français, était agrégé de lettres. Enceinte et mariée à l'âge de 18 ans, elle entre en féminisme pour

« sortir de l'enfermement ». Après avoir suivi des cours du soir à l'université, puis s'être séparée du père de ses enfants, elle est embauchée en 1985 au journal critique de la santé *L'Impatient* à la suite d'une interview par une journaliste sur son expérience en tant que membre d'un groupe de *self-help*. Elle y travaille jusqu'à l'âge de la retraite. Sa trajectoire donne à voir une autre modalité de conversion professionnelle des savoirs acquis par le militantisme. Autour de 1995, elle participe à la création du « groupe méno », composé de dix femmes qui se réunissent mensuellement autour des questions de ménopause, puis « du vieillir, des petits-enfants, et de sexualité, beaucoup ». Le groupe existe encore aujourd'hui. Très liées, ses membres sont toutes « copines à la vie à la mort ».

Les trajectoires d'Édith et de Mireille se caractérisent par un engagement sans faille depuis les années 1970. *A contrario*, l'engagement de certaines militantes ayant participé de façon plus ou moins lointaine aux mobilisations féministes de la deuxième vague s'est ravivé pendant les années 2000 et 2010, comme en témoignent les parcours de Françoise et d'Anja. Françoise a pour la première fois entendu parler du *self-help* en 1977, alors qu'elle était une toute jeune étudiante en médecine à Vienne, sa ville natale. Issue d'une famille de la bourgeoisie intellectuelle à longue tradition communiste (son grand-père était secrétaire général du parti communiste, ses parents étaient tous deux militants communistes), elle est la fille d'une professeure de science politique et d'un journaliste. Invitée par des amies rencontrées dans des groupes marxistes à une soirée organisée dans le local d'une association promouvant la solidarité entre femmes, elle y expérimente la pratique collective de l'auto-observation, qui était alors « très à la mode ». Contrairement à Édith, elle n'a pas réitéré cette expérience, qui se résume alors pour elle à « un acte symbolique ». Malgré une influence « hippie », son « côté très sérieux » l'amène à s'impliquer davantage dans ses études de médecine, choisies par conviction idéologique, que dans l'expérimentation des « vies alternatives » qui l'attiraient. Critique, par sa socialisation politique familiale, à l'encontre du « milieu très conservateur » que constituaient les études de médecine, elle avait appris « à la maison [...] que le médecin doit toujours être aux côtés des opprimés ». Cette coloration politique influence sa carrière de médecin, marquée par « le relationnel » plus que par « l'utilisation des produits et des remèdes ». Ayant suivi son mari en Belgique, elle y travaille à l'hôpital pendant plus de vingt ans, puis décide d'en partir à l'âge de 48 ans, son métier ayant à ses yeux perdu tout son sens. Ses discussions avec une amie médecin au « regard féministe » l'incitent à multiplier les lectures sur le genre et la santé, elle qui « voulai[t] être aux côtés des opprimés mais pas spécifiquement des femmes ». Lors d'une « année sabbatique » en 2004, Françoise part suivre une formation en Suisse avec une féministe ayant « élaboré un modèle spécifique pour travailler avec les groupes de femmes ». Elle entend alors parler d'Édith, dont elle devient une « élève », puis peaufine son apprentissage d'une approche fondée sur le « travail avec les groupes de femmes » au sein du Centre féministe de la santé à Berlin. En 2005, elle crée, avec une amie médecin, l'association Soins de Femmes. S'adressant tout d'abord à un « groupe Femmes autour de la cinquantaine » pour contrer « la dérive de la médicalisation par rapport à [cet] âge », l'association diversifie progressivement ses activités et promeut « l'autosanté comme outil d'émancipation ». La pratique de l'auto-examen y est notamment intégrée. Considérant sa pratique professionnelle comme « une vraie mission », Françoise défend dans cette association une approche « empirique, participative, collective » de la médecine. Dans une région rurale de France où elle passe une partie de sa vie, elle instaure des pratiques collectives de santé entre femmes. Les liens qu'elle crée entre plusieurs pays témoignent de l'intensité des circulations internationales emblématiques de l'espace du *self-help*. La trajectoire de Françoise révèle également la multiplicité des formes de politisation des pratiques professionnelles et la variabilité des degrés d'engagement au cours de la vie. Les transformations des modalités individuelles de politisation de sa pratique professionnelle résultent à la fois de l'acquisition continue de dispositions à agir (socialisation à la cause des femmes) et de transformations sociales plus larges (déclin de la médecine militante et des mouvements radicaux de contestation politique, rationalisations économiques des systèmes de santé, institutionnalisation de la cause des femmes). La participation ponctuelle à des pratiques de *self-help* féministe pendant les années 1970 lui a servi de support pendant les années 2010 pour concilier son engagement professionnel avec son engagement féministe.

Au milieu des années 1970, Anja, née dans une famille d'artisans d'une petite bourgade des montagnes autrichiennes, s'installe à Berlin-Ouest pour y suivre des études de sociologie et de science politique. Elle participe rapidement à l'effervescence politique de la ville à cette époque et s'engage dans « des groupes féministes », une lutte qui « était devenue à un moment donné pour [elle] la principale ». Avec plusieurs amies, elle participe autour de 1976 à « un groupe non mixte d'auto-examen » avec le désir plus large « de créer des communautés autour des femmes, autour des questions de la vie, de l'accouchement, de la contraception, de la gynécologie ». Après un voyage en Amérique du Sud pendant lequel elle vit trois mois dans une communauté féministe, Anja, de retour à Berlin, arrête ses études pour « chercher un projet communautaire ». Elle visite plusieurs communautés en Allemagne et au Danemark, avant de s'installer définitivement en 1978 dans une communauté rurale mixte du sud de la France. Elle y reste jusqu'en 2000. Là, elle expérimente « l'amour libre » et « le polyamour », ainsi que des relations sexuelles avec des femmes ; elle met ses trois enfants au monde et les élève collectivement avec une dizaine d'autres ; elle organise chaque année des rencontres internationales « avec des groupes de résistance de toute l'Europe voire du monde entier ». Mais elle décrit aussi sa sensation d'avoir dû mettre son « féminisme de côté » lors de cette expérience :

> [Les moyens de] lutte féministe ou de réunion entre femmes ou de création de groupes de réflexion, de discussion, ça c'était très mal vu dans la communauté, c'était considéré comme premièrement pas nécessaire, parce qu'on était déjà un groupe hyper révolutionnaire et très libéré et on était tous égaux n'est-ce pas, et en plus de faire des groupes de femmes non mixtes, c'était considéré comme une division, une division du groupe en lutte.

En 2000, elle quitte la vie communautaire pour rejoindre son compagnon, qui en était parti trois ans auparavant, et s'installe à quelques kilomètres de là. Elle reste depuis « très très liée » à la communauté. Après « ces années un peu turbulentes », elle ressent le besoin impérieux de « retourne[r] vers le féminisme, [...] vers les femmes » et de s'engager « dans un groupe ». Elle rejoint alors l'association Femmes solidaires, avec laquelle elle participe à l'organisation d'un festival sur les questions d'égalité en Méditerranée. Cela l'aide « à trouver de nouveaux liens, de nouveaux projets ». Elle quitte le groupe quelques années plus tard, en rupture avec la position de l'association sur la loi encadrant le port du voile (« je trouvais que c'était impossible de penser de cette manière-là, exclure des femmes voilées, en disant qu'elles n'étaient pas féministes, qu'elles ne pouvaient pas être féministes »). En 2011, à la suite d'une recrudescence de violences contre des femmes dans sa ville, elle crée avec deux autres « copines » un collectif sur les « questions de féminisme » et l'« autonomie santé ». Elles organisent un festival pendant lequel est projeté le film *Regarde, elle a les yeux grand ouverts*. Anja estime qu'il l'a « reconnectée avec les luttes des années 1970 » et l'a décidée à « axer principalement le travail » du collectif sur les thématiques de santé gynécologique. Elle est à l'initiative de la création du « groupe de santé » qui réunit régulièrement un peu moins de dix femmes dans une démarche de *self-help*. En parallèle, elle participe « pendant quelques années à des réunions qui ont été lancées par aussi une certaine mouvance politique un peu radicale autour du soin et de la santé », rassemblant divers collectifs de France et de Belgique, ainsi qu'à la formation régulière dispensée par Édith à plusieurs collectifs de *self-help* féministe. De manière concomitante, elle prend part à la création d'une association qui pointe les liens entre corps et politique. Celle-ci l'emploie pendant cinq ans. Les manières dont Anja s'engage durant sa vie sont plurielles et peu marquées par les processus d'institutionnalisation des mouvements sociaux des années 1980 et 1990 : elle a préféré s'atteler à « la rénovation critique du quotidien[3] ». Le renouveau protestataire des années 2010, dans lequel elle se reconnaît davantage, contribue à réactiver son engagement féministe.

Si Édith, Mireille, Françoise et Anja se sont toutes engagées dans des pratiques de *self-help* pendant les années 1970, elles ont suivi des trajectoires différentes dans les décennies suivantes avant de reprendre ou d'intensifier leur engagement en *self-help* au cours des années 2010. Les diverses modalités et intensités de leurs engagements contemporains sont façonnées par la plus ou moins grande proximité qu'elles entretiennent avec l'espace de la cause des femmes depuis les années 1970. Alors qu'Édith et Mireille ont maintenu leur engagement tout au long de leur vie, Anja et Françoise, qui se sont vécues comme simples participantes du *self-help* et des mobilisations féministes pendant les années 1970, s'en sont éloignées avant d'y revenir à l'aune de la repolitisation féministe des questions corporelles. Pour autant, elles présentent un certain nombre de points communs. D'une part, leurs

---

3. Julie Pagis, *Mai 68, un pavé dans leur histoire*, Paris, Presses de Sciences Po, 2014, p. 246.

trajectoires sont emblématiques de la conjugaison de l'implantation très locale du *self-help* à des processus de circulation internationale et montrent comment ces dimensions s'associent dans les parcours individuels. D'autre part, elles développent toutes des pratiques visant, à des degrés variables, à laisser des traces et à faire mémoire. Fidèles à la cause, elles consacrent une part importante de leur militantisme à créer une mémoire collective et, par là, le souvenir du *self-help* et du mouvement de santé des femmes de la deuxième vague. Elles produisent et encadrent ainsi la mémoire du passé. En cela, et comme d'autres avec qui elles partagent certaines caractéristiques sociales, elles sont des « entrepreneuses de mémoire[4] ».

Des origines perdues à l'unité retrouvée

C'est notamment par la publication de récits des origines que ce travail mémoriel se déploie. Le livre *Une sorcière des temps modernes. Le* self-help *et le mouvement femmes et santé*[5], écrit par Rina Nissim, une militante du *self-help* à Genève pendant les années 1970 investie dans une entreprise mémorielle d'ampleur et couronnée de succès, en offre un bon exemple. Il est fondamental pour le travail militant de « création d'une mémoire collective[6] » sur le *self-help*. En s'identifiant, dès le titre de l'ouvrage, à une « sorcière », Rina Nissim s'inscrit dans une histoire féministe au long cours. Elle revient sur son propre parcours de militante du *self-help* à Genève et façonne un certain récit des origines des mobilisations autour de la santé des femmes en Europe. Trois éléments sont majeurs dans cette construction. La pratique de l'auto-observation gynécologique y est tout d'abord décrite comme une rupture à la fois subjective pour celles qui l'exercent et historique pour le mouvement des femmes. L'ouvrage débute par la visite de deux militantes du mouvement de santé des femmes américain, Carol Downer et Debra Law, à Genève en octobre 1973 et leur démonstration d'auto-examen. Le *self-help* est présenté comme « un mouvement de réappropriation du corps qui a commencé par la pratique de l'auto-examen gynécologique

---

4. Michael Pollak, *Une identité blessée*, Paris, Métailié, 1993, p. 30.
5. Rina Nissim, *Une sorcière des temps modernes…*, *op. cit.*
6. Timothy B. Gongaware, « Collective Memories and Collective Identities. Maintaining Unity in Native American Educational Social Movements », *Journal of Contemporary Ethnography*, 32 (5), 2003, p. 483-520.

avec l'aide d'un spéculum et d'un miroir[7] ». La place centrale de l'auto-observation gynécologique dans la pratique du *self-help* est ainsi réaffirmée. Cet acte est mis en valeur sur la couverture de l'ouvrage par la photographie d'un miroir reflétant un col de l'utérus révélé par un spéculum. L'auto-examen est ensuite décrit comme « une découverte pratiquée en groupe, [qui] délie les langues et ouvre des discussions favorisant les prises de conscience sur notre relation au corps, à la sexualité, sur la santé et les rapports de pouvoir entre hommes et femmes ou encore avec le monde médical ». Avec l'idée de « découverte », l'auto-observation est perçue comme une rupture dans l'histoire des mouvements des femmes. Le récit se poursuit par la description de « la surprise » et de la « prise de conscience » suscitées par la « démonstration d'auto-examen » réalisée par Carol Downer et Debra Law à Genève, consolidant l'idée du caractère radicalement novateur de la pratique et de la frontière entre un avant et un après, tant historiquement que subjectivement.

Le *self-help* est ensuite défini dans l'ouvrage comme une approche à portée universelle qui rassemblerait toutes les femmes. Il est présenté comme un outil « révolutionnaire » de réappropriation du corps dans différents contextes politiques et sociaux, de l'Inde à l'Amérique centrale, de ses origines jusqu'à aujourd'hui. L'autrice insiste donc sur la nécessité de le faire perdurer. Ce récit mémoriel, qui vise à transmettre un passé commun autour des pratiques contemporaines de *self-help*, permet de les inscrire dans une filiation féministe sur les questions corporelles. Dans un article portant sur la manière dont les chercheuses féministes rendent compte des évolutions de la théorie féministe depuis la deuxième vague, Clare Hemmings a montré que ces récits étaient soit centrés sur l'idée du progrès, soit sur celle de la perte. Ceux centrés sur la notion de perte décrivent avec nostalgie les années 1970 comme une période caractérisée tant par la radicalité que par l'« unité politisée[8] » des féministes. Dans l'ouvrage *Why Stories Matter*[9], elle développe cette idée et affirme que ces récits « exhortent à revenir à une focalisation sur le vécu quotidien et sur la dimension incarnée de l'expérience des

---

7. Rina Nissim, *Une sorcière des temps modernes...*, *op. cit.*, p. 7.
8. Clare Hemmings, « Telling Feminist Stories », *Feminist Theory*, 6 (2), 2005, p. 126.
9. Clare Hemmings, *Why Stories Matter. The Political Grammar of Feminist Theory*, Durham, Duke University Press, 2011.

femmes[10] ». Le tableau peint par Rina Nissim est assez similaire à ces récits : pendant les années 1970, les féministes se seraient unies autour d'une pratique corporelle et de l'expérience vécue et intime des femmes. En invitant les féministes à revenir à cette dimension incarnée, son récit cherche à susciter la nostalgie de ses lectrices vis-à-vis de cette période ainsi qu'un sentiment d'unité collective retrouvée autour du corps.

Célébrer le passé : une activité de la nouvelle génération

Alors que les militantes des années 1970 prennent en charge l'élaboration de récits mémoriels, celles de la nouvelle génération veillent à ce que toutes se les approprient, de manière subjective et collective. Les jeunes générations se conforment aux manières prescrites d'appréhender le passé du *self-help* : elles ajustent leur rapport au passé aux récits promus par les « anciennes ». La spécialisation générationnelle des tâches du travail militant mémoriel vient ainsi servir un but commun : la construction de la continuité et de l'unité entre générations féministes.

S'approprier le souvenir, ressentir la nostalgie

D'un point de vue subjectif, les militantes de la nouvelle génération sont influencées par les récits sur le passé du *self-help* élaborés par les entrepreneuses de mémoire. L'ouvrage de Rina Nissim est une source importante d'inspiration et d'engagement. Anna, une militante de 31 ans, raconte ainsi le rôle de Rina Nissim dans l'émergence de pratiques de santé autonomes dans sa ville :

> À Toulouse, il y a deux ans, il y a Rina Nissim qui est venue faire une conférence autour d'un de ses livres, et suite à ça, il y a quelques femmes de Toulouse qui ont proposé, qui ont fait un appel pour essayer de constituer un groupe justement et se mettre à l'action.

D'autres supports sont utilisés par les militantes pour justifier leur engagement. Gabrielle, qui organise régulièrement des ateliers sur l'anatomie, se souvient que le visionnage du film *Regarde, elle a les yeux grand ouverts* l'a « vraiment énormément touchée,

---

10. *Ibid.*, p. 97.

bouleversée » et considère ce moment comme « déterminant » dans sa trajectoire militante.

L'appropriation subjective du souvenir passe également par la reconnaissance de l'héritage des féministes des générations précédentes. Les récits créés par les « anciennes » sont à la fois mobilisés pour expliquer leur engagement et pour justifier la manière dont elles façonnent leurs pratiques militantes. En calquant l'organisation et les étapes de l'atelier d'auto-examen gynécologique qu'elle anime régulièrement sur les ateliers des années 1970, Carolina témoigne de ce rapport conformiste à l'héritage des générations précédentes. Initiée au *self-help* féministe par des brochures datant des années 1970, Carolina participe en 2012 à la création d'un « groupe de *self-help* » entre paires qui s'est réuni pendant cinq ans. Elle décrit cette expérience personnelle comme un moyen de s'inscrire dans une généalogie féministe :

> Pour moi, je pense [que] c'est vraiment le truc de la continuité historique qui a été important. Mais parce que moi je lis l'anglais et du coup j'ai lu beaucoup de trucs en anglais, des trucs des États-Unis, c'est ça qui a nourri mon imaginaire et qui m'a donné envie de me rattacher à ce truc-là, ou en tout cas de continuer dans ce qui avait été développé là, comme pratiques, comme pensées, comme pratiques collectives tout ça. Du coup, en tant que groupe, on s'est rattachées à ça.

La mémoire est pour Carolina un déclencheur et un catalyseur de l'engagement. Elle s'est d'ailleurs renseignée, avec d'autres personnes de son collectif de *self-help*, sur l'histoire locale des pratiques autonomes de santé féministe à Bruxelles, ce qui l'a conduite à contacter « des femmes des années [19]60-[19]70, qui avaient ouvert la Maison des femmes à l'époque ». Elle insiste sur sa volonté de s'inscrire dans une « filiation » féministe pour expliquer ses motivations à proposer et animer des ateliers d'auto-examen gynécologique :

> Ça a été une pratique fondatrice du mouvement *self-help* historique, du coup c'est un peu se mettre dans la filiation, ou dans la continuité de ce mouvement-là. [...] J'ai l'impression que ça c'était presque l'outil le plus évident, le plus simple et le plus symbolique. Je crois qu'il y a un côté très symbolique qu'on discute pas tellement mais je pense qu'il est là aussi, c'est comme un rite, un rituel, un rite de passage, d'intégration. [...] Je crois que ça nous inscrit dans cette continuité.

Mélanie, une militante blanche de 36 ans, rend compte de façon similaire de la manière dont elle a conçu l'organisation des ateliers de découverte du clitoris qu'elle anime avec un collectif féministe : « à la base, on s'est vraiment basées sur les ateliers *self-help*. On se disait : c'était tellement cool ce qu'elles faisaient ces femmes ! » Charlotte, une artiste de 39 ans, décrit quant à elle l'organisation des ateliers sur l'anatomie qu'elle anime comme « un *revival* façon années [19]70 », présentant « le coup des miroirs pour que chacune puisse regarder sa chatte » comme « un clin d'œil aux années [19]70 ».

Afin de s'approprier les récits mémoriels façonnés par les entrepreneuses de mémoire, il est important de se conformer aux modalités de la pratique du *self-help* telles qu'elles les définissent. La plupart du temps, l'observation du col de l'utérus, médiée par un spéculum, est conçue comme l'essence de la démarche. Agnès, une médecin de 30 ans qui a organisé et animé en France des ateliers d'auto-observation, confie ainsi ne pas avoir proposé ni pratiqué « d'auto-observation vulvaire » lors de la première session collective qu'elle a animée :

> Je ne sais pas [pourquoi]. En fait ce n'était pas pensé. Moi j'étais un peu focalisée sur la norme pénétrative et tout ça, et aussi j'étais un peu... j'ai dû le dire un peu : « on peut se regarder, on peut mettre un doigt », mais moi je suis beaucoup plus passée par le spéculum. Dans ma première fois de proposer ça. Parce que pour moi c'était ça que ça représentait.

À la suite de sa découverte du *self-help*, Agnès s'est d'emblée intéressée à l'histoire de la démarche. Pendant les mois suivants, elle a contacté Rina Nissim et est allée à la rencontre de plusieurs féministes ayant milité dans des mouvements de santé pendant les années 1970 en France et en Belgique. Sa représentation de l'auto-observation, passant nécessairement « par le spéculum », est ainsi tributaire de la manière dont ces actrices lui ont légué la mémoire du *self-help* en Europe.

Diffuser le souvenir, contrer « l'amnésie »

Au niveau collectif, les militantes s'approprient les souvenirs élaborés par les « anciennes » grâce à la construction d'un espace discursif pour la diffusion du souvenir. Cela passe par exemple par la production de supports écrits (brochures, publication de textes sur internet, etc.) ou de prises de parole publiques (conférences, documents audio) qui abordent le thème de l'absence de mémoire. Les militantes du *self-help* réactualisent ainsi le paradigme identifié par Marion Charpenel à propos du rapport des féministes françaises à la mémoire, qui « consiste à appréhender l'histoire (comme récit) sous l'angle de la mise en évidence de ses "silences" et de ses "oublis"[11] ». Les productions culturelles du *self-help* contemporain désignent une double amnésie : celle des savoirs des femmes, et notamment des savoirs reproductifs, et celle de l'histoire du *self-help* féministe. Ces récits relatifs à la perte et à l'absence de transmission du passé servent, selon un paradoxe utile, à la diffusion des narrations produites par les « anciennes » sur ce passé.

Les femmes sont dépossédées de leurs savoirs sur les corps et la sexualité : c'est ce que les productions culturelles du *self-help* mettent constamment en avant. Les militantes font remonter cette dépossession à la période du Moyen Âge et mobilisent des références telles que *Sorcières, sages-femmes et infirmières* de Barbara Ehrenreich et Deirdre English[12] ou encore *Caliban et la sorcière* de la théoricienne féministe marxiste Silvia Federici[13] pour appuyer leurs propos. La figure de la sorcière, largement mobilisée, renvoie aux savoirs empiriques des femmes sur la reproduction avant leur appropriation par les médecins. À ce titre, la connaissance des plantes est souvent convoquée comme un exemple de savoirs disparus. Les militantes ont à cœur de rendre compte de cette amnésie, tel que l'illustre cet extrait du site internet d'un collectif luttant pour « la réappropriation des savoirs gynécologiques » :

> Il y a quelques siècles, la connaissance des plantes était un truc de femmes. À mesure que se mettaient en place un certain système économique, la domination masculine et le développement de la médecine, la place et le rôle des femmes ont été anéantis[14].

---

11. Marion Charpenel, « "Le privé est politique !" », *op. cit.*, p. 179.
12. Barbara Ehrenreich et Deirdre English, *Sorcières, sages-femmes et infirmières. Une histoire des femmes et de la médecine*, trad. de l'angl. par Lorraine Brown et Catherine Germain, Montréal, Les éditions du remue-ménage, 1976 ; version illustrée : *Sorcières, sages-femmes & infirmières. Une histoirE des femmes soignantes*, trad. de l'angl. par L. Lame, Paris, Cambourakis, 2016.
13. Silvia Federici, *Caliban et la Sorcière. Femmes, corps et accumulation primitive*, Genève, Entremonde, 2014.
14. Site *Les flux* consulté le 11 mai 2019.

Le passé est ici magnifié, caractérisé par l'existence d'une communauté de femmes fondée sur les échanges de savoirs et sur une solidarité active. La répétition de ce récit alimente un sentiment de perte et de nostalgie pour ce passé imaginaire.

De manière similaire, l'histoire du *self-help* féministe serait marquée par l'absence de transmission entre générations. Ces discours sur les carences de transmission ont plusieurs fonctions. L'oubli, sans cesse réaffirmé, permet de mettre en scène la reconnaissance de l'héritage des générations précédentes et justifie le travail de diffusion de récits sur le passé. Cha, une artiste blanche de 30 ans, qui organise des ateliers d'auto-gynécologie et prend régulièrement la parole publiquement sur ces questions, relate en entretien le « choc » qu'elle a éprouvé en découvrant « la similarité et le fait de faire la même chose qu'il y a trente ou quarante ans ». Elle assure qu'elle était tributaire de « cet héritage-là sans trop le savoir ». Cette méconnaissance semble paradoxale face à l'omniprésence de récits mémoriels visant à contrer l'oubli et la discontinuité. L'affirmation de l'amnésie féminine et féministe justifie l'importance du travail militant mémoriel et ouvre un espace symbolique pour diffuser les récits du passé créés par les militantes de la génération précédente.

La mise en place des conditions matérielles de la diffusion des récits produits par les « anciennes » participe de ce travail mémoriel. Lors d'ateliers, de festivals ou de conférences qu'elles organisent, les militantes de la nouvelle génération font par exemple circuler des textes du passé comme la version francophone de l'ouvrage à succès *Notre corps, nous-mêmes* publiée en 1977 ou des brochures autoéditées par les mouvements des femmes de la deuxième vague sur les enjeux de la contraception et de l'avortement. Malorie, une militante de 38 ans, a pris part à des pratiques d'auto-gynécologie à Genève à la fin des années 2000 avant de s'installer en France et d'y créer un collectif de *self-help*. À Genève, elle participe à la diffusion d'une brochure éditée par « les vieilles féministes » :

> Tout ça [la formation d'un collectif pérenne de *self-help* à Genève], si je me rappelle bien, c'était issu de l'héritage des copines, enfin des vieilles quoi, des vieilles féministes. Parce qu'en fait, entre autres, nous, à Genève, on avait un infokiosque dans lequel il y avait des brochures sur l'auto-examen, qui avaient été éditées par des féministes des années [19]70, dont une des brochures que j'avais ramenée

> de chez ma mère, enfin qui venait de la bibliothèque de ma mère, qu'après on a refait photocopier et rediffusé.

Malorie se conforme aux dispositions familiales au militantisme féministe dont elle a hérité par sa mère, qui a participé au mouvement genevois de libération des femmes. Elle fait partie des enfants de féministes de la deuxième vague dont la trajectoire se caractérise par ce que Camille Masclet appelle une « actualisation militante de l'héritage féministe[15] ». La participation à un groupe féministe l'amène à se réapproprier l'héritage familial et à le mettre en valeur.

L'organisation de projections de films sur les luttes menées pendant les années 1970 pour la liberté d'avorter, tels que *Regarde, elle a les yeux grand ouverts* ou *Histoire d'A*, est aussi investie comme une occasion de transmettre le souvenir. Lors de ces projections, des militantes de la génération précédente sont souvent invitées à venir témoigner. Christine, qui a fait partie du MLAAC de Lyon[16], et Guilaine, une militante du MLAC dissident d'Aix-en-Provence[17] avec qui elle a renoué il y a quelques années, se sont ainsi vues invitées à partager leurs expériences passées de plus en plus souvent :

> Mais ce qui est extraordinaire, c'est que, parallèlement à ça, dans les années où je revois Guilaine, il y a quelques années, c'est pas si vieux que ça, des appels téléphoniques commencent chez elle, de femmes sur Lille, de femmes sur Toulouse, de femmes à Strasbourg... et du coup elle me dit : « allez, on y va. Est-ce que tu serais OK pour qu'on aille parler du film, de notre pratique, de ce qui s'est passé dans notre vie ? » Et ça c'est incroyable. Il a fallu attendre tout ce temps.

La diffusion des récits des « anciennes » est une dimension importante du travail des militantes de la nouvelle génération, qui établissent ainsi une continuité entre les différentes générations de féministes.

---

15. Camille Masclet, « Le féminisme en héritage ? », art. cité, p. 109.
16. Mouvement pour la liberté de l'avortement, de l'accouchement et de la contraception, qui a agi de 1978 à 1985.
17. Sur la trajectoire de Guilaine Enoc et le MLAC d'Aix, voir Lucile Ruault, « Guilaine Enoc, militante du MLAC à Aix et à Lyon dans les années 1970-1980. En quête d'autonomie », *Nouvelles Questions Féministes*, 35 (1), 2016, p. 136-152.

Des livres pour rendre hommage aux générations précédentes

Le travail d'appropriation de l'héritage transmis par les générations précédentes ne se limite pas à une diffusion du souvenir. Les militantes de la nouvelle génération mènent également des actions de commémoration du passé. Le « devoir de mémoire féministe[18] » prend une forme particulière dans le militantisme de *self-help* : il s'agit de « rendre hommage » aux actions des générations précédentes. Cela se traduit notamment par la publication de livres. L'ouvrage *Connais-toi toi-même*, qui invite à l'« auto-exploration du sexe féminin », a été écrit par une journaliste « en hommage[19] » aux pratiques de *self-help* féministe des « glorieuses *seventies*[20] ». Le projet de traduction française de l'ouvrage *A New View of a Woman's Body*, initialement publié par la Fédération américaine des centres de santé des femmes en 1981, vise à mettre en valeur les « schémas magnifiques en 3D sur la sexualité féminine et l'anatomie féminine » de la version originale, comme me le raconte Clémence, une sage-femme blanche de 30 ans qui fait partie du collectif de traduction.

La réactualisation de *Notre corps, nous-mêmes* publiée en 2020[21] par un collectif de neuf femmes met en lumière la manière dont se construit cette norme de l'hommage. Lucie, une éditrice de 36 ans, revient sur la généalogie du projet : « c'est d'abord très personnel et intime, c'était ma mère qui m'a prêté le livre quand j'étais ado, qui m'avait beaucoup marqué ». Avant toute opération de cadrage d'un problème politique auquel le livre viendrait répondre, Lucie réinscrit ce qu'elle appelle un « classique » dans une expérience personnelle déclinée à la première personne. Elle s'aligne ainsi sur l'une des normes des mobilisations féministes des années 1970, à savoir l'élaboration d'un discours sur un soi intime[22]. Cette norme d'énonciation, qui place en son centre l'expérience vécue, est aussi celle utilisée dans la version originale du livre. La méthodologie de la version de 1971, reproduite dans la

18. Marion Charpenel, « "Le privé est politique !" », *op. cit.*
19. Jennifer Padjemi et Clarence Edgard-Rosa, « Il était une fois dans le sexe féminin », podcast *Miroir miroir*, épisode 21, juin 2019, https://shows.acast.com/miroir-miroir/episodes/iletaitunefoisdanslesexefeminin.
20. Clarence Edgard-Rosa, *Connais-toi toi-même. Guide d'auto-exploration du sexe féminin*, *op. cit.*, p. 12.
21. Collectif NCNM, *Notre corps, nous-mêmes*, *op. cit.*
22. Marion Charpenel, « Les groupes de parole ou la triple concrétisation de l'utopie féministe », *Éducation et sociétés*, 37 (1), 2016, p. 15-31.

version de 2020, consistait à mettre en commun des témoignages de femmes, en attribuant une forme d'autorité à leurs expériences incarnées[23]. Lucie ne se contente pas d'élaborer un discours sur son expérience personnelle, elle inscrit également celle-ci dans une filiation intergénérationnelle intime. En faisant référence à sa mère, une ancienne militante du Mouvement de libération des femmes possédant une véritable « bibliothèque féministe », Lucie affilie le projet de réactualisation de l'ouvrage à un héritage qu'il s'agit de célébrer. En 2016, elle fonde un collectif rassemblant une dizaine de féministes. Lorsque celles-ci prennent publiquement la parole sur leur rapport à la version originale, certaines d'entre elles insistent, contrairement à Lucie, sur l'oubli et le manque de transmission dont l'ouvrage ferait l'objet :

> Nina : [...] ma mère avait oublié de me le donner quand j'étais adolescente. Elle l'a fait bien plus tard, quand j'ai eu pour projet de réaliser mon documentaire *Le Plaisir féminin*[24].
> Mathilde : Je connaissais peu le livre avant ce projet. Pour moi, ça montre un manque de transmission de *Notre corps, nous-mêmes*[25].

Ce double discours, entre héritage intime et absence de transmission, permet de légitimer le projet de réédition. L'ambition commémoratrice de l'ouvrage se matérialise également par la conservation du titre de la version francophone originale. L'affirmation de la nécessité d'adapter cette version à l'époque actuelle permet d'établir une continuité entre la première édition et la réactualisation, tout en légitimant le projet :

> Le manque d'informations sur notre santé et notre corps perdure, l'appropriation qu'en font les hommes et la médecine aussi, de même que l'impression constante qu'on nous infantilise ou nous considère comme malades pour la simple raison que nous sommes des femmes. La peur de ne pas être normale, l'angoisse face à un symptôme ou à une situation inconnue, la colère de ne pas avoir été respectée n'ont pas disparu depuis les années 1970. [...] Heureusement, de plus en plus de personnes, jeunes et moins jeunes,

---

23. Kathy Davis, *The Making of* Our Bodies, Ourselves..., *op. cit.*
24. Nina Favre, *Le Plaisir féminin*, C-P Productions, 2019.
25. Membres du collectif NCNM et Pauline Delage, « Par des femmes, pour les femmes. Rééditer *Notre corps, nous-mêmes* quarante ans après l'original », *Mouvements*, 99 (3), 2019, p. 59.

> retrouvent aujourd'hui une envie de lutter que les générations précédentes avaient essayé de nous transmettre. [...] Devant ces constats, nous avons pensé qu'il était indispensable d'adapter *Notre corps, nous-mêmes* à notre époque[26].

Ce projet est aussi l'occasion de multiplier les actions mémorielles et d'exposer les enjeux de transmission entre générations féministes. Deux membres du collectif rendent publique une vidéo intitulée « Notre corps, nous-mêmes, d'une génération à l'autre » dans laquelle elles dialoguent avec deux adaptatrices de la version francophone de 1977. La discussion met en lumière « l'héritage féministe (qui ne s'est pas toujours fait) et l'histoire de ce livre éminemment politique[27] », ainsi que la continuité historique des enjeux auxquels sont confrontées les femmes depuis les années 1970.

La « méthode » adoptée par les autrices du volume est similaire à celle utilisée au début des années 1970 par le collectif de Boston : « partir des témoignages des femmes ». Pour ce faire, elles partagent au sein du groupe leurs propres expériences, réalisent plus de 400 entretiens et créent des groupes de parole thématiques pour faire émerger la parole des femmes sur leurs vécus et leurs ressentis concernant les questions liées au corps, à la santé et à la sexualité. L'adoption de cette démarche peut être lue comme une performance mémorielle : il s'agit de rejouer en actes ce que Kathy Davis a appelé les « aspects mythiques de l'histoire collective » du collectif de Boston, à savoir le récit d'un « groupe de femmes ordinaires, assises autour de leur table de cuisine et discutant de leurs expériences corporelles, qui sont devenues les actrices du changement historique[28] ».

Le travail mémoriel fait ainsi l'objet d'une spécialisation générationnelle. L'élaboration des récits historiques revient aux militantes s'étant illustrées pendant les années 1970 : parce qu'elles l'ont vécu, elles détiennent le savoir légitime sur ce passé. Le travail de réception et de diffusion des récits des origines est effectué par les militantes de la nouvelle génération, qui rendent ainsi hommage à leurs aînées. Ces deux modes de participation au travail mémoriel poursuivent le même objectif : créer un sentiment de

---

26. Collectif NCNM, *Notre corps, nous-mêmes, op. cit.*, p. 14.
27. Nina Faure, « *Notre corps, nous-mêmes*, d'une génération à l'autre », mai 2019.
28. Kathy Davis, *The Making of* Our Bodies, Ourselves..., *op. cit.*, p. 86.

nostalgie pour un passé magnifié et supposé perdu. Cette nostalgie est aussi insufflée dans les pratiques militantes.

Ancrer la nostalgie dans les pratiques militantes

Les ateliers de *self-help* sont centraux dans le travail militant de production de la nostalgie pour le féminisme des années 1970. Dans ces ateliers, les militantes de la jeune génération « veillent à ce que les souvenirs du passé se perpétuent dans le présent[29] ». Le récit d'un « atelier d'auto-examen gynécologique » qui s'est déroulé en 2016 à Bruxelles permet de comprendre comment le travail mémoriel se concrétise dans les pratiques militantes, comment il s'articule à un travail émotionnel qui vise à susciter un sentiment de nostalgie chez les participantes et comment une tradition s'invente en actes[30], en vue de la cohésion du groupe.

Diffusée *via* le site internet d'une association de santé des femmes, la présentation de cet atelier fait d'emblée référence à l'histoire de la pratique de l'auto-examen, directement liée à celle du *self-help* et des mouvements féministes. La prise de conscience qui en résulterait est également mise en avant :

> Née des dynamiques « *self-help* » autour des mouvements féministes, la pratique de l'auto-examen gynécologique est un formidable outil de prise de conscience et de réappropriation de sa santé.

L'atelier, animé par Carolina, est ouvert sur inscription. D'une durée de trois heures et demie, il a lieu un après-midi de fin de semaine dans les combles d'une maison cossue d'un quartier résidentiel de Bruxelles. Arrivée en avance, j'aide Carolina à aménager la pièce. Nous formons un cercle avec des coussins et des poufs colorés, ravivant ainsi une représentation des groupes de parole féministes des années 1970. Au centre de ce cercle, Carolina dépose un plateau rempli de tasses à thé et de coupelles dans lesquelles sont disposés quelques biscuits qu'elle a apportés. Sur une table adossée à l'un des murs, Carolina me demande d'exposer la documentation qu'elle a amenée pendant qu'elle descend accueillir les participantes qui arrivent les unes après les autres.

---

29. Timothy B. Gongaware, « Collective Memories and Collective Identities... », art. cité, p. 504.
30. Eric Hobsbawm, « Inventer des traditions », *Enquête*, 2, 1995, p. 173.

Je sors des ouvrages phares du *self-help* comme la version de 1977 de *Notre corps, nous-mêmes, A New View of a Woman's Body* ou encore *L'Auto-examen, un geste de santé*[31]. On y trouve aussi *Une sorcière des temps modernes, Caliban et la Sorcière* ou *Avorter : histoires des luttes et des conditions d'avortement*[32]. Je dispose ces ouvrages à côté du livre *A Woman's Book of Choices*[33], coécrit par Carol Downer - considérée comme la fondatrice du *self-help* états-unien - ou encore d'*Avortées clandestines* de Xavière Gauthier[34], qui s'est illustrée au sein du MLF français et a fondé la revue *Sorcières* en 1975. À ces références se mêlent des brochures que Carolina a imprimées sur l'auto-examen, les violences sexuelles ou encore le plaisir féminin. Se trouvent aussi exposées là quelques productions scientifiques sur l'histoire du mouvement de santé des femmes et des luttes de la deuxième vague féministe pour les libertés reproductives, comme l'article de l'historienne Michelle Zancarini-Fournel « Histoire(s) du MLAC[35] ». Ces références, qui accordent une place majeure à l'histoire du *self-help*, peuvent être feuilletées librement par les cinq participantes à l'atelier, et les brochures emmenées à prix libre.

Pendant ce temps, quelques participantes sont montées et s'approchent de la table. Janine, une femme blanche d'une cinquantaine d'années arrivée la première, prend un exemplaire de chaque brochure disponible. Lise évoque une conférence de Rina Nissim à laquelle elle a assisté un mois auparavant et confie rechercher ses livres depuis cette date. Carolina lui répond qu'elle en a plusieurs exemplaires dans le coffre de sa voiture et propose de lui en vendre à moitié prix à la fin de l'atelier. Une fois toutes les inscrites arrivées, Carolina nous invite à nous asseoir en cercle sur les coussins disposés à cet effet. Elle nous convie à un tour de présentation. Le tour de parole terminé, elle nous demande si nous avons déjà entendu parler du *self-help* et se met à évoquer l'histoire de ce courant. Elle revient sur ses racines nord-américaines

---

31. Centre de santé des femmes de Montréal, *L'Auto-examen : un geste de santé*, Montréal, Les éditions du remue-ménage, 1986.
32. Collectif IVP, *Avorter. Histoires des luttes et des conditions d'avortement des années 1960 à aujourd'hui*, Lyon, Tahin Party, 2009.
33. Rebecca Chalker et Carol Downer, *A Woman's Book of Choices. Abortion, Menstrual Extraction, RU-486*, New York, Four Walls Eight Windows, 1992.
34. Xavière Gauthier, *Avortées clandestines*, Paris, Mauconduit, 2015.
35. Michelle Zancarini-Fournel, « Histoire(s) du MLAC (1973-1975) », *Clio. Histoire, Femmes et Sociétés*, 18 (2), 2003, p. 241-252.

et l'inscrit d'emblée dans la filiation des mouvements féministes des années 1970. Le récit qu'elle propose s'attarde en particulier sur l'histoire des centres de santé féministe et souligne l'absence d'organisations de ce type en Belgique. Ce faisant, elle fait circuler parmi les participantes quelques ouvrages qu'elle a pris sur la table. Elle distribue également à chacune des feuillets sur lesquels sont reproduites des planches anatomiques tirées des différents manuels de santé féministe des années 1970 et 1980 qui ont rompu avec les représentations traditionnelles des organes génitaux féminins. On y trouve notamment des dessins de vulves dont les lèvres externes sont écartées par les doigts de leurs propriétaires ou encore une vue d'un col de l'utérus depuis un miroir une fois un spéculum inséré. Ces images représentent « des corps sujets, actifs, qui s'observent et donnent à voir[36] ».

Après environ une heure d'échanges autour des planches anatomiques distribuées, Carolina propose de se déshabiller et de s'installer sur le lit pour montrer aux participantes comment utiliser un spéculum en plastique. Elle réitère ainsi la démarche mythifiée de Carol Downer lors de la première réunion féministe durant laquelle elle réalisa une démonstration d'auto-observation en mettant en jeu son corps dénudé. En enlevant ses vêtements, en se positionnant face aux participantes sur le lit, en écartant les jambes et en insérant un spéculum, Carolina suit une scénographie corporelle réglée. Reproduisant ces gestes les uns après les autres, elle continue à fabriquer le mythe et inscrit la nostalgie dans une dramaturgie ordonnancée. Après avoir inséré le spéculum puis examiné le col de son utérus dans un miroir prévu à cet effet, Carolina tend une lampe de poche aux participantes et les invite à venir regarder par elles-mêmes. Assises en demi-cercle au pied du lit, celles-ci s'approchent de Carolina tour à tour tandis qu'elle leur décrit ce qu'elle a vu. La scène, qui dure une quinzaine de minutes et qui est rythmée par les exclamations ravies des participantes, suggère un ensemble d'images représentatives du *self-help* des années 1970. L'auto-observation gynécologique, étape consacrée des ateliers de *self-help*, produit la nostalgie pour cette période.

Les objets que Carolina fait circuler participent aussi à la répétition ritualisée du souvenir et à la construction de la continuité entre générations. Emblèmes du *self-help* des années 1970, le

36. Alessandra Cencin, « Les différentes versions de la "découverte" du clitoris par Helen O'Connell (1998-2005)... », art. cité, p. 10.

spéculum en plastique, le miroir et la lampe de poche participent au sentiment de nostalgie qu'il s'agit de susciter dans la dramaturgie des ateliers. Carolina insiste sur le fait que l'usage du spéculum en plastique contraste avec celui des spéculums en métal des cabinets médicaux, qui « font mal et sont froids ». La généralisation de l'usage du spéculum en plastique dans les cabinets médicaux contraste avec cette affirmation, qui reprend un poncif du *self-help* des années 1970.

Carolina propose ensuite aux participantes de réaliser cet acte elles-mêmes. La scène suivante montre la prégnance du souvenir de l'auto-observation collective dans le déroulement de l'atelier :

> Carolina explique comment le temps consacré à l'auto-examen va se dérouler. Elle indique trois espaces possibles pour pratiquer : le lit qui se trouve contre l'un des murs de la pièce et où elle réalisera elle-même l'auto-examen, un petit espace aménagé dans un coin de la pièce, moins visible car derrière la rambarde de l'escalier, ou une chambre qui se trouve à l'étage inférieur. Elle précise que, si elles le souhaitent, les participantes peuvent aller dans cette chambre, seule ou accompagnée d'une des personnes présentes. Elle demande selon quelles modalités chacune souhaite réaliser l'auto-examen. Ninon, l'une des cinq participantes, déclare vouloir le faire seule. Lorsque vient le moment de se déshabiller, une vingtaine de minutes plus tard, après la démonstration de Carolina, cette dernière n'évoque plus la possibilité de s'isoler dans la chambre ni n'explique à Ninon comment s'y rendre. Ninon se retrouve à réaliser l'auto-observation un peu à l'écart, dans l'espace près de la rambarde de l'escalier.
>
> « Atelier d'auto-examen gynécologique », 2016.

Le contenu du souvenir, à savoir le caractère collectif de l'auto-observation, importe plus que la liberté laissée aux participantes : alors que Carolina annonce qu'il est possible de réaliser l'auto-examen seule et demande aux participantes d'exprimer une préférence entre trois options, elle ne donne finalement pas les moyens à Ninon de pratiquer l'auto-observation en dehors du regards des autres participantes. Ninon se retrouve contrainte de procéder à l'auto-observation dans la pièce commune. La norme d'un acte réalisé de manière collective, promue dans les représentations mémorielles de l'auto-examen, est ainsi plus forte que la valorisation du « choix » et du « consentement ».

Dans les ateliers de *self-help*, l'auto-observation fait l'objet d'une répétition ritualisée. Elle est entourée d'une scénographie qui accorde au passé une place centrale. À travers l'aménagement de l'espace, les références exposées, le récit de l'histoire des savoirs empiriques des femmes et de la gynécologie, l'ordonnancement des corps et les objets mobilisés, on voit comment l'expérience de l'auto-observation, présentée comme faisant sens en elle-même et par elle-même, est en réalité fabriquée par un ensemble de tâches militantes. Ce travail mémoriel vise à rendre les participantes nostalgiques des mobilisations passées tout en augmentant l'intensité émotionnelle du moment présent. Il s'agit de modeler, dans le détail des pratiques militantes, tant un sens de la continuité qu'un sentiment partagé de nostalgie pour ce qui a été perdu – l'unité et la solidarité politiques des femmes autour de leurs expériences corporelles. Ces ateliers allient travail mémoriel et travail émotionnel pour créer une continuité entre générations et pour alimenter l'espoir d'une unité retrouvée entre féministes[37]. Le caractère consensuel du rapport nostalgique au passé est frappant. Cet accord intergénérationnel n'est toutefois pas dénué de tensions. Celles-ci révèlent que ce qui est en jeu est bien une lutte autour du monopole de la définition du *self-help* et du féminisme.

Les luttes autour du travail mémoriel

Les « anciennes » militantes ne se contentent pas de fabriquer les références communes nécessaires à l'inscription des pratiques contemporaines dans une filiation féministe. Ces entrepreneuses de mémoire s'assurent que le souvenir créé est interprété et approprié de la « bonne » manière par les nouvelles générations. Elles veillent à ce que la mémoire qu'elles construisent – et la définition du féminisme que celle-ci véhicule – soit respectée. Les tensions relatives à la manière d'interpréter le passé et à la forme que doit prendre le récit sur l'histoire du mouvement rappellent combien la mémoire peut être un enjeu de pouvoir et de luttes[38]. Dans les mobilisations contemporaines autour du corps et de la santé des femmes, les tensions portent en particulier sur les modalités de la

37. Lucile Quéré, « Feminist Collective Memory and Nostalgia in Gynaecological Self-Help in Contemporary Europe », *European Journal of Women's Studies*, 28 (3), 2021, p. 337-352.
38. Jeffrey K. Olick et Joyce Robbins, « Social Memory Studies. From "Collective Memory" to the Historical Sociology of Mnemonic Practices », *Annual Review of Sociology*, 24 (1), 1998, p. 105-140 ; Eviatar Zerubavel, « Social Memories : Steps to a Sociology of the Past », *Qualitative Sociology*, 19 (3), 1996, p. 283-299.

pratique du *self-help*. Le travail de définition du *self-help* est, selon la spécialisation des tâches du travail mémoriel analysée plus haut, attribué à la génération des « anciennes ». Que se passe-t-il lorsque des militantes de la nouvelle génération contreviennent à cette division du travail ?

Clarence, une journaliste de 30 ans, a publié un « guide d'auto-observation » qu'elle considère comme un « hommage » aux mobilisations féministes des années 1970. Elle relate l'incompréhension dont son initiative a fait l'objet chez une militante de la génération précédente, qu'elle appelle « la grande prêtresse du sujet » :

> Elle est vraiment 100 % convaincue de l'intérêt de l'aspect collectif de la pratique de l'auto-exploration, et donc, pour elle, quelque part, le fait de faire ça seule ça n'a pas vraiment de sens. Donc, du coup, notre discussion par moments était un peu stérile, enfin pas stérile mais on avait parfois un peu du mal à se comprendre alors qu'on parlait de la même chose, mais il y avait un écart d'expérience. Elle, ce qui a forgé sa pensée, c'est vraiment ce mouvement collectif et de groupe, et donc tout ce qu'elle m'a dit et qui est vachement intéressant sur le fait de faire groupe et ce que ça pouvait faire émerger chez les femmes individuellement. Du coup, ma démarche même, qui est un livre qui va être lu par une personne, et qui n'a rien à voir avec une pratique de groupe, quelque part elle ne [la] comprenait pas forcément.

Alors que Clarence se conforme à la norme de l'hommage et célèbre le passé, elle ne respecte pas la division du travail militant – c'est aux « anciennes » qu'il appartient de définir la vérité du *self-help*, à laquelle elles auraient accès par leur expérience vécue. En considérant « l'auto-exploration » comme un acte qui pourrait faire sens réalisé individuellement, elle conteste la définition du *self-help* élaborée par les féministes de la génération précédente, à savoir un auto-examen pratiqué en groupe. La spécialisation des tâches du travail mémoriel confine parfois à la monopolisation du processus définitionnel du *self-help* : ce qui est en jeu ici est de délimiter qui a la légitimité de produire des récits sur le *self-help*, lesquels contiennent nécessairement des éléments de définition de la « bonne » manière de le pratiquer.

L'entretien réalisé avec Régine révèle la manière dont cette entrepreneuse de mémoire s'assure que l'équivalence entre la mémoire qu'elle défend et la vérité est respectée. Alors que je lui rends compte d'un atelier de réappropriation du corps dans lequel l'animatrice avait autorisé la présence d'hommes, elle me coupe et soupire : « c'est nul, je m'excuse mais alors je ne sais pas comment vous pouvez imaginer des scénarios pareils. C'est complètement débile ». Régine oppose manières légitimes et illégitimes de pratiquer le *self-help* féministe en s'appuyant sur la différence générationnelle. Elle m'associe, par l'usage du pronom « vous » alors qu'elle me tutoie par ailleurs, à la catégorie des jeunes féministes. Cette catégorisation marque la construction d'un couple antagonique, un « vous » opposé à un « nous » dont le critère principal de différenciation est l'appartenance générationnelle. Aussi, si la question de la transmission au sein du féminisme est souvent analysée à travers le prisme de « ce que font les jeunes féministes de l'héritage des générations antérieures[39] », la construction de la dichotomie « vous/nous » invite à poser la question inverse : que font les générations précédentes de la réception de l'héritage par les jeunes féministes ?

Dans ces deux interactions, les entrepreneuses de mémoire revendiquent le monopole du travail de définition du *self-help*. L'auto-observation doit être une pratique collective et non mixte. La question de la mixité de la pratique et celle de son caractère collectif révèlent des positionnements réels ou supposés différents vis-à-vis des modalités d'une « bonne » pratique du *self-help*. Elles dévoilent également les luttes à l'œuvre pour la définition des modalités d'une bonne pratique féministe en général. Pour s'assurer que leur propre définition, tant du *self-help* que du féminisme, est transmise, les militantes de la génération précédente tentent de contrôler la manière dont les nouvelles générations pratiquent le *self-help* et s'approprient sa mémoire. L'enjeu est de s'assurer que les militantes contemporaines se saisissent de la pratique selon des modalités en continuité avec celles des années 1970, une décennie qui devrait être la référence pour cette nouvelle génération.

Lorsque ce monopole définitionnel est mis en cause, les aînées réaffirment leur position de « gardiennes des traditions[40] » en rappelant les contours du devoir de l'hommage et la division du travail

---

39. Martine Chaponnière, Patricia Roux et Lucile Ruault, « Que font les jeunes féministes de l'héritage des générations antérieures ? », *Nouvelles Questions Féministes*, 36 (1), 2017, p. 6-14.

40. Maurice Halbwachs, *Les Cadres sociaux de la mémoire*, Paris, Albin Michel, 1994, p. 104.

qu'il suppose : célébrer, c'est se conformer aux récits élaborés par les « anciennes ». La position de « gardienne » est réaffirmée à travers ce que la sociologue du féminisme nord-américain Jo Reger a appelé un processus de « désidentification générationnelle inversée[41] ». Ce sont alors les aînées qui se distinguent des « jeunes féministes » pour affirmer leur propre identité. La désidentification se fait de manière d'autant plus crue que ces entrepreneuses de mémoire occupent des positions paradoxales dans les interactions : si leur capital symbolique et leur capital expérientiel leur confèrent une position dominante, celle-ci risque d'être fragilisée par leur place dans les hiérarchies sociales liées à l'âge et au capital culturel. Leur niveau de diplôme est souvent plus faible que celui des nouvelles générations et elles ont d'ailleurs tendance à déplorer le manque de reconnaissance de l'université et de la recherche féministe à leur égard. La désidentification d'avec les jeunes générations apparaît alors comme un moyen de produire et de garder le monopole du travail de définition du *self-help*. Il s'agit alors de se positionner par rapport à une génération plus valorisée socialement du fait de sa jeunesse et par rapport aux féministes détenant un capital culturel plus élevé.

Des tensions émergent également lorsque la division nette du travail militant mémoriel semble remise en cause. Mon rôle de chercheuse sur les mobilisations autour de la santé des femmes, dont l'une des tâches était d'en retracer l'histoire, a parfois été appréhendé comme contrevenant à cette division du travail par des militantes « se considérant comme dépositaires de l'histoire de ce mouvement, et cherchant à contrôler l'enquête d'une manière ou d'une autre[42] ». En tant qu'enquêtrice, j'ai été constituée en actrice de la question mémorielle et mon travail de recherche a été conçu comme faisant partie intégrante du travail mémoriel militant. La manière dont ma position de chercheuse a été perçue révèle à la fois qui est considéré comme légitime dans la réalisation de certaines tâches militantes du travail mémoriel et les normes qui en encadrent le contenu et l'exécution.

---

41. Jo Reger, « The Story of a Slut Walk : Sexuality, Race, and Generational Divisions in Contemporary Feminist Activism », *Journal of Contemporary Ethnography*, 2015, 44 (1), p. 84-112.
42. Camille Masclet, « La quête des féministes. Techniques et enjeux de reconstruction d'un mouvement social », *Genèses*, 2014 (9)5, p. 131.

Quelques mois après le début de cette recherche, et alors que j'avais publié un article sur la politisation du consentement dans la relation médicale par les mobilisations féministes contemporaines[43], une militante du *self-help* s'étant illustrée pendant les années 1970 m'a adressé une lettre dans laquelle elle remettait en question mon travail. Elle m'y reprochait de ne pas avoir cité les archives féministes et pointait l'existence d'« un problème entre les féministes de base et les féministes académiques », dénonçant le fait que « les universitaires s'approprient [et invisibilisent] le travail et les luttes d'autres femmes ». Ces propos reprennent les arguments mobilisés durant les années 1970 par des militantes féministes françaises contre l'institutionnalisation de la contestation féministe dans le champ académique[44]. Lors d'un entretien que j'ai mené avec elle par la suite, cette militante m'a fait savoir qu'elle « préférerai[t] », sans vouloir « trop intervenir », pouvoir relire le manuscrit avant sa soumission pour me « faire remarquer » d'éventuels problèmes. Cette demande a été réitérée quelques mois plus tard dans un court mail : « J'insiste pour au moins relire les bouts où tu me cites ou lorsque tu décris mon travail. C'est le minimum ». Cette sollicitation entend éviter la reproduction d'interprétations de l'histoire du *self-help* qui se trouveraient en porte-à-faux avec celles qu'elle a elle-même élaborées. Elle soulève une question centrale : qui détient ou est autorisé à produire le discours légitime sur les luttes du passé ? Alors que cette militante a elle-même élaboré un récit de ces luttes qui a toutes les chances de s'imposer comme récit légitime, du fait de sa participation historique au *self-help*, la formation d'un récit académique par une « jeune chercheuse » appartenant à « une nouvelle génération [qui] arrive majoritairement au féminisme par la "théorie", [et non] par et dans la "pratique"[45] » et qui tire sa légitimité d'un champ alternatif au champ militant est perçue comme une forme de concurrence potentielle. Le capital culturel que ratifie un statut de chercheuse dévaluerait le capital expérientiel accumulé par la militante. Il pourrait venir renforcer sa précarité « dans l'économie [concurrentielle] de la prise de parole au sujet

43. Lucile Quéré, « Luttes féministes autour du consentement... », art. cité.
44. Marion Charpenel, « Les enjeux de la mémoire chez les historiennes des femmes, 1970-2001 », *Actes de la recherche en sciences sociales*, 223 (3), 2018, p. 17.
45. Marc Bessin et Elsa Dorlin, « Les renouvellements générationnels du féminisme : mais pour quel sujet politique ? », *L'Homme et la Société*, 158 (4), 2005, p. 13.

du passé[46] », et ce, d'autant plus que la publication d'ouvrages constitue un mode de participation au travail mémoriel particulièrement valorisé dans les mobilisations contemporaines autour du corps et de la santé des femmes. Le discours académique offre un point de vue supplémentaire sur le passé susceptible d'occasionner des conflits de mémoire, surtout au moment charnière de la construction de la mémoire du *self-help*. Celle-ci n'ayant pas encore été entièrement fixée ni inscrite dans une mémoire officielle féministe, les luttes autour de la construction d'une interprétation dominante de ce que le *self-help* a été – et de ce qu'il doit être – sont quotidiennes.

Ces expériences conflictuelles sont riches d'enseignements. Elles révèlent que, longtemps délaissé par l'histoire des mobilisations féministes de la « deuxième vague », le *self-help* fait aujourd'hui l'objet d'un investissement mémoriel intense. Elles mettent également en lumière les enjeux de pouvoir liés à la construction politique de la mémoire. Les actrices du passé sont en train de construire un récit à la légitimité précaire. Le zèle qu'elles déploient pour s'assurer que le récit académique ne remette pas en cause le leur témoigne d'un sentiment d'incertitude lié à une position peu assurée dans les hiérarchies sociales du fait de leur âge et de leur classe sociale. Exiger un droit de regard sur la recherche est un moyen de désactiver ces conflits *a priori* en s'assurant que l'héritage des années 1970 est reconnu tel qu'il a été construit. C'est aussi un moyen d'asseoir un discours féministe unifié sur l'histoire des mobilisations de santé des femmes.

Conclusion

Le travail militant mémoriel est partie intégrante du travail de politisation au féminisme entrepris par le militantisme de *self-help*. Ce travail promeut un rapport nostalgique aux luttes passées, lesquelles seraient marquées par l'unité des féministes autour du corps et de la matérialité des expériences vécues par les femmes. Il forme deux générations de féministes rassemblées autour d'une mémoire commune. Sa force et le caractère consensuel de la mémoire qui en découle s'expliquent en particulier par l'ancrage de la nostalgie dans les pratiques militantes : la

46. Julien Tassel, « Que fait-on du passé dans les organisations ? », *Sociologies pratiques*, 29 (2), 2014, p. 6.

construction des ateliers de *self-help* autour de la ritualisation de l'auto-observation constitue un outil particulièrement efficace de production d'un sentiment de perte et de regret pour un « avant » du féminisme. Le retour au corps dans les pratiques militantes contribue à créer une continuité entre générations et une unité entre féministes. Dès lors, au-delà de facteurs structurels, les phénomènes de continuité dans les mouvements sociaux peuvent aussi résulter d'un travail militant actif et peuvent être produits dans et par l'action collective.

Les rares luttes autour de la division du travail mémoriel montrent que cette production d'un « nous » unifié reproduit des positions hiérarchiques entre féministes, plus que de simples conflits générationnels. Ces conflits pour le monopole de la « bonne » définition du féminisme ont des ancrages générationnels, mais dévoilent aussi comment les frontières entre les groupes générationnels sont façonnées par des rapports sociaux, en particulier d'âge et de classe. Le travail mémoriel qui vise à recréer une unité entre féministes se heurte ainsi aux inégalités qui traversent le groupe des femmes. Comment les militantes tentent-elles de ne pas reproduire ces hiérarchies sociales dans leurs collectifs pour mener à bien leur projet d'unification ?

Chapitre 4

Des féministes « bienveillantes »

Novembre 2015. Je me rends à mon premier « atelier d'auto-observation gynécologique ». La veille, dans un café du centre-ville de Bruxelles, j'avais noirci plusieurs pages de mon carnet de terrain d'éléments de contexte sur l'association, l'animatrice et le lieu de l'atelier. J'avais ajouté toutes les questions qui me passaient par la tête et qui ne trouvaient pas de réponse dans les informations que j'avais pu glaner sur internet. Pourtant, ces pages laissent place à une sorte d'absence : le lendemain, je n'ai presque rien écrit sur l'atelier en lui-même. Non pas qu'il ne se soit rien passé. Pendant les trois heures et quelques qu'a duré cet atelier de *self-help* rassemblant des femmes autour d'une tasse de thé, de biscuits, de miroirs et de spéculums dans une pièce décorée de coussins colorés, les pratiques et les émotions ont foisonné. Comment expliquer la difficulté que j'ai eue à en rendre compte ? L'explication principale réside à mon avis dans le hiatus que j'ai ressenti alors entre l'intuition, toute sociologique, qu'il n'y avait rien d'évident à l'existence même de ces pratiques sociales, et la sensation, pendant toute la durée de l'atelier, de la justesse et du bien-fondé de ma participation en tant que femme et en tant que féministe[1]. Ce chapitre, en suivant le déroulement idéal-typique d'un atelier de

---

1. Ma démarche vient confirmer tout l'intérêt de « faire du terrain en féministe » et de reconnaître que « la problématisation, le choix de la méthode, la façon de mener son terrain et d'en analyser le contenu sont déterminés par la position sociale et par le positionnement politique du ou de la chercheur·e » : Isabelle Clair, « Faire du terrain en féministe », *Actes de la recherche en sciences sociales*, 213 (3), 2016, p. 70.

self-help étudie la construction de ce sentiment d'évidence. Il avance que cette sensation résulte d'un travail militant entrepris par les animatrices des ateliers, que ce travail nécessite compétences et savoir-faire, qu'il est organisé par un ensemble de règles formelles et de normes implicites et qu'il a pour finalité de politiser les participantes au féminisme en les sensibilisant au principe de libre disposition de leur corps.

Ce travail militant entrepris pour former et modeler des féministes mêle de manière inextricable dimensions émotionnelles, relationnelles et cognitives. L'entrecroisement de ces dimensions dans les mobilisations de santé des femmes a déjà été mis en lumière par l'historienne Michelle Murphy à propos des groupes de *self-help* états-uniens des années 1970. Elle a montré que trois valeurs épistémiques caractérisaient ces groupes : la recherche collective, l'utilisation de son corps pour le connaître et la valorisation de relations positives entre femmes[2]. Lucile Ruault a approfondi ces analyses dans son travail sur les MLAC dissidents qui, en France, ont continué à pratiquer des avortements de façon profane après la légalisation par la loi Veil[3]. Elle a souligné l'indissociabilité des corps, des savoirs et des affects dans les processus de prise de conscience féministe au sein de ces MLAC. Cette intrication entre dimensions émotionnelle, relationnelle et cognitive de l'activité militante caractérise aussi aujourd'hui le travail militant entrepris dans le *self-help* pour soutenir la création d'un « nous » incarné aux dimensions politiques. Appréhender comme un travail le répertoire de pratiques militantes du *self-help* contemporain nécessite néanmoins de séparer analytiquement ces dimensions.

La notion de *travail émotionnel*, élaborée par Arlie Hochschild[4], désigne les actes qui visent à produire, modifier ou inhiber des émotions. Importée en sociologie des mobilisations, elle met en évidence la manière dont les émotions font « l'objet d'un *travail* de mise en forme et de transformation, voire d'invention, par des

---

2. Michelle Murphy, *Seizing the Means of Reproduction. Entanglements of Feminism, Health, and Technoscience*, Durham/Londres, Duke University Press, 2012.
3. Lucile Ruault, « Le spéculum, la canule et le miroir... », *op. cit.*, p. 609-629 ; Lucile Ruault, « Emotions and Embodiment as Feminist Practice in the Free Abortion Movement in France (1972-1984) », *European Journal of Women's Studies*, 28 (3), 2021, p. 320-336.
4. Arlie Russell Hochschild, « Emotion Work, Feeling Rules, and Social Structure », *American Journal of Sociology*, 85 (3), 1979, p. 551-575.

groupes d'acteurs[5] ». Ce concept met l'accent sur les stratégies déployées par les militantes pour susciter des réactions affectives censées favoriser l'adhésion des femmes à la cause défendue et leur sentiment d'appartenance au groupe. Le terme de *travail relationnel* désigne l'ensemble des tâches militantes effectuées en vue de construire des liens entre les participantes et d'orienter les relations entre elles. Le *travail cognitif* regroupe les tâches et les activités qui ont trait à la transmission, à l'appropriation et à la production de connaissances. Ces trois notions mettent en lumière un ensemble de tâches qui sont encore parfois reléguées dans la sphère du hors-travail et qui peinent à être considérées comme pleinement politiques par les sociologues.

L'analyse de ces tâches déployées par les militantes du *self-help* pour « conscientiser » les participantes au féminisme montre qu'elles sont orientées, d'une part, vers la promotion d'émotions et de relations « positives » entre les femmes telles que la « bienveillance » et la « confiance » et, d'autre part, vers l'appropriation de savoirs hétérodoxes sur les corps et la valorisation des savoirs issus de l'expérience. Ces tâches, investies comme un moyen de neutraliser la reproduction de rapports de pouvoir au sein des collectifs, façonnent autant de normes et de prescriptions concernant les manières de penser, de ressentir et de se comporter les unes envers les autres. Promouvant les bonnes manières d'incarner le sujet politique du féminisme, les militantes travaillent les participantes au corps pour leur apprendre à faire corps. La force de ces attentes normatives entre en tension avec l'idéal de « choix » et d'« autonomie » valorisé. Toutefois, lorsque ces attentes sont satisfaites, le travail militant émotionnel, relationnel et cognitif est pris en charge collectivement par l'ensemble des participantes pour incarner et mettre en scène le « nous » féministe promu.

Avant l'auto-observation : se retrouver autour du corps

Trois étapes ritualisées rythment la première partie des ateliers de *self-help* : l'organisation de la convivialité, l'incitation à se dévoiler émotionnellement et la transmission de savoirs

5. Christophe Broqua et Olivier Fillieule, « Act Up ou les raisons de la colère », dans Christophe Traïni (dir.), *Émotions... Mobilisation !*, Paris, Presses de Sciences Po, 2009, p. 145.

hétérodoxes sur le corps et la santé. L'étude de ces étapes met en lumière la dimension normative des pratiques déployées par les animatrices pour sensibiliser les participantes au principe féministe de libre disposition du corps. Il est attendu des participantes qu'elles incarnent les émotions, les relations et les savoirs promus. La valorisation constante de la « bienveillance », de la « confiance » et de l'« attention » portée aux autres entre ainsi en tension avec la fermeté des normes qui régissent le déroulement des ateliers.

Organiser autrement le soin gynécologique

Les militantes du *self-help* mettent en place un ensemble de pratiques qui visent à ce que le soin gynécologique se déroule autrement. Cela passe par l'organisation en petits groupes non mixtes, l'aménagement des lieux et l'occupation chaleureuse de l'espace. Par ces différentes pratiques, les militantes entendent démontrer qu'il est possible de se défaire de l'organisation médicale du soin et de remplacer les rapports de pouvoir qui la traversent par des relations caractérisées par la « bienveillance ».

S'organiser en groupes non mixtes et affinitaires

Les groupes de *self-help* sont des petits groupes non mixtes et affinitaires organisés de manière lâche. Ce mode d'organisation, qui s'inspire du modèle des groupes de conscience des années 1970[6], se veut non hiérarchique. L'idée est de recréer des relations de soin exemptes de rapports de pouvoir. La formation de ces groupes est régie par un ensemble de normes.

La mixité du groupe est régulée : les militantes qui organisent des sessions ponctuelles de *self-help* ou participent à des collectifs pérennes favorisent des sessions non mixtes ou en mixité choisie. Elles renouent ainsi avec une norme de fonctionnement qui s'est progressivement imposée lors de la deuxième vague des

---

6. Pamela Allen, *Free Space. A Perspective on the Small Group in Women's Liberation*, New York, Times Change Press, 1970 ; Steven M. Buechler, « Beyond Resource Mobilization ? Emerging Trends in Social Movement Theory », *The Sociological Quarterly*, 34 (2), 1993, p. 217-235 ; Francesca Polletta, *Freedom is an Endless Meeting. Democracy in American Social Movements*, Chicago, The University of Chicago Press, 2002 ; Camille Masclet, « Féminismes. Un mouvement mosaïque », dans Olivier Fillieule, Sophie Béroud, Camille Masclet et Isabelle Sommier (dir.), *Changer le monde, changer sa vie : enquête sur les militantes et les militants des années 1968 en France*, Arles, Actes Sud, 2018, p. 649-678.

mobilisations féministes[7] et qui a été remise en cause durant les années 1990[8]. La non-mixité est notamment conçue comme un moyen de protester face à la prise en charge de la santé des femmes par des hommes soignants. Aux yeux de Françoise, une médecin qui a créé il y a dix ans l'association de promotion du *self-help* Soins de Femmes, se retrouver entre femmes est une condition nécessaire pour expérimenter des relations de soin exemptes des « rapports de pouvoir et de domination » qui traversent la société : « dans notre société avec des rapports de pouvoir et de domination, je suis pas d'accord qu'il y a des hommes sages-femmes, des hommes gynécologues ». Cette affirmation repose sur l'idée selon laquelle les relations entre femmes ne seraient pas ou seraient moins marquées par des rapports de pouvoir que les autres relations sociales. La promotion de la non-mixité symbolise ainsi un « nous les femmes » égalitaire.

La taille du groupe fait ensuite l'objet d'un encadrement : le nombre de participantes est réduit. Lorsque les sessions prennent la forme d'ateliers ponctuels, les animatrices des ateliers limitent les inscriptions à une dizaine de personnes. La formation des collectifs pérennes de *self-help* se réunissant régulièrement est aussi codifiée. À Toulouse, un « cercle de femmes intégrant la pratique du *self-help*[9] » s'est constitué en 2015 pour une durée de six mois, à l'initiative de deux personnes ayant diffusé un mail sur la liste d'une association invitant « 4-5 personnes » à les rejoindre. Dans un autre collectif réunissant une trentaine de personnes, ce sont les temps consacrés à l'auto-observation gynécologique qui sont construits autour du fractionnement du groupe, ainsi que me l'explique Laurine : « comme ça, ça faisait qu'on n'était pas 15 ou 20 ensemble mais des groupes un peu plus petits ». L'organisation en petits groupes vise à contrer l'individualisation du soin produite par la consultation médicale. Aux yeux de Sophie, une sage-femme

---

7. Florence Rochefort, « L'insurrection féministe », dans Philippe Artières et Michelle Zancarini-Fournel (dir.), *68, une histoire collective [1962-1981]*, Paris, La Découverte, 2008, p. 538-545 ; Catherine Achin et Delphine Naudier, « L'*agency* en contexte : réflexions sur les processus d'émancipation des femmes dans la décennie 1970 en France », *Cahiers du Genre*, 55 (2), 2013, p. 109-130 ; Marion Charpenel, « Les groupes de parole ou la triple concrétisation de l'utopie féministe », art. cité ; Alban Jacquemart et Camille Masclet, « Mixités et non-mixités dans les mouvements féministes des années 1968 en France », *Clio. Femmes, Genre, Histoire*, 46 (2), 2017, p. 221-247.
8. Alban Jacquemart, *Les Hommes dans les mouvements féministes…*, *op. cit.*
9. Collectif, *Cercle de Femmes et auto-examen : retour sur l'expérience d'un cercle de femmes intégrant la pratique du self-help (auto-examen)*, brochure, Toulouse, 2015, p. 1.

en reconversion qui organise des activités de *self-help*, le groupe permettrait de désactiver l'asymétrie de pouvoir qui caractériserait les rencontres médicales :

> Dans une consultation médicale, on n'est pas du tout dans le même cadre que dans un atelier collectif où tout le monde se désape [...] donc il n'y a pas du tout ce côté collectif. Et, dans le cadre d'une consultation, il n'y en a quand même qu'une qui est à poil.

Enfin, le mode de recrutement des collectifs fait l'objet d'une codification : tous les collectifs pérennes de *self-help* rencontrés ont été formés sur un mode affinitaire. L'appartenance des participantes à un réseau de relations communes conditionne le recrutement. Laurine, qui fait partie d'un collectif sur le corps et la santé depuis une année, indique que son collectif est « ouvert », tout en détaillant les règles informelles qui encadrent cette « ouverture » :

> Si une personne a envie de venir, celle qui lui en a parlé se charge de l'amener dans le groupe et de lui expliquer un peu comment ça fonctionne pour pas qu'on doive à chaque fois remettre toutes les bases. Et bien sûr qu'on se le redit informellement mais disons qu'il y en a une qui se charge vraiment de l'introduire au groupe et d'amener une personne qu'elle connaît un petit peu quand même, en qui elle a confiance.

L'ouverture du groupe est toute relative : elle est subordonnée à la « confiance » portée aux potentielles membres. Or on peut émettre l'hypothèse que cette confiance repose avant tout sur le partage de caractéristiques et de dispositions socialement situées et reproduit ainsi un entre-soi de classe. D'autres groupes choisissent explicitement de demeurer fermés, à l'image d'un « cercle de femmes » qui s'est fixé un ensemble de règles de fonctionnement lors de la première rencontre : « Nous nous engageons à être présentes à chaque cercle. Nous n'intégrerons pas d'autres femmes au cours de nos rencontres[10] ». La formation du groupe fait l'objet d'un encadrement actif de la part des militantes et permet d'en contrôler les contours. L'entre-soi féminin et affinitaire constitue une norme organisationnelle et régule les conditions de formation des groupes de *self-help*. Aux yeux des militantes, assurer cet entre-soi, c'est permettre des

---

10. *Ibid.*, p. 2.

interactions de soin alternatives à celles qui se déploient dans le cadre médical. Contre des rapports médecins-patientes caractérisés par une asymétrie de pouvoir, le regroupement non mixte et affinitaire permettrait d'établir une « confiance » qui serait à même de désactiver les rapports hiérarchiques.

Des lieux « confortables et intimes »

Les militantes du *self-help* revendiquent la création d'espaces dans lesquels s'exerce une « approche démocratique de la médecine ». Le choix du lieu est central dans ce projet d'élaboration de pratiques de soin exemptes de rapports d'autorité. Les sessions de *self-help* peuvent se dérouler dans le grenier d'une maison, dans un bar féministe, dans le local d'une association de lutte pour les droits des femmes, dans la chambre d'un appartement privé, dans un squat ou encore dans un champ à la campagne. Les espaces domestiques sont privilégiés. Pour Aurore, qui organise régulièrement des sessions d'échange et de partage sur l'expérience gynécologique, il s'agit « de le faire là où on est, là où on vit » pour créer « un cadre intime et [...] quelque chose d'informel ». Ce choix d'un lieu « confortable et intime[11] » est hérité des mobilisations de santé des femmes des années 1970 et 1980, qui avaient permis à une « activité politique domestique[12] » de s'épanouir. En valorisant la sphère domestique ainsi que l'« intimité » et l'« informalité » qu'elle est supposée recouvrir, les militantes ont une double ambition. D'une part, elles souhaitent façonner des relations caractérisées par l'« horizontalité », la « proximité » affective et le « soin » mutuel. D'autre part, elles entendent départiculariser la santé sexuelle et reproductive et la sortir des cabinets médicaux dans lesquels elle est enfermée. Face à un environnement médical jugé stérile et froid, le choix de l'univers domestique espère contrer la « surmédicalisation » de la vie des femmes, déjouer la dimension pathologisante de la médecine préventive[13] et extraire le soin gynécologique des « violences » de la sphère médicale.

---

11. Poussy Draama, *Coucou. Miniguide d'auto-examen*, Marseille, 2016, https://pointpointpoint.org/wp-content/uploads/2016/02/zine-auto-exam.pdf.

12. Lucile Ruault, « Le spéculum, la canule et le miroir... », *op. cit.*, p. 539.

13. Ayse Dayi, « Feminist Centers Negotiating Medical Authority in the 21st Century. Implications for Feminist Care and the U.S. Women's Health Movement », dans Jennie Jacobs Kronenfeld (ed.), *Access to Care and Factors that Impact Access, Patients as Partners in Care and Changing Roles of Health Providers*, Bingley, Emerald Group Publishing Limited, 2011, p. 197-228.

Le choix des lieux a d'abord pour ambition d'éviter la reproduction d'asymétries au sein du groupe. C'est pourquoi certains groupes refusent de faire plusieurs séances à la suite dans un même endroit, à l'instar de celui auquel participe Anja :

> On ne fait pas toujours [les réunions] au même endroit, et on tourne chez les unes chez les autres pour ne pas être toujours au même endroit, parce que sinon ça incruste aussi une forme de pouvoir de celle qui accueille, etc. On essaie de le faire le plus mouvant possible et horizontal possible.

Ces propos révèlent la tension qui existe entre l'idée que l'entre-soi féminin permettrait des relations dénuées de rapports de pouvoir et l'appréhension de voir des rapports de pouvoir se rejouer précisément à l'intérieur des groupes de femmes. Cette tension est résolue grâce à la rotation des lieux, censée redistribuer le pouvoir entre les membres du groupe. Pour autant, le choix de mener un acte politique dans l'espace domestique favorise un entre-soi situé socialement : il suppose de posséder un chez-soi assez vaste et présentable pour accueillir l'ensemble des membres du groupe et assez agréable pour pouvoir l'aménager en lieu « confortable ».

Car, au-delà du choix des lieux, une attention spécifique est portée à leur aménagement. Les espaces du *self-help* ne sont pas divisés en différents périmètres spécialisés comme le sont souvent les espaces de la pratique médicale qui reflètent la division sociale du travail de soin (secrétariat, salle d'attente, cabinet de consultation, espace de dévêtement). Lorsque c'est le cas, les lieux font l'objet d'un réagencement afin de subvertir la fonction traditionnelle de certaines pièces. Par exemple, lors d'un atelier de deux jours organisé dans le cabinet d'une sage-femme, la salle de bains a été transformée en salle commune. Les participantes s'y retrouvaient autour d'un café et de quelques biscuits le matin, du repas de la mi-journée et d'un apéritif en fin d'après-midi. Des brochures et quelques livres y étaient disposés, favorisant et orientant la conversation entre participantes. Un soin particulier a été accordé au caractère convivial et chaleureux de la salle de consultation dans laquelle se déroulaient les activités : bureau et chaises ont été remplacés par des matelas assortis de coussins colorés. Disposés en cercle, ils rappelaient les pratiques des mobilisations des années 1970 tout en créant un espace convivial censé favoriser l'intimité entre femmes.

Un exemple de l'aménagement des espaces du *self-help*

Source : http://lesflux.fr/2018/02/09/entretien-avec-louise-qui-organise-des-ateliers-de-self-help-a-toulouse/.

Les militantes entendent d'ailleurs faire concourir les participantes aux tâches d'aménagement au nom du principe d'horizontalité. Elles leur demandent par exemple d'apporter des coussins, des couvertures, des plaids ou encore des « doudous » pour contribuer à la création d'un lieu chaleureux. La division traditionnelle du travail d'aménagement de l'espace, qui revient habituellement aux professionnelles dans les cabinets médicaux, est censée être dépassée et peut parfois être renversée au profit des participantes, comme dans cet atelier :

> Dans la salle, une trentaine de tapis de yoga sont installés en rangées. Charlotte, l'animatrice, dépose quelques feuilles de papier au milieu de la salle, entre deux lignes de tapis. Les participantes s'installent progressivement, mais les trois tapis qui entourent les feuilles de Charlotte restent vides. Charlotte prend la parole tout en se déplaçant entre ces trois tapis. Au bout de quelques minutes, une participante lui lance : « tu aurais mieux fait de faire un arc de cercle ». Charlotte acquiesce et se déplace vers le centre d'un des murs de la pièce pendant que toutes les participantes décalent leur tapis pour former un arc de cercle autour d'elle.
>
> Atelier « Mate ta chatte », 2016.

Le réaménagement des lieux se fait ici au nom du principe d'horizontalité : Charlotte ne doit pas figurer au centre de la pièce et de l'attention. Les participantes sont ainsi amenées à prendre en charge les tâches qui visent à atténuer les hiérarchies existantes au sein de l'atelier en y faisant régner la convivialité. Le fait d'inviter les participantes à faire usage de l'espace comme elles l'entendent concourt au même objectif. Lors d'un « atelier d'auto-observation gynécologique » qu'elle anime, Léa dit aux participantes :

> Vous êtes libres de vous déplacer comme vous voulez, on peut aller aux toilettes quand on en a envie, ou alors aller fumer une clope sur le balcon. Il y a aussi des chambres en haut. Il n'y a d'obligation à rien, on n'est pas obligées de participer à tout si on n'en a pas envie.
> « Atelier d'auto-observation gynécologique », 2019.

Cette affirmation contribue à la fois à inclure l'ensemble des personnes présentes dans le déroulement de l'atelier et à les sensibiliser à la libre disposition de leur corps. Par l'aménagement des lieux, les militantes entendent souligner le caractère rigide et inégalitaire de la division traditionnelle du travail de soin dans les espaces médicaux et démontrer la possibilité de faire exister d'autres relations que celles façonnées par le « pouvoir médical » : des relations fondées sur l'horizontalité et l'intimité partagée entre femmes.

La politique de la tasse de thé

La dimension conviviale des espaces créés est prolongée par un ensemble de pratiques qui évoquent chaleur et hospitalité. Les collectifs de pratiques féministes de santé qui se retrouvent régulièrement se ménagent souvent un temps « festif » en amont d'un week-end ou d'une journée de rencontre. Il convient de ne pas sous-estimer la portée politique que peuvent recouvrir de telles festivités[14] : elles constituent une dimension en soi du travail militant relationnel. Il s'agit en effet d'établir et de maintenir les sociabilités entre militantes. Pour Anja, ces moments contribueraient à « délier les langues » et à faciliter le partage d'expériences intimes :

---

14. Sur la fête comme action contestataire historique dans le mouvement de santé des femmes, voir Lucile Ruault, « Une fête pour l'avortement libre. La mobilisation autour du procès des militantes du MLAC d'Aix (1976-1977) », *Genèses*, 107 (2), 2017, p. 32-55. Dans sa thèse, elle a aussi dévoilé la dimension centrale de la convivialité dans le répertoire d'action protestataire entourant les pratiques d'avortement des « MLAC dissidents » et souligné comment elle participait d'un renversement de la signification sociale accordée à l'acte abortif.

> On parle [de sexualité] peut-être plus facilement quand on a bu peut-être un petit verre de rouge, ou qu'on a fumé un pétard (elle rit), le soir autour du feu, ça se prêtait plus facilement, enfin on trouvait que les langues se déliaient peut-être plus facilement à ce moment-là.

Ce discours, qui valorise le dévoilement de soi, reflète les attentes vis-à-vis de la portée émotionnelle des relations que les femmes doivent entretenir entre elles. La confiance et l'intimité en sont deux dimensions centrales.

Le partage de boissons et de nourriture est aussi systématique lors des ateliers ponctuels de *self-help*. L'achat et l'apport de provisions font l'objet d'un rituel, comme dans cet atelier organisé par un collectif luttant contre les violences gynécologiques :

> Quatre membres du collectif sont présentes en plus de la petite dizaine de participantes : Léa, Amelia, Valentine et Fanny. L'atelier se déroule dans un appartement vide, dont les locataires ont déménagé il y a peu. Léa et Amelia, qui l'animent, sortent des coussins et des couvertures de grands sacs de randonnée et nous les distribuent. Léa dépose un thermos rempli de thé et un cake salé au centre du cercle formé par les participantes, ainsi que quelques verres. Valentine a apporté deux bouteilles de bière, Fanny sort une boîte de gâteaux au chocolat faits maison « sans lait et sans œufs ». Isaure se sert de thé avant de demander si l'une d'entre nous en veut ; Solange découpe le cake et le fait passer autour du cercle, de même que les gâteaux.
>
> « Atelier d'auto-observation gynécologique », 2019.

Ces pratiques, qui sont l'apanage d'une gauche plutôt aisée, requièrent un travail d'anticipation d'ampleur : sélectionner et transporter coussins et couvertures, acheter, préparer et apporter à boire et à manger, penser à prendre verres et couverts, etc.

Dans les entretiens, les références au thé sont récurrentes. Une dimension symbolique est accordée au thé : il incarne la chaleur et l'hospitalité qui seraient caractéristiques des ateliers de *self-help*. Pour Marianne, le partage de nourriture vient transformer la manière d'être au monde : « c'était convivial, c'était chaleureux, avec des petits biscuits, du thé, enfin c'était vraiment... les gens étaient présents présents ». Les références au thé permettent de souligner la spécificité des relations créées au sein des sessions de *self-help* au regard des autres interactions sociales et, en particulier, au regard de l'interaction médicale. Pour Mathilde, une étudiante qui a participé à un groupe régulier de rencontres non mixtes sur la santé, la tasse de thé et l'ensemble des objets qui l'entourent – bougies, couvertures, biscuits – participent à la construction d'un sentiment de confiance entre femmes :

> Déjà, il y a un cadre hyper rassurant qu'on a en place, mais ça c'était déjà depuis le début, parfois on allume des bougies, en fait on a commencé en hiver et je trouvais que c'était vraiment propice, d'être toutes sous des couvertures, on faisait du thé, il y en a une qui ramenait un tiramisu, c'était vraiment hyper chouette, convivial, et ça, je trouve vraiment que ça aide à se sentir en sécurité.

L'occupation chaleureuse de l'espace, aussi perceptible dans l'attention portée à la température de la salle (« Je remets un petit coup de chauffage, ou... ? Ça commence à rafraîchir là[15] »), est ainsi considérée comme un catalyseur pour la création de relations « positives » entre femmes. Ce travail de « façonnage affectuel[16] », pour reprendre les termes d'Isabelle Sommier, oriente la manière dont les participantes sont censées se comporter les unes par rapport aux autres : avec prévenance, bienveillance et sollicitude.

Ce registre de pratiques collectives à connotation domestique (installer et chauffer les salles, acheter ou préparer des biscuits, faire chauffer de l'eau pour du thé, etc.), fondé sur « la construction d'espaces et de moments de convivialité entre femmes[17] », pourrait facilement paraître anecdotique. Ces tâches gagnent néanmoins à être analysées comme partie intégrante du travail militant effectué par ces collectifs : elles participent à révéler en creux les conditions habituelles d'exercice des soins gynécologiques et appuient la critique que les militantes du *self-help* en font ; elles sensibilisent les participantes à contester cet état de fait ; elles matérialisent la convivialité et la chaleur censées caractériser les relations entre féministes.

---

15. Gaëtane Meurice, *Pratiques de femmes, de l'intime au politique*, documentaire radiophonique, 2012.
16. Isabelle Sommier, « Les états affectifs ou la dimension affectuelle des mouvements sociaux », dans Olivier Fillieule, Éric Agrikoliansky et Isabelle Sommier (dir.), *Penser les mouvements sociaux*, *op. cit.*, p. 199.
17. Alban Jacquemart et Camille Masclet, « Mixités et non-mixités dans les mouvements féministes des années 1968 en France », art. cité, p. 236.

Susciter la parole, encadrer les relations

Une fois les lieux préparés, les sessions de *self-help* se poursuivent par des temps consacrés à faire émerger la parole des participantes. Quelles sont les compétences pratiques mises en œuvre par les militantes pour ce faire ? Vers quelle forme cette prise de parole est-elle aiguillée ? Qu'est-ce qui peut être dit et qu'est-ce qui ne doit pas l'être ? La prise de parole est encadrée tant par des règles explicites que par des normes implicites.

Des règles pour interagir

Afin d'instaurer un climat de confiance et de bienveillance au sein des ateliers de *self-help*, les sessions sont aussi encadrées par des « règles micro-interactionnelles », selon les termes de Francesca Polletta[18]. Ces règles, qui sont formellement explicitées en début de session et parfois rappelées au cours de l'atelier, établissent « un modèle de ce qu'il faut ressentir et comment le ressentir[19] ». L'apprentissage de certaines manières de se comporter les unes envers les autres fait ainsi l'objet d'un travail politique formalisé, comme dans ce texte de présentation :

> Les principes qui guident l'atelier sont la bienveillance, la confidentialité des échanges et le respect de la parole et des identités des participant·es[20].

L'édiction des règles d'interaction peut prendre jusqu'à une dizaine de minutes en début d'atelier. Les participantes aux sessions collectives de *self-help* sont ainsi d'emblée munies de lignes de conduite relationnelles. Formant ce que les militantes appellent « le cadre » des sessions de *self-help*, ces normes régissent les manières de parler, d'écouter, de sentir et de ressentir des participantes. Elles illustrent les attentes quant aux relations que sont censées entretenir les femmes entre elles : respect mutuel, non-jugement, écoute, confidentialité et bienveillance. Pour Laurine, qui participe à un collectif de *self-help*, il importe de considérer les autres avec « émerveillement et sympathie et bienveillance », ce qui nécessite de « faire attention qu'il [n']y ait pas des gens dans le groupe qui fassent des

---

18. Francesca Polletta, *Freedom is an Endless Meeting…*, *op. cit.*, p. 3.
19. Deborah B. Gould, *Moving Politics. Emotion and ACT UP's Fight against AIDS*, Chicago, The University of Chicago Press, 2009.
20. Texte de présentation d'un « atelier d'autogynéco révolutionnaire », 2019.

remarques pourries, [par exemple] qui fassent des commentaires sur le corps ». Certaines attitudes, comme le jugement et la déconsidération, sont donc explicitement proscrites.

La codification des interactions passe par un ensemble de techniques qui font l'objet d'un apprentissage et sont progressivement intégrées aux pratiques militantes. Marianne se remémore le premier atelier d'auto-observation auquel elle a participé, qui était organisé par Maxime, et raconte celui qu'elle a elle-même mis en place quelques semaines plus tard :

> J'avais bien posé le contexte, j'ai bien re-répété, Maxime avait donné de bonnes bases sur le respect de la parole : « si tu n'as pas envie de parler tu ne parles pas, tu n'es pas jugée pour ça ». Là [dans l'atelier organisé par Marianne] vu que tout le monde se connaissait c'était : « si tu as envie de parler d'une histoire qui t'est arrivée, tu peux peut-être éviter de citer avec qui ça t'est arrivé, et la copine n'a pas à chercher avec qui, n'a pas à demander plus, même en dehors de l'atelier, ce qui se passe dans l'atelier reste dans l'atelier ». Le fait qu'on parle au temps-T et qu'on n'est pas là pour argumenter mais on peut changer d'avis, et que le lendemain ou quelques minutes plus tard, avoir une autre opinion.

Marianne s'approprie les savoirs et savoir-faire militants de Maxime en proposant un ensemble de « scripts comportementaux[21] » à l'image de ceux que cette dernière avait proposés. Elle les retravaille également : prenant acte du fait que les participantes à l'atelier qu'elle anime sont déjà amies, elle insiste sur le principe de confidentialité des échanges. Les techniques pour régir les interactions, si elles ne font pas l'objet d'une formation formalisée, sont cohérentes d'un atelier à l'autre. C'est que les « bases pour le respect de la parole » apparaissent comme évidentes et universelles aux militantes, ce qui les rend aisément reproductibles dans l'entre-soi social qui est cultivé au sein de ces groupes.

Les participantes sont appelées à prendre en charge une part de ce travail émotionnel et relationnel. Juliette, qui anime des ateliers avec sa compagne, raconte par exemple qu'après un atelier d'auto-observation durant lequel une participante a pleuré « tout du long » elles ont modifié l'édiction des règles interactionnelles et émotionnelles :

21. Michelle Murphy, *Seizing the Means of Reproduction...*, *op. cit.*, p. 68.

> À partir de là aussi on a un peu changé notre intro à l'atelier, elle est assez longue, on explique beaucoup de choses, et on a rajouté le fait que c'est possible de pleurer [...], [on a expliqué] un peu tout ce qui est permis et tout ce qu'on a le droit de faire. Et, à partir de là, on raconte maintenant dans l'introduction que la bienveillance est partagée. Parce qu'à partir de là, pour moi, c'était trop lourd de porter, de me sentir responsable de ce que cet atelier pourrait provoquer sur une dizaine de participantes. C'est juste super lourd, s'il y a des femmes qui ont vécu des viols, ou des violences obstétricales ou gynécologiques, et que ça remonte à ce moment-là, moi je ne suis pas outillée pour faire face à ça, et même si on est deux ça ne suffit pas, et du coup, dès le début, on pose ça, ce truc de bienveillance partagée, en assumant directement que c'est trop dur pour nous deux.

En appelant à la « bienveillance partagée », Juliette et sa compagne délèguent aux participantes un ensemble de tâches du travail émotionnel qu'elles entreprennent. Ces tâches sont présentées comme autant de moyens de brouiller les frontières entre animatrices et participantes, entre militantes confirmées et novices. Les militantes perçoivent la valorisation de « relations affectives positives[22] » entre les femmes, principe cardinal des mobilisations féministes de santé depuis les années 1970[23], comme un moyen de ne pas reproduire des logiques de domination au sein des espaces du *self-help*. Néanmoins, la prescription dont ces tâches font l'objet prend la forme d'une injonction hiérarchique qui vient paradoxalement réaffirmer ces frontières : ce sont les deux animatrices qui détiennent la définition légitime de ce qu'est la « bienveillance partagée ». Elles peuvent alors évaluer et éventuellement sanctionner les comportements des participantes à l'aune de cette définition.

Les participantes sont appelées à suivre un ensemble de normes plus ou moins explicites qui ont toutes pour finalité de cadrer les relations entre les femmes et les émotions censées en découler. Les militantes établissent des « protocoles pour utiliser le langage et pour interagir, ainsi que pour ressentir [...] et établir des liens[24] » qui valorisent unanimement la bienveillance et la confiance dont elles déplorent l'absence dans la relation médicale. L'attention revendiquée au respect du choix des femmes en matière de prise

---

22. *Ibid.*, p. 73 ; Lucile Ruault, « Le spéculum, la canule et le miroir... », *op. cit.*, p. 609.
23. Lucile Ruault, « Emotions and Embodiment as Feminist Practice in the Free Abortion Movement in France (1972-1984) », art. cité.
24. Michelle Murphy, *Seizing the Means of Reproduction...*, *op. cit.*, p. 82.

de parole contraste cependant avec l'ensemble des techniques déployées pour faire émerger la parole des participantes.

Inciter à parler de soi et de son corps

Les sessions de *self-help* se poursuivent par des temps consacrés au dévoilement de soi. Les séances collectives de *self-help* constituent ainsi l'une des modalités contemporaines des « espaces du dicible féministe » identifiés par Marion Charpenel, qui visent à « inciter les femmes à la prise de parole, valoriser leur point de vue subjectif comme source de savoir et encourager l'expression de discours sur un soi intime pour générer des solidarités[25] ». L'incitation à parler de soi vise à rendre possible le passage du « je » au « nous » et entend participer à la formation d'une identité collective par la politisation des vécus privés[26]. La mutualisation d'expériences vécues et situées dans les sessions de *self-help* est en effet conçue comme un outil pour « prendre conscience du caractère systémique[27] » de l'oppression des femmes. Quelles sont les différentes techniques déployées par les animatrices pour susciter la parole des participantes et les inciter à extérioriser leur intériorité ? Répondre à cette question permet de mettre en lumière la spécificité et l'ampleur du travail militant de régulation de la parole effectué pour « conscientiser » les participantes au féminisme.

Les sessions collectives de *self-help* sont rythmées par les « tours de parole ». Si leur nombre et leurs modalités peuvent varier d'un atelier à l'autre, ces tours révèlent l'impératif expressif qui traverse les séances, comme le montre ce compte rendu ethnographique d'un « atelier *self-help* » :

> Une fois que nous sommes toutes assises en cercle pour commencer l'atelier, Florence, l'animatrice de l'atelier, prend dans ses mains un caillou qu'elle avait disposé près d'elle. Soulignant qu'il a la forme d'un cœur, elle affirme qu'il est parfait pour en faire un « bâton de parole ». Elle nous propose de faire un tour de présentation, nous invitant à décliner nos prénoms, et « dans quel état d'esprit » nous nous trouvons. Gardant le caillou dans ses mains, elle nous dit avoir eu une journée « bizarre » : alors qu'elle était pleine d'énergie après

---

25. Marion Charpenel, « Les groupes de parole ou la triple concrétisation de l'utopie féministe », art. cité, p. 19.
26. Catherine Achin et Delphine Naudier, « Les féminismes en pratiques » dans Dominique Damamme *et al.* (eds), *Mai-juin 68*, Paris, Éditions de l'Atelier, 2008, p. 383-399 ; C. Achin et D. Naudier, « L'agency en contexte », art. cité.
27. Source : https://lesfluxdeclu.tumblr.com/.

> avoir participé à un « cercle de femmes avec tambour », elle s'est « disputée avec [son] mari », ce qui l'a « vidée de toute cette bonne énergie ». Elle conclut en affirmant être contente d'être là, puis passe le caillou à sa droite. Les participantes déclinent tour à tour leur prénom, leur fatigue et leur joie d'être présentes jusqu'à ce que le caillou retourne à Florence. Cette dernière demande si nous voulons aborder des sujets en particulier pendant l'atelier, et insiste : « il faut vraiment que vous participiez ». Elle dépose le « bâton de parole » au centre du cercle et attend. Au bout de quelques secondes, une des participantes prend le caillou et commence à énumérer les raisons pour lesquelles elle est venue, ainsi que les thèmes qu'elle souhaiterait aborder. Puis elle repose le caillou au centre du cercle. Lorsque Martha prend ensuite la parole en laissant le caillou là où il se trouve, Florence lui demande de prendre le caillou entre ses mains.
>
> « Atelier *self-help* », 2017.

Dans cet atelier, les participantes sont invitées à « se raconter », et ce dévoilement doit avant tout être émotionnel. Comme dans de nombreux autres ateliers que j'ai observés, le premier tour de parole est l'occasion d'inviter les participantes à décliner leur « état d'esprit », parfois appelé « météo ». La première technique utilisée pour les encourager à parler d'elles consiste à montrer l'exemple. Florence démarre le tour de parole en offrant un récit de son propre état émotionnel, ce qui lui permet de mettre en scène le rapport réflexif qu'elle entretient à ses émotions et qu'elle attend des participantes. En évoquant sa vie privée, elle incite ces dernières à prendre la parole à la première personne tout en rompant avec les normes professionnelles qui encadrent la relation de service, y compris au sein des associations féministes[28]. C'est pourtant en tant qu'employée d'une association féministe d'éducation sur les questions de genre et de sexualité que Florence anime cet atelier. Par l'allusion à sa vie intime, elle entend se présenter comme une participante comme les autres et rompre avec une position d'experte qui viendrait réaffirmer l'existence de rapports de domination au sein de l'atelier. Pour autant, en rappelant Martha à l'ordre lorsque celle-ci ne se saisit pas du caillou en même temps qu'elle prend la parole, elle réaffirme la différence de statut qu'elle tentait d'atténuer. Le caillou, érigé en « bâton de parole », constitue

28. Pauline Delage, « Produire de la compassion. L'accompagnement des victimes de violences conjugales en France et aux États-Unis », *Revue internationale de politique comparée*, 2018, 25 (3), p. 51-70.

une deuxième technique utilisée pour susciter et, dans un même temps, réguler, la prise de parole des participantes. La présence d'un tel objet n'est pas systématique : je n'ai pas observé d'autres ateliers où il a été utilisé. Mais le caillou vient dans ce cas incarner deux injonctions présentes dans tous les ateliers. La première est celle de la prise de parole et de l'introspection : le caillou chosifie la norme qui consiste à se raconter. La seconde injonction est celle d'une prise de parole contrôlée : seule une personne à la fois peut s'exprimer et cette prise de parole ne doit pas être interrompue. Un tel dispositif contraint à des échanges « bienveillants » entre participantes. Le caillou contribue à rendre ces normes conversationnelles plus visibles, tout en les renforçant : il devient plus difficile de se défaire de la norme dès lors que sa transgression est rendue immédiatement visible par l'objet.

L'enquête a identifié tant la diversité que la cohérence des techniques militantes qui contribuent tout à la fois à susciter, orienter et réguler la parole des participantes. La scène suivante, issue d'un atelier portant sur l'anatomie du sexe féminin, dévoile le travail conversationnel effectué par les animatrices d'ateliers :

> L'animatrice, Charlotte, regarde l'heure à plusieurs reprises. Alors qu'il reste du temps et que la conversation s'essouffle, elle demande : « et pour la masturbation, vous, vous faites comment ? »
>
> Atelier « Mate ta chatte », 2016.

Contre toute perspective qui associerait la conversation à une activité ordinaire et spontanée, ce court extrait révèle combien l'entretien de la conversation constitue un travail à part entière[29]. Cette tâche fait partie du travail militant relationnel : elle vise à entretenir les liens et les échanges entre les participantes aux sessions de *self-help*. Comme le montre la question posée par Charlotte, ce travail conversationnel oriente aussi la forme de la discussion : encore une fois, les participantes sont invitées à parler en « je ». Cependant, au-delà de la norme de la prise de parole à la première personne, cet extrait met aussi en lumière une norme de contenu : il s'agit de parler de soi, mais aussi et surtout de parler de son corps et de sa sexualité, c'est-à-dire de sujets qui relèvent traditionnellement de la sphère de l'intime. De même, les participantes

29. Corinne Monnet, « La répartition des tâches entre les femmes et les hommes dans le travail de la conversation », *Nouvelles Questions Féministes*, 1998, 19, p. 9-34.

sont fréquemment invitées à raconter ce qu'elles ont ressenti la première fois qu'elles ont vu leur sexe. Les attentes vis-à-vis du dévoilement intime du rapport au corps sont ainsi très fortes.

La force d'une norme se mesure à la réprobation qu'elle suscite lorsqu'elle est transgressée. Lors d'une séance d'un groupe de parole sur la santé qui se réunit régulièrement, un temps de « discussion autour des menstruations » d'une heure et demie est programmé. Il avait été convenu lors de la séance précédente que ce temps soit animé par Isolde, qui s'était portée volontaire. Celle-ci présente pendant plus d'une heure un ouvrage écrit par une « éducatrice spirituelle » qui aborde le thème des menstruations. Quand, une fois sa présentation terminée, elle propose d'ouvrir la discussion aux membres du groupe, plusieurs personnes proposent de passer directement à l'organisation collective de la prochaine séance : l'heure a tourné. L'une des fondatrices et membres les plus actives du groupe, parente d'une figure locale du *self-help* féministe des années 1970, rappelle alors les règles informelles qui encadrent les moments consacrés à la discussion. Il ne s'agit pas de faire des présentations théoriques qu'elle ne trouve personnellement « pas très intéressantes » mais d'ouvrir des moments d'échange collectif à partir des expériences de chacune. Son intervention dessine les contours de l'impératif expressif qui encadre les sessions de *self-help* : les propos légitimes sont ceux qui mobilisent les expériences subjectives et corporelles et qui s'appuient sur des éléments biographiques des participantes. La déviance vis-à-vis de ces normes fait l'objet d'un rappel à l'ordre qui engendre un ordre militant hiérarchisé : ici, c'est bien celle qui est la plus dotée symboliquement et en compétences militantes qui dessine les frontières de ce qui peut être dit dans l'atelier et de la manière dont cela doit être dit.

Le travail d'encadrement de la parole se prolonge aussi par la régulation du temps de parole. S'il s'agit de parler de soi, il convient aussi de ne pas trop parler. Lorsque Léa décrit le cadre de l'atelier d'auto-observation qu'elle anime, elle demande aux participantes de respecter les principes de bienveillance et de confidentialité et de « faire attention à la répartition de la parole ». Lors des cinq tours de parole qui ont rythmé la séance, Isaure, l'une des participantes, a tendance à garder la parole plus longtemps que les autres. Au cours du « tour de bilan » qui conclut la séance, elle prend la parole à plusieurs reprises et pendant un temps plus long que les autres, ne respectant pas la règle informelle qui veut que chaque participante fasse l'une après l'autre un retour sur sa propre expérience de l'atelier. Durant ses interventions, Amelia, une sage-femme qui coanime l'atelier avec Léa, baisse la tête et se met à dessiner sur une feuille. Lorsque Isaure conclut ses propos en disant : « je ne sais pas ce que vous en pensez... », Léa répond du tac au tac : « si, si carrément » avant de détourner le sujet de la conversation pour raconter une anecdote qui lui est arrivée. La déviance par rapport à la norme fait l'objet d'une désapprobation qui s'incarne dans les postures et les propos des militantes. En détournant le regard et en recommençant à dessiner d'une part, et en changeant le sujet de la conversation d'autre part, Amelia et Léa dévalorisent les propos d'Isaure. La parole de cette dernière est jugée moins importante que le respect des normes qui encadrent le fonctionnement du groupe. La transgression d'une répartition égalitaire de la prise de parole entraîne chez Léa et Amelia une tension entre un *ethos* militant qui en appelle constamment à la bienveillance, à l'écoute et à l'absence de jugement, et la force des normes d'interaction qu'elles édictent. Or, le moyen d'y faire face consiste à suivre la norme plutôt que l'*ethos* : la transgression suscite une réprobation et engendre un rappel à l'ordre, aussi indirect soit-il.

La bienveillance apparaît ainsi comme une attitude morale promue par les militantes situées en haut des hiérarchies structurant les mobilisations de *self-help* : celles qui animent les ateliers possèdent un fort capital culturel, ainsi que diverses ressources liées à leur statut de militantes aguerries ou de professionnelles de santé. En encourageant la bienveillance, dont elles imposent la définition légitime au sein des ateliers, elles entendent afficher leurs orientations féministes. Cela n'est pas sans rappeler certaines des conclusions de l'étude de Sylvie Tissot à propos de la *gayfriendliness* à Paris et à New York, dans laquelle elle analyse l'univers moral des classes supérieures progressistes[30]. Sylvie Tissot montre en particulier comment ces dernières prônent la tolérance et la proximité avec les catégories dominées de la population, et leur prescrivent ce faisant des normes de comportement auxquelles elles sont censées se conformer. De manière similaire, la valorisation de la bienveillance apparaît comme une norme permettant de souligner la supériorité morale des animatrices tout en autorisant

---

30. Sylvie Tissot, *Gayfriendly. Acceptation et contrôle de l'homosexualité à Paris et à New York*, Paris, Raisons d'agir, 2018.

des formes plus euphémisées de contrôle des participantes. L'injonction à parler de soi sert aussi l'objectif de réaffirmer l'importance de la subjectivité et de l'expérience vécue dans la construction des savoirs sur le corps et la santé. Il est attendu des participantes qu'elles prennent part à cette production de savoirs hétérodoxes.

Connaître par expérience : un travail militant cognitif

Les militantes du *self-help*, s'inspirant des épistémologies féministes du point de vue situé[31], développent une conception expérientielle du savoir fondée sur la valorisation des connaissances issues de l'expérience personnelle. Les organisatrices d'ateliers mobilisent un ensemble de techniques pour produire « un autre savoir des corps[32] » et former les participantes à ce rapport à la connaissance. L'analyse de l'organisation sociale de la transmission des savoirs, d'une part, et des contenus promus, d'autre part, met au jour la dimension cognitive de ce travail militant. Celui-ci est entrepris pour conduire les participantes à politiser leurs expériences corporelles et contribue à cadrer des savoirs hétérodoxes sur les corps et la santé. Il doit faire advenir une « conscience » féministe et faire naître des militantes incarnant les savoirs dispensés.

Préfigurer une autre organisation sociale des savoirs

Dans les ateliers de *self-help*, les militantes, imprégnées des principes de l'éducation populaire, prônent la libre transmission et circulation des savoirs. Elles déploient ainsi un ensemble de pratiques qui guident l'organisation des séances et entendent contester la monopolisation des connaissances par les experts.

Promouvoir le libre accès aux savoirs implique d'abord de s'interroger sur leur valeur monétaire. Les militantes entendent s'inscrire à l'encontre de la logique de marchandisation des savoirs en proposant des séances gratuites ou à prix libre, ou en demandant une faible contribution permettant de rembourser l'achat de matériel et/ou l'éventuelle location de la salle. Pour les militantes,

---

31. Ces épistémologies ont contesté le savoir légitime en plaçant les expériences des femmes au cœur du processus de production de connaissances. Pour une présentation, voir Sarah Bracke, María Puig de la Bellacasa et Isabelle Clair, « Le féminisme du positionnement. Héritages et perspectives contemporaines », *Cahiers du Genre*, 54 (1), 2013, p. 45-66.
32. Jean-Paul Gaudillière, « Intellectuels engagés et experts : biologistes et médecins dans la bataille de l'avortement », *Natures Sciences Sociétés*, 14 (3), 2006, p. 246.

la gratuité ou le prix libre permettent à la fois d'inclure les participantes et d'extraire ces savoirs des lieux de la pratique médicale :

> Tout ça c'est gratuit, et c'est important pour nous que ça le reste, parce qu'on veut que ce soit possible pour le maximum de personnes [...] et aussi parce que ça nous permet d'appuyer le fait qu'on n'est pas dans une démarche professionnalisante ou experte[33].

Ces modalités d'organisation s'accompagnent de la mise à disposition d'ouvrages et de brochures qui mêlent récits sur l'accaparement des savoirs sur la reproduction lors du processus de professionnalisation de la médecine, présentation de plantes médicinales ou de « recettes » visant à soigner des pathologies gynécologiques, références bibliographiques et récits de soi partagés en collectif. Dans plus de la moitié des sessions auxquelles j'ai pu assister, les militantes avaient préparé une table où étaient disposées des brochures ou ont fait passer des manuels féministes consacrés à la santé des femmes. Les participantes pouvaient les feuilleter et emporter les productions qui les intéressaient, souvent moyennant un prix « libre » permettant de rembourser le prix des copies. Parfois, des photocopies de ces ouvrages étaient distribuées, pour que les participantes puissent les consulter de nouveau après l'atelier :

> L'animatrice nous fait passer des photocopies avec des planches anatomiques issues de l'ouvrage *Connais toi toi-même*[34]. Elle précise d'emblée : « Je n'ai pas respecté les droits d'auteur, et en plus j'ai fait les photocopies à l'université. Elle ajoute : « On s'en fout, la société doit être libre, le savoir doit être libre ».
>
> « Atelier d'auto-observation gynécologique », décembre 2019.

Les canaux de transmission des connaissances sont repensés. La libre circulation des supports dans les sessions de *self-help* permet aux militantes de réaffirmer leur conception politique des savoirs.

Une autre norme imprègne le processus de transmission des savoirs dans les espaces du *self-help* : celle de l'absence de hiérarchie entre animatrices et participantes. Les animatrices profanes

---

33. Cluny Braun, « Présidente de ma chatte ! », *Demande-t-on aux carottes*, podcast, juin 2019.
34. Clarence Edgard-Rosa, *Connais-toi toi-même. Guide d'auto-exploration du sexe féminin*, *op. cit.*

des séances ponctuelles de *self-help* mettent en avant leur statut de participantes ordinaires et entendent ne pas être perçues comme expertes. Sur la question des savoirs, une telle posture est constamment réaffirmée, comme en témoigne l'attitude de Carolina qui, en début d'atelier, nous assure qu'elle n'a suivi « aucune formation en santé » et qu'elle a « seulement fait partie de groupes de femmes ». En valorisant ses savoirs issus de l'expérience, et notamment ses expériences militantes, elle met en retrait son expertise et brouille les frontières entre spécialistes et profanes. L'organisation sociale des savoirs promue dans les ateliers de *self-help* entend ainsi décloisonner les frontières établies entre savoirs profanes et savoirs experts, savoirs expérientiels et savoirs spécialisés, et réaffirmer l'horizontalité des modes d'apprentissage et de transmission. Les contenus sont également repensés.

Réagencer les contenus : l'exemple des savoirs anatomiques

Pour légitimer les savoirs alternatifs aux savoirs institués sur l'anatomie, les militantes du *self-help* promeuvent les savoirs issus de la critique féministe de l'anatomie opérée par les militantes du mouvement états-unien de santé des femmes des années 1970. Soucieuses de redéfinir la sexualité féminine, ces dernières ont en particulier contribué à établir l'anatomie du clitoris[35]. Constatant que très peu de données étaient disponibles sur cet organe dans les manuels d'anatomie, les féministes du *Women's Health Movement* se sont employées à construire elles-mêmes ces connaissances, notamment par l'expérimentation pratique et l'observation de leur propre corps. Elles ont ainsi contribué à produire des savoirs sur la structure anatomique du clitoris et sur son rôle dans le plaisir féminin. Elles en ont également fourni des représentations, en particulier dans l'ouvrage *A New View of a Woman's Body*[36], qui « renouvelle [à l'époque] les connaissances et les manières d'appréhender et de représenter l'organe[37] ». C'est souvent dans cet ouvrage que les militantes contemporaines du *self-help* puisent les représentations des organes génitaux qu'elles distribuent lors des ateliers. Elles insistent dans le même temps sur l'absence persistante du clitoris dans les livres de médecine et les

---

35. Kathy Davis, *The Making of* Our Bodies, Ourselves..., *op. cit.* ; Tuana, « The Speculum of Ignorance. The Women's Health Movement and Epistemologies of Ignorance », art. cité.
36. Federation of Feminist Women's Health Center, *A New View of a Woman's Body. A Fully Illustrated Guide*, *op. cit.*
37. Delphine Gardey, *Politique du clitoris*, *op. cit.*, p. 63.

encyclopédies sur le corps. Ce faisant, elles entendent sensibiliser les participantes à une critique des savoirs institués sur les corps et l'anatomie.

Pour autant, les militantes n'opèrent pas un rejet frontal des savoirs académiques, d'autant plus que ces derniers ont évolué sous l'influence de la critique opérée par le *Women's Health Movement*. Les recherches scientifiques se sont en effet inspirées du travail effectué par les féministes des années 1970. L'urologue Helen O'Connell a ainsi affilié ses recherches du début des années 2000 portant sur l'anatomie du clitoris au travail produit par les militantes du *Women's Health Movement*[38] tout en le réimportant « dans la tradition anatomique[39] ». Les militantes du *self-help* contemporain ont plutôt l'ambition de réagencer les contenus des savoirs experts sur l'anatomie et le clitoris. L'hybridation entre savoirs experts et savoirs profanes à laquelle elles entendent faire concourir les participantes s'appuie sur la promotion de l'« expérience » et de la subjectivité en principes épistémiques et se décline dans plusieurs pratiques.

Les militantes diffusent des représentations des organes génitaux féminins différentes de celles des manuels. Elles utilisent également d'autres supports que les planches, souhaitant mettre en valeur un rapport au savoir plus incarné que celui promu dans la tradition académique. Elles font ainsi passer de main en main des représentations en trois dimensions des organes, à l'instar d'impressions 3D du clitoris à taille réelle[40], ou d'une « chatte en mousse » cousue dans différents tissus. Lorsque la créatrice de cet objet le fait circuler dans le cercle formé par les participantes d'une session qu'elle anime, elle met notamment l'accent sur la similarité de la taille du clitoris et de celle de l'utérus. Elle insiste ainsi sur le contraste entre les représentations anatomiques traditionnelles, qui ont tendance à figurer l'utérus comme étant deux à trois fois plus grand que le clitoris, et la taille réelle moyenne des deux organes. Le choix des tissus n'est pas anodin : l'endomètre est réalisé avec de « la moumoute rose », le vagin est taillé dans un tissu souple et « en accordéon » et peut être resserré facilement par deux

---

38. Alessandra Cencin, « Les différentes versions de la "découverte" du clitoris par Helen O'Connell (1998-2005)... », art. cité.
39. Delphine Gardey, *Politique du clitoris*, *op. cit.*, p. 123.
40. Elles utilisent pour cela le fichier qui a été diffusé en *open source* par Odile Fillod, militante féministe critique des sciences.

cordelettes. Ce tissu est supposé refléter le caractère rétractable de l'organe et contester la représentation qui en est faite dans les manuels traditionnels d'anatomie – à savoir un « trou béant » –, une représentation qualifiée d'« hétérocentrée » puisqu'elle promeut la vision d'un organe « toujours pénétrable ». L'animatrice invite les participantes à palper ces différentes matières et à exprimer les sensations qu'elles ressentent, promouvant un rapport critique et incarné aux savoirs institués sur l'anatomie. Des ateliers de fabrication de clitoris 3D en pâte polymère sont parfois organisés : les participantes doivent y confectionner un clitoris à l'image de la manière dont elles se représentent le leur.

Lors de ces différentes activités, la subjectivité des participantes est centrale dans le processus de production de savoirs sur le corps. Gabrielle, la créatrice de la chatte en mousse, considère l'anatomie comme un corpus de savoirs qu'il s'agit de modifier à l'aune des expériences et des subjectivités des femmes :

> [L'anatomie] c'est aussi une discipline qui est hyper patriarcale et qu'il faut absolument que nous les féministes on se la réapproprie. Et qu'on propose d'autres manières de représenter [le sexe], qu'on réfléchisse à comment nous on se perçoit et on le transmet.

Selon Agnès, une médecin qui anime de nombreux ateliers d'auto-observation gynécologique, la subjectivité est le socle de la connaissance :

> Donc [l'anatomie] c'est un savoir parcellaire qui fait comme si c'était la vérité alors qu'en fait moi je n'y crois pas trop à cette vérité scientifique. Je pense qu'elle est très utile dans plein de domaines à certains moments mais qu'elle ne fait pas autorité en tout cas. C'est pas un dogme. Et surtout que chaque femme peut se raconter ce qu'elle veut sur sa chatte, pourquoi elle est repliée dans ce sens ou dans ce sens-là. Moi j'ai l'impression que ça c'est possible dans un espace d'auto-observation collectif.

Au-delà de la forme des supports, la promotion de l'incarnation des savoirs passe par d'autres techniques que j'ai pu observer lors d'un atelier de *self-help* :

> Marianne propose de nous présenter « ce qu'on verra » lorsque nous procéderons à l'auto-observation. Elle distribue pour cela aux participantes des schémas de vulves et de clitoris issus de manuels

> d'anatomie. Elle détaille les composantes de chaque schéma, et tend à les comparer à ce dont elle se souvient de sa propre vulve ou de celles qu'elle a eu l'occasion de voir durant les ateliers qu'elle a animés précédemment.
>
> « Atelier de *self-help* », 2018.

En comparant les schémas issus de manuels d'anatomie avec ce qu'elle connaît par expérience de son propre corps, Marianne incite les participantes à amender les savoirs anatomiques spécialisés à partir de leur biographie corporelle propre. Pour autant, une telle démarche suppose que les participantes croient en la légitimité des savoirs institués.

Les participantes sont invitées à renommer les organes féminins afin de contester l'un des usages de la science anatomique : celui de les baptiser du nom des médecins qui les auraient « découverts ». Lors d'un atelier auquel j'ai participé, l'animatrice a ainsi remis en question la « découverte » du clitoris, affirmant que « les femmes connaissaient sans doute déjà son existence ». Ce faisant, elle espère souligner l'asymétrie épistémique qui constitue les hommes en sujets connaissant et les femmes en objets de connaissance, et qui contribue à nier l'expérience corporelle des femmes. Dans l'extrait d'un podcast féministe sur un groupe de *self-help*, la décision de renommer les lèvres est présentée comme un geste d'émancipation par rapport aux critères sociaux de beauté qui dictent le rapport des femmes à leur sexe :

> Un des acquis de toutes nos discussions autour de l'anatomie dans les ateliers d'auto-examen et tout ça c'est qu'en fait on a décidé qu'on ne dirait plus « petites lèvres » et « grandes lèvres » et qu'on dirait peut-être plutôt « lèvres intérieures » et « lèvres extérieures » parce qu'en fait, chez une grande majorité de femmes, les petites lèvres sont beaucoup plus grandes que les grandes lèvres [rires]. Elles peuvent être même très très grandes, et en fait le fait de parler de petites lèvres ça fait que les femmes pensent que les petites lèvres doivent être petites et que du coup les grandes petites lèvres c'est moche et ça conduit à beaucoup d'interventions chirurgicales, notamment sur les petites lèvres pour correspondre à des normes de beauté qui correspondent beaucoup à l'industrie pornographique. [...] Donc vive les grandes lèvres intérieures [rires][41]

---

41. « Prendre corps, émission anniversaire ! », *Ta voisine est féministe*, podcast, avril 2017.

En attribuant d'autres noms aux organes féminins, les militantes entendent transformer les expériences subjectives que les femmes ont de leur corps. Par un ensemble de pratiques, elles incitent les participantes à incarner un rapport critique aux savoirs institués à partir de leurs subjectivités et de leurs expériences propres, autant de dispositions attendues qui sont socialement situées. Ce travail militant cognitif, qui enjoint les participantes à adopter le principe d'autonomie corporelle, doit faire advenir des féministes qui incarnent ce rapport réflexif à soi, à son corps et aux savoirs sur le corps. Toutes ces techniques visent à préparer les participantes à l'auto-observation, pratique centrale du répertoire d'action contemporain du *self-help* qui mènerait à la « prise de conscience » féministe.

Pendant l'auto-observation : apprendre à « faire corps »

Dans la seconde partie des ateliers de *self-help*, les militantes proposent de « passer à l'action ». Comment les participantes y sont-elles amenées ? Que se joue-t-il lorsque l'auto-observation gynécologique est exécutée conformément aux attentes ? De nombreuses injonctions entourent la réalisation de cet acte et dessinent les contours des manières légitimes d'incarner un corps féministe. Une fois que l'idéal de l'accomplissement collectif de l'acte est atteint, le « travail d'incarnation[42] » du groupe est pris en charge par l'ensemble des participantes à travers la mise en scène collective du « nous » féministe promu.

Préparer à l'auto-observation

Les ateliers se poursuivent avec la pratique de l'auto-observation. Les militantes doivent tout d'abord préparer les participantes à procéder à l'acte et à produire l'assentiment à ce geste. Pour ce faire, elles affirment, de façon ritualisée, qu'elles respecteront la décision prise par chacune et elles rappellent que l'auto-observation comporte une dimension émotionnelle particulière. Les différentes attentes normatives envers les participantes et leurs émotions entrent toutefois en contradiction avec le fait d'avoir élevé le « choix » au rang de principe permettant d'assurer la bienveillance dans l'atelier.

---

42. Julien Talpin, « La représentation comme performance. Le travail d'incarnation des classes populaires au sein de deux organisations communautaires à Los Angeles, USA », *Revue française de science politique*, 66 (1), 2016, p. 91-115.

Laisser le choix de l'auto-observation et de ses modalités ?

> On aura à cœur de respecter les limites de chacun·e. La participation peut être modulée ou suspendue à tout moment. L'auto-observation en groupe n'implique pas forcément que son sexe soit vu par les autres. Il sera possible de s'installer derrière un paravent[43].

Les militantes affirment que les participantes sont libres de réaliser ou non l'auto-observation et qu'elles peuvent en choisir les modalités. Elles tentent ainsi de prendre en compte, en cohérence avec l'attitude bienveillante qu'elles promeuvent, la variété des rapports que les femmes entretiennent à leur corps. Selon l'historienne Michelle Murphy, cette ligne de conduite est l'un des principes épistémiques des groupes de santé féministes des années 1970 aux États-Unis[44]. Une telle attention à la « prise en compte des subjectivités » a également été identifiée par Lucile Ruault à propos du militantisme des MLAC ayant continué à pratiquer des avortements en groupe après le passage de la loi Veil[45]. En réactualisant ce principe, les militantes souhaitent sensibiliser les participantes à un féminisme qui mette en exergue le « choix » des femmes et qui prenne au sérieux les différences dans les manières d'incarner les corps. Il peut être répété à plusieurs reprises au cours des ateliers, comme le raconte Maxime, qui anime régulièrement des sessions d'auto-soin gynécologique :

> Avant l'auto-observation, je reprends aussi un temps pour reposer le truc du consentement, de vraiment pouvoir vérifier à chaque fois comment je me sens, est-ce que je me sens à l'aise avec mon intimité, est-ce qu'en fait j'aimerais être plus couverte ou moins couverte, plus proche [des autres], moins proche, tout ça.

La place centrale accordée au choix et au consentement fait écho à la récente problématisation féministe de leur absence dans les cabinets médicaux[46] liée au mouvement de dénonciation des « violences gynécologiques » ayant émergé à partir de 2015. Les militantes déploient un ensemble de pratiques pour respecter le rapport à la pudeur propre à chacune. Dans plus de la moitié des ateliers

---

43. Texte de présentation d'un « atelier d'anatomie sexuelle et d'auto-gynéco », 2018.
44. Michelle Murphy, *Seizing the Means of Reproduction...*, *op. cit.*
45. Lucile Ruault, « Le spéculum, la canule et le miroir... », *op. cit.*, p. 599.
46. Lucile Quéré, « Luttes féministes autour du consentement... », art. cité.

auxquels j'ai participé, elles avaient aménagé des espaces – chambres annexes, alcôves, paravents – ou distribué des jupes longues pour permettre aux participantes de dissimuler tout ou partie de leur corps. Elles ont aussi parfois insisté sur la malléabilité et la souplesse des règles qui régissent la circulation des corps au sein des ateliers. Marianne rappelle l'importance qu'elle donne à la possibilité de changer d'avis et à la « liberté de mouvement » au sein des sessions qu'elle organise :

> J'insiste bien sur le fait qu'on peut commencer d'une manière et finir d'une autre. On peut commencer en étant chacun derrière un paravent et finalement se montrer avec quelqu'un d'autre. On peut commencer en allant dans une autre pièce si on a envie et au bout d'un moment revenir parce que finalement on veut partager, on peut commencer et arrêter de suite parce que ça nous convient pas, soit prendre un bouquin ou soit aller faire un tour et revenir, enfin tu vois on insiste vraiment sur cette liberté de mouvement.

En déclarant prendre en considération la diversité et la variabilité des rapports subjectifs au corps, Marianne s'oppose à la rigidité des protocoles médicaux.

Pour autant, cette « liberté » est loin d'être totale : la prise en compte du particulier entre parfois en contradiction avec l'image idéalisée de ce que doit être l'auto-observation. Des normes encadrent sa réalisation, comme lors de cet atelier :

> L'animatrice, Florence, demande aux participantes de spécifier, lors du premier tour de parole, comment elles conçoivent l'auto-examen et si elles veulent le faire. Invoquant la survenue de mes règles, j'annonce ne pas souhaiter participer à l'auto-observation. Florence répond que les règles n'empêchent pas de pratiquer l'auto-examen et que cela permet même de voir le sang perler du col de l'utérus. Lorsque vient le moment de se déshabiller en vue de la pratique collective, je reste assise et me mets à feuilleter un des livres amenés par Florence, tout en relevant la tête de temps à autre. Des conversations et des échanges s'engagent entre celles qui participent à l'activité. Elles s'invitent ensuite les unes les autres à venir regarder leurs organes découverts par le spéculum. Me trouvant tenue à l'écart des partages collectifs, j'entreprends finalement de retirer mes habits, prends un miroir et commence à examiner ma vulve, me conformant finalement à la norme de la réalisation collective de l'acte. Au bout de quelques minutes, je me relève et remets ma culotte. À ce moment-là, Florence me demande : « et l'auto-examen, tu le fais ? », faisant référence à

> l'insertion du spéculum. Étant déjà en partie rhabillée, je répète que je ne me sens pas disposée à procéder à l'auto-examen. Florence répond : « c'est vraiment comme tu veux », et le répète à plusieurs reprises. Désemparée, je reste debout dans la même position quelques instants, et finis par dire que si les participantes souhaitent voir un col de l'utérus pendant les menstruations je peux procéder à un auto-examen. Florence répond : « oui, si tu veux, ce serait bien ». Florence répète à nouveau : « c'est comme tu le sens ». Au bout de quelques instants, je déclare avoir été contente de voir ma vulve mais ne pas souhaiter insérer un spéculum. Florence répond : « peut-être qu'un jour... ». Elle embraye sur un autre sujet, puis, au bout d'une ou deux phrases, se tourne de nouveau vers moi : « alors, qu'est-ce que tu décides ? »
>
> « Atelier de *self-help* », 2017.

Cette scène révèle les représentations normatives qui encadrent la pratique collective de l'auto-observation et la manière dont elles entrent en tension avec la valorisation de la bienveillance, du choix et de l'autonomie des femmes. Aux yeux de Florence, la pratique de l'auto-observation n'est pleinement réalisée que si elle se termine par un auto-examen, c'est-à-dire par l'examen du col de l'utérus à l'aide d'un spéculum. Dans cette séquence, caractérisée par la demande répétée qui m'est faite de réitérer mon refus de procéder à un auto-examen, l'insertion du spéculum prend peu à peu la forme d'une injonction. La position déviante que j'incarne dans l'atelier vient révéler les normes tacites qui encadrent ce que doit être un atelier de *self-help* : une session au cours de laquelle toutes les participantes réalisent ensemble le même geste.

Si les attentes à mon égard ont pu être plus fortes du fait de ma position d'enquêtrice, cette injonction à réaliser l'auto-examen n'est pas isolée. Malorie, qui a créé et participe depuis plusieurs années à un groupe de santé féministe, raconte « insister » pour que chaque séance commence par un auto-examen :

> Souvent j'insiste, même dans les réunions régulières avec les copines, qui des fois en ont un peu marre ou ne voient plus très bien à quoi ça sert de faire [l'auto-examen] à chaque fois, mais moi je trouve que ça vaut la peine.

Ces normes créent un écart entre une liberté de choix revendiquée et ce qui se passe concrètement au sein des ateliers :

L'atelier se déroule dans une chambre d'une douzaine de mètres carrés d'un appartement parisien et réunit six participantes. Dans le mail que les participantes reçoivent quelques jours avant la tenue de l'atelier, il est précisé : « L'intimité individuelle et la pudeur de chacun·e sera respectée par notre installation : paravent, tissu tendu, jupe ample, etc. ». Lorsque vient le moment de s'auto-observer, il y a la place pour installer un seul paravent et un seul autre espace à l'abri des regards derrière un canapé : nous sommes quatre participantes à ne pas pouvoir dissimuler notre corps au regard des autres si nous le souhaitons. Après avoir réalisé l'auto-observation sur le lit, je propose à une participante, qui se trouve par terre au centre de la pièce et n'a nulle part où appuyer son dos, de prendre ma place.

« Atelier de *self-help* », juillet 2018.

Les animatrices de sessions collectives de *self-help* font primer leur vision idéalisée de l'auto-observation sur le respect du « choix » des modalités de sa réalisation. Cela relève parfois de facteurs exogènes, comme le manque de place (un local nécessiterait un financement). Mais cet état de fait révèle aussi une norme centrale du *self-help* : celle du caractère collectif de l'auto-observation. On observe ainsi des tensions entre le principe de respect du choix des femmes, celui de respect de la diversité des rapports subjectifs au corps et les normes qui imprègnent les représentations de ce qu'est et de ce que doit être le *self-help*. Un impératif émotionnel est également décelable dans ces ateliers.

« Regarder sa chatte c'est pas regarder ses amygdales »

Avant de passer à l'auto-observation, les militantes mettent en avant la spécificité émotionnelle de l'acte. Les deux extraits ethnographiques suivants montrent combien les émotions sont attendues de la part des participantes lorsqu'elles réalisent l'auto-examen :

Carolina nous présente les différentes tailles de spéculum et nous en fait passer quelques exemplaires. Pendant ce temps, elle explique que l'auto-examen peut faire surgir différentes émotions, et nous conseille en conséquence de « prendre un temps au calme » lorsque nous rentrerons chez nous le soir même.

« Atelier d'auto-examen gynécologique », 2016.

Après un temps consacré à échanger par groupes de deux sur « ce qu'on ressent et ce qu'on attend de l'auto-examen », nous nous retrouvons toutes de nouveau dans la salle commune. Maxime nous explique qu'elle propose trois temps pour l'auto-examen : l'auto-observation

> de la vulve, puis celle du vagin, et éventuellement la prise en main du spéculum. Elle ajoute : « regarder sa chatte, c'est pas regarder ses amygdales », précisant que « la chatte » peut être le lieu de violences et de mutilations, et qu'elle est en ce sens une « partie émotionnelle et affective » de notre corps.
>
> « Rencontres *self-help* », 2017.

Affirmer que l'auto-examen peut faire surgir des émotions, c'est guider la manière dont l'expérience doit être vécue par les participantes. Le travail militant des animatrices d'ateliers est ainsi un travail émotionnel qui consiste à « évoquer et façonner un sentiment[47] », pour reprendre les termes de Arlie Hoschchild, mais aussi à l'invoquer. Ce travail passe en particulier par la construction d'une spécificité corporelle accordée aux organes sexuels des femmes, qui seraient nécessairement une « partie émotionnelle et affective ».

Lors de ce travail émotionnel, certaines réactions sont valorisées, quand d'autres sont désavouées. Les déclarations de deux animatrices d'un atelier de *self-help* auquel j'ai participé en témoignent. Pendant le tour de parole qui a suivi l'auto-observation, l'une des participantes, Line, affirme qu'elle a « trouvé ça rigolo mais pas transcendant ». Quelques minutes plus tard, c'est au tour de Sybille de prendre la parole. Les larmes lui montent aux yeux et sa voix tremble lorsqu'elle annonce que c'était la première fois qu'elle regardait sa vulve « pour autre chose que pour l'épiler ». À la fin du tour de parole, Maxime, l'une des animatrices, se dit « très touchée » par le témoignage de Sybille, et lui demande si elle est d'accord pour qu'elle utilise son récit dans les autres ateliers qu'elle anime. Les émotions exprimées par Sybille et leur intensité font ainsi l'objet d'une validation devant le groupe. Au contraire, l'absence d'émotion de Line est comprise comme un manque de réflexivité. Lors de notre entretien, Sophie, qui anime la session avec Maxime, revient sur la différence de vécus entre Line et Sybille :

> Le fait [que Sybille] soit aussi émue [...] pour moi ça fait entièrement partie... ça m'a rappelé beaucoup d'émotions que moi j'avais eues au départ dans ces premiers temps d'auto-observation. Elle a vraiment

47. Arlie Russell Hochschild, « Travail émotionnel, règles de sentiments et structure sociale », art. cité, p. 33.

> vécu ce moment quoi. Elle a vraiment vécu ce moment, et ça a été très fort. Et je voyais Line [...] elle s'est mise dans une posture un peu particulière en mode : « mais non mais moi rien de spécial ». Donc je me suis dit : « bon j'espère qu'il n'y aura pas [...] d'effet rebond imprévu ». Pour le coup, honnêtement, je ne crois pas une seconde que ça puisse être juste ça. Je ne dis pas que tout le monde doit se mettre à pleurer en regardant sa chatte, je dis juste que ça ne peut pas ne rien te faire du tout. C'est pas [possible].

La réaction de Line, qui n'affiche ni ne verbalise aucune émotion, est démentie par les animatrices, qui y voient le signe d'un mal-être risquant de se manifester plus tard sous la forme d'un « effet rebond imprévu ». Les émotions doivent ainsi transparaître, d'autant plus qu'elles permettent de valoriser le travail militant des animatrices. Elles en constituent en quelque sorte une rétribution. Leur expression pourra être utilisée dans le cadre d'autres ateliers, pour les prescrire aux autres participantes. Les animatrices perçoivent au contraire la distance émotionnelle comme une déviance et un risque pour les participantes.

Au-delà de l'impératif émotionnel, il s'agit de modeler l'intensité et la nature des émotions ressenties lors de l'auto-observation. Si certaines sont valorisées, d'autres sont au contraire écartées ou passées sous silence : dans tous les cas, elles font l'objet d'un travail de gestion et d'encadrement. Or, ce « travail de suppression [qui] est sans doute le plus central en même temps que le plus difficile à mener[48] » est souvent oublié dans l'analyse. Ainsi, dans les ateliers auxquels j'ai pu participer, la gêne qui pourrait entourer la mise à nu n'a jamais été directement nommée. Elle a plutôt fait l'objet d'une gestion *a priori* par la mise en œuvre de pratiques visant à la désamorcer. La première technique, déjà mentionnée, consiste à affirmer la possibilité de procéder à l'auto-observation à l'abri des regards. Pour faire disparaître la gêne, les militantes proposent aussi régulièrement de se dénuder avant les autres et de montrer elles-mêmes comment pratiquer un auto-examen. Elles font alors de la distance qu'elles affichent vis-à-vis de leur propre gêne (absence de rougeur, voix calme, gestes lents et précis) un modèle à suivre pour les participantes. L'*hexis* corporelle des animatrices, fondée sur la représentation de l'aisance,

---

48. Christophe Broqua et Olivier Fillieule, « Act Up ou les raisons de la colère », chap. cité, p. 164.

implique des techniques spécifiques. Lors d'un atelier *self-help* auquel j'ai assisté, ces compétences corporelles ont fait défaut à l'animatrice, mettant en évidence leur caractère acquis. La scène, qui contraste fortement avec les autres ateliers observés, révèle aussi en creux comment cette dimension du travail militant est habituellement rendue discrète par les animatrices d'ateliers :

> Alors que nous sommes toutes retournées nous asseoir en cercle après avoir procédé à une auto-palpation des seins, Florence nous invite à nous mettre en position accroupie afin de toucher le col de notre utérus à l'aide d'un de nos doigts avant d'insérer un spéculum. Les trois participantes que nous sommes nous levons, et attendons un signal de sa part pour guider nos gestes. Celui-ci ne vient pas. Au bout de quelques secondes, Virginie, une des participantes, dit vouloir aller aux toilettes. Florence répond du tac au tac qu'on peut toutes aller se laver les mains. Virginie part aux toilettes. Quand elle revient dans la salle, c'est au tour de Florence d'aller aux toilettes. Nous nous tenons toutes les trois les bras ballants en attendant son retour. Lorsque Florence revient, elle commence à enlever sa culotte, ce qui nous incite à en faire de même. Florence porte une robe qui cache ses organes sexuels. Martha et Virginie, une fois leur pantalon et leur culotte enlevés, tirent sur leur t-shirt et se mettent en position accroupie. Avec sa robe, Florence est au contraire mobile dans l'espace. Les participantes, qui demeurent accroupies, se relèvent de temps en temps pour se dégourdir les jambes. Nous demeurons dans l'expectative de la suite. Florence demande : « et pour l'auto-examen ? ». Sans réponse de notre part, elle finit par dire : « je vous montre ». Elle installe fébrilement quelques coussins et une serviette par terre et s'allonge dessus. Nous nous tenons accroupies autour d'elle. Son visage est devenu très rouge, elle ne nous regarde pas et dit à plusieurs reprises : « c'est bizarre, c'est toujours bizarre ». Sans expliquer ce qu'elle fait, elle prend un spéculum et l'insère dans son vagin. Une fois son col découvert, elle propose aux participantes de prendre une lampe de poche et de venir regarder. Très rapidement, elle intime à Virginie de venir s'allonger à côté d'elle pour commencer son propre auto-examen. Dès que celle-ci est allongée, Florence retire le spéculum et se relève. Sa démonstration a duré à peine quelques minutes.
>
> « Atelier de *self-help* », 2017.

Dans cette scène, aucune des techniques observées dans les autres sessions de *self-help* n'est utilisée par Florence pour désactiver la gêne associée à la nudité. D'une part, aucun espace n'est aménagé et aucun objet n'est proposé pour préserver l'intimité des participantes. D'autre part, l'*hexis* de Florence détonne par rapport au sang-froid des autres animatrices : elle ne semble pas tranquille face au dévoilement corporel (sa robe lui permet de ne pas être entièrement déshabillée) et son malaise est palpable (rougeurs, gestes rapides, voix chevrotante, impossibilité de donner des explications). Si Florence partage de nombreuses caractéristiques avec les autres animatrices rencontrées, elle s'en distingue par son expérience militante : c'est la première fois qu'elle anime une telle séance et elle n'a participé qu'à un seul atelier d'auto-examen cinq années auparavant. Les conditions de son apprentissage des techniques de gestion de la gêne diffèrent de celles des autres militantes, qui ont assisté à plusieurs ateliers avant d'en animer un ou l'ont organisé dans les semaines suivant leur participation. Le travail qu'effectuent les militantes sur leurs propres émotions et les manifestations physiques qui en découlent apparaît comme une compétence militante en soi, progressivement acquise dans et par la conduite de l'action collective.

Le travail effectué par les militantes sur les émotions des femmes a pour ambition de transformer les femmes émotionnellement. À leurs yeux, il s'agit d'une condition au changement individuel et collectif[49]. L'utilité de l'auto-observation résiderait dans sa capacité à recoder positivement le sexe et la sexualité des femmes. Pour que l'auto-observation ait cet effet, les militantes accompagnent les participantes dans le processus de déchiffrage de ce qu'elles voient lorsqu'elles regardent leur sexe. Elles les incitent à nommer les parties anatomiques dévoilées tout en leur attribuant des qualités contraires à la « honte » et au « dégoût » qui caractérisent, selon elles, le rapport des femmes à leur corps. Elles recourent notamment au champ lexical de la beauté, comme l'illustre cet extrait d'un « miniguide d'auto-examen » rédigé par une militante :

> Le petit trou, c'est l'ouverture du col, la porte entre le vagin et l'utérus. C'est par là que passent le sang menstruel et la glaire cervicale (et les bébés !). Si tu portes un stérilet (DIU), tu verras sûrement dépasser son fil. Si tu as tes règles, tu verras le sang couler. C'est beau[50] !

---

49. C'est aussi ce qu'a montré Nancy Whittier à propos des militants du mouvement pour mettre fin aux abus sexuels sur les enfants : Nancy Whittier, *The Politics of Child Sexual Abuse. Emotions, Social Movements and the State*, New York, Oxford University Press, 2009.
50. Poussy Draama, *Coucou. Miniguide d'auto-examen*, *op. cit.*

Pour promouvoir une autre expérience sensorielle et émotionnelle du sexe féminin, elles guident ainsi l'expérience corporelle de l'auto-observation afin que « les participantes sortent [...] avec une image positive de la sexualité féminine, une image positive du sexe féminin, une image positive de la masturbation et du plaisir », comme me l'explique Mariam. Elles délégitiment la honte des femmes vis-à-vis de leur corps et de leur sexe et incitent les participantes à concevoir cette honte non pas comme un problème individuel mais comme le résultat de structures politiques.

Un ensemble de règles émotionnelles régissent les ateliers de *self-help*. Elles dirigent et encadrent la manière dont les émotions des participantes prennent forme, s'expriment et se transforment. Leur analyse révèle en creux les injonctions parfois contradictoires qui modèlent la figure de la « bonne » participante aux ateliers de *self-help*. Celle-ci doit incarner un rapport assez désinhibé à son corps pour ne pas ressentir de gêne liée à la nudité, mais doit malgré tout être bouleversée par l'expérimentation de l'auto-observation. Son rapport au corps doit s'en trouver reconfiguré et cette expérience est censée la mener à une prise de conscience des rapports de domination et de la manière dont ils traversent son moi intime.

« Être un seul corps[51] » : produire un « nous » incarné

Lors des ateliers auxquels j'ai participé, l'auto-observation constitue un moment au cours duquel « le travail militant [peut] se fai[re] réellement collectif en suscitant un véritable être-ensemble et en faisant l'objet d'une appropriation collective qui conduit au sentiment d'un faire-ensemble[52] ». De prescrit, il devient pris en charge collectivement. Les participantes mettent en scène la façon dont elles font corps autour du corps, objectif résumé en une phrase par Françoise : « faire [l'auto-observation] en groupe, ça veut dire : mon corps est à moi, mais à elles aussi ».

Une appropriation collective du travail cognitif

> Nous ce qu'on veut c'est pas du savoir froid, c'est juste se réapproprier ça avec les moyens du bord.

51. Entretien avec Suzanne.
52. Valérie Cohen et Xavier Dunezat, *Quand des chômeurs se mobilisent...*, *op. cit.*, p. 179.

Par ces mots, Juliette oppose le « savoir froid », qu'elle associe aux connaissances théoriques légitimes sur les corps, l'anatomie et la santé, au savoir issu de l'expérience vécue et de la valorisation de la subjectivité. Cette opposition ne conduit pas à un rejet des savoirs académiques. La réappropriation implique plutôt une hybridation entre ces deux types de savoirs et suppose une reconnaissance – socialement située – de la légitimité des savoirs institués et de la démarche scientifique. Comment cette hybridation se produit-elle très concrètement ?

Les savoirs expérientiels sont valorisés à travers le partage d'expériences vécues mais également par la pratique de l'auto-observation, qui place la pratique corporelle au cœur du processus de production de connaissances. Dans les deux tiers des observations que j'ai réalisées, la première étape de la phase d'auto-observation était la même : les animatrices des ateliers prenaient le rôle de modèle et faisaient une démonstration d'auto-observation devant les participantes. Les militantes utilisent d'abord leur propre corps pour familiariser les participantes avec le leur. Les participantes sont invitées à considérer leur corps comme une source de savoir légitime. Cette première phase du travail militant repose sur un ensemble de techniques qui visent à prescrire un certain rapport au corps et certaines modalités d'incarnation. La séquence suivante, observée lors d'un « atelier d'alter gynécologie » animé par Cha, en donne quelques exemples :

> Cha s'installe sur le canapé qui borde l'un des murs de la pièce, tandis que les participantes s'asseyent en demi-cercle autour d'elle. Elle prend un spéculum posé à côté du canapé et explique comment l'ouvrir, en bloquer l'ouverture et le refermer doucement pour le retirer. Elle retire ensuite son pantalon et sa culotte, dépose sa veste sur le canapé « pour ne pas la salir » et prend un peu d'huile d'amande douce avec laquelle elle se masse la vulve. Elle se saisit ensuite d'un miroir et nomme ce qu'elle voit : petites lèvres, gland du clitoris, ouverture du vagin, etc. Elle reprend le spéculum qu'elle avait déposé par terre et l'insère, décrivant chaque étape du processus. Une fois qu'il est installé et que son ouverture est bloquée, Cha attrape le miroir et la lampe de poche : « je vais regarder avant de vous montrer ». Elle dépose ensuite le miroir et tend la lampe de poche vers les participantes, les invitant à s'approcher et à regarder de plus près. Elle enlève ensuite le spéculum, montre les pertes qui s'y trouvent : « ça permet de les voir et de les sentir ». Décrivant leur texture (« compacte ») et leur couleur, elle en conclut qu'elle n'est pas en

> période d'ovulation. Elle se relève, remet sa culotte, puis va se laver les mains dans les toilettes tout en continuant à parler.
>
> « Atelier d'alter gynécologie », 2017.

En adoptant le rôle de modèle, Cha utilise son corps comme support pédagogique. Elle modélise une procédure d'observation à suivre qui cadre les manières de voir, de sentir et de parler des participantes. En massant sa vulve avec de l'huile, elle les encourage à envisager l'auto-observation comme un moment de soin qui brouillerait les frontières entre le *care* et le *cure* – prendre soin et soigner. En portant attention aux textures, aux couleurs et aux odeurs des fluides corporels, elle place l'expérience sensorielle au cœur du processus de production de connaissance sur son corps (« je ne suis pas en période d'ovulation »). Elle invite ainsi les participantes à accorder une autorité épistémique au « terrain corporel[53] » et à faire usage de leur corps pour accéder à la connaissance. Ce qu'elle promeut, c'est un rapport direct et incarné aux savoirs sur le corps.

Les militantes invitent ensuite les participantes à faire de même et à réitérer les gestes qu'elles ont tracés. L'incitation est ici à « apprendre par corps[54] ». Or, ce n'est pas seulement le corps de l'animatrice ou leur propre corps que les participantes utilisent pour accéder à la connaissance : le corps des autres est également mis à contribution dans les processus d'apprentissage. Gabrielle relate son expérience lors du premier atelier auquel elle a participé :

> Moi à un moment donné [...] je ne trouvais pas les orifices d'Anarcha, du coup j'ai demandé à l'animatrice de m'aider, et elle ne les a pas trouvés non plus, et on a conclu que je n'en avais pas. Je pense qu'elle a bien bien regardé, et elle a dit : « désolée, je crois que vraiment tu n'as pas d'orifice ». Et du coup j'étais hyper déçue de pas pouvoir voir à quoi ça ressemblait, et il y avait une autre fille chez qui ça se voyait hyper bien, et elle elle en avait trois en plus des orifices, qui m'a dit : « viens regarder sur moi si tu veux ».

Le corps des autres peut également être utilisé dans une démarche de recherche et de production de savoirs. Pour la fabrication de la

---

53. Wendy Kline, *Bodies of Knowledge. Sexuality, Reproduction, and Women's Health in the Second Wave*, Chicago, The University of Chicago Press, 2010, p. 3.
54. Sylvia Faure, *Apprendre par corps. Socio-anthropologie des techniques de danse*, Paris, La Dispute, 2000.

« chatte en mousse », une représentation en trois dimensions des organes sexuels, Gabrielle, qui n'avait pas trouvé de données sur la taille moyenne de la vulve, a profité d'une séance collective d'auto-examen pour mettre en place un protocole de recherche qui se sert tous les corps en présence :

> Quand j'ai fait mon outil, la vulve je l'ai faite sur des dimensions que j'avais prises sur moi-même, tant bien que mal, moi-même toute seule [...], ce n'était pas du tout des données moyennes un peu scientifiques entre guillemets, et comme je n'en avais pas trouvé sur internet j'ai demandé à celles qui voulaient bien qu'on se mesure et qu'on puisse comparer toutes nos mesures : taille de la vulve, taille du capuchon, taille des grandes lèvres en épaisseur, en longueur, des lèvres antérieures, de la distance qu'il peut y avoir entre le vagin et l'anus aussi. Il y a huit personnes qui se sont prêtées au jeu et une personne qui a pris les mesures, c'était pas moi, il fallait que ce soit toujours la même personne qui prenne les mesures pour être sûre qu'elle utilise le même protocole de prise de mesures entre guillemets. Et du coup on a fait un grand tableau avec toutes les tailles. Et maintenant quand [j'anime] des ateliers de fabrication [de la chatte en mousse] je me base sur cette moyenne de huit qui est un peu mieux que de se baser que sur moi-même.

Au-delà du rapport au savoir et à la démarche scientifique – inégalement distribué socialement – que cette situation révèle, cet extrait montre comment une dynamique de recherche collective peut être créée[55]. S'il s'agit d'apprendre ensemble, il s'agit également de chercher ensemble. La démarche d'expérimentation peut donner lieu à l'élaboration collective d'hypothèses, et parfois de conclusions. On voit ces processus à l'œuvre dans la scène suivante, retranscrite d'un enregistrement audio d'une session d'auto-observation pour une émission de radio :

> *Participante 1* : Je savais que j'avais un pétale d'hymen qui restait parce que je le sentais, et là je le vois et il est gigantesque [rires], beaucoup plus grand que ce que j'aurais pensé.
> *Participante 2* : Et alors c'est un espèce de truc à l'entrée qui est tentaculaire, c'est normal ? [Rires]
> *Participante 3* : Oui, moi ça me fait ça, ce serait l'hymen ça ?

---

55. La recherche collective est une des valeurs épistémiques identifiées par Michelle Murphy à propos des groupes de *self-help* états-uniens des années 1970 et par Lucile Ruault à propos des MLAC en France : Michelle Murphy, *Seizing the Means of Reproduction...*, *op. cit.* ; Lucile Ruault, « Le spéculum, la canule et le miroir... », *op. cit.*

Participante 1 : Oui, c'est un reste d'hymen.
Participante 3 [incrédule] : Ah oui ? Mais c'est géant, il est super grand !
Participante 1 : Et ça dépasse.
Participante 3 : Mais oui ! Il tire la langue.
Participante 1 : Oui, quand je referme ma vulve on dirait qu'il tire la langue.
Participante 3 : Ben moi aussi alors.
Participante 4 : Mais vous le voyez comme ça vous là ? Sans spéculum ?
Participante 3 : Oui, mais après il faut vraiment que tu écartes doucement vers le bas de la vulve.
Participante 4 : Ah oui ? Je vais tester.
Participante 1 : On dirait qu'elle se moque de moi en tirant la langue.
Participante 3 : Oui c'est ce que j'allais dire, elle est en train de se foutre de ma gueule.
Participante 4 : Est-ce que ça sort un peu ?
Participante 3 : Alors ça sort pas, mais quand tu écartes un petit peu ça fait comme une petite langue.
Participante 4 : Oui c'est ça ! Ça c'est de l'hymen ?
Participante 3 : Oui.
Participante 4 [incrédule] : Mais non !

Cette scène met en évidence la manière dont le travail militant de transmission de savoirs devient collectif : par la validation mutuelle entre femmes et par la comparaison avec les corps des autres. Ces tâches du travail militant cognitif, prises en charge collectivement, permettent de « dédramatiser le regard qu'on porte sur soi[56] » et sur son sexe, mais aussi d'apprécier la diversité des corps. Elles entendent conjurer les effets de la comparaison à une norme, qu'elle soit présentée sous une forme scientifique dans les manuels d'anatomie ou sous une forme prescriptive dans les représentations culturelles du sexe féminin. Ces pratiques produisent un sentiment d'appartenance au groupe : elles permettent d'incarner le groupe autour de l'élaboration collective d'une science profane et de le mettre en scène ensemble.

Le partage et l'élaboration en groupe de protocoles d'apprentissage et de recherche contribue à la mise en scène d'un « nous » incarné dans un collectif militant orienté vers la production de savoirs hétérodoxes sur les corps et la santé. Ainsi, ces pratiques

56. Gaëtane Meurice, *Pratiques de femmes, de l'intime au politique*, documentaire radiophonique, 2012.

entendent transformer les participantes en sujets politiques. On voit alors comment les corps, s'ils sont support d'action collective, en sont aussi le produit : il s'agit pour les militantes de fabriquer des savoirs incarnés, mais également, et indissociablement, de produire les corps qui incarnent le sujet politique du *self-help* et, partant, du féminisme.

Une appropriation collective du travail émotionnel et relationnel

Le travail émotionnel et relationnel déployé par les animatrices pendant les premières étapes des ateliers, qui vise à créer des émotions « positives » et un sentiment d'horizontalité entre les femmes, fait lui aussi l'objet d'une appropriation collective. L'évolution des corps et de leurs positionnements dans l'espace pendant un « atelier d'auto-examen gynécologique » auquel j'ai participé montre la manière dont les participantes incarnent et mettent en scène les liens de bienveillance et de sollicitude attendus :

> Alors que je termine l'auto-observation, je laisse à Delphine ma place sur la couette que j'occupais près d'un mur. Je m'installe sur les quelques coussins disposés à côté d'elle en attendant. Deux autres participantes qui ont aussi terminé l'auto-observation, Lise et Dora, se trouvent à côté de nous et discutent de leur moyen de contraception. N'arrivant pas à trouver une position qui lui convienne, Delphine me demande de lui faire passer un des coussins qui se trouve près de moi. Quelques instants plus tard, voyant qu'elle n'arrive toujours pas à s'installer, je lui en tends un deuxième, et propose de les maintenir derrière son dos pour qu'elle trouve une position confortable. Elle accepte d'emblée la proposition. Delphine n'arrive ensuite pas à trouver son col de l'utérus à travers l'ouverture du spéculum. Me tenant derrière elle, j'essaye de la guider en regardant son sexe dans le miroir. Dora et Lise interrompent leur conversation pour faire de même. Dora se place aux côtés de Delphine, tandis que Lise se positionne entre les jambes de cette dernière et la guide pour placer le col de l'utérus au centre de l'ouverture du spéculum.
>
> « Atelier d'auto-observation gynécologique », 2016.

Dans cette scène, les participantes endossent collectivement le travail émotionnel et relationnel initié par les animatrices pour créer « proximité », « confiance » et « bienveillance » entre les femmes. Les corps et les gestes incarnent ces liens promus et attendus. Dans les entretiens, les récits qui font preuve d'une telle incarnation collective de l'idéal d'entraide bienveillante entre femmes sont nombreux : Mathilde se souvient qu'une de ses amies « a mis ses genoux en dessous d['elle] pour qu'[elle] soi[t] à l'aise » ; Olivia se rappelle qu'« une copine[la] tenait derrière pour que ce soit agréable » ; Agnès raconte qu'avec une participante qu'elle ne connaissait pas, elles se sont « appuyées l'une sur l'autre comme dans un fauteuil ». Un sentiment d'appartenance se forme grâce à ces moments. Celui-ci se ressent, se donne à voir et se dit en premier lieu à travers les corps. Suzanne évoque par exemple le moment collectif de l'auto-observation auquel elle a participé en ces termes :

> Je me souviens de quand j'étais avec les deux filles qui étaient à côté de moi et c'était trop bien, j'avais deux sœurs, là, qui étaient à côté de moi, c'était (elle prend une voix exaltée) « waouh haha » ! [...] Quand on était trois, c'était très très très agréable d'être, j'avais envie de dire, un seul corps.

Le sentiment de ne former qu'« un seul corps » est la matrice de cette appropriation collective du travail militant émotionnel et relationnel et donne lieu à un travail collectif de mise en scène, comme lors de cet atelier de *self-help* :

> Alors que certaines sont en train de se dénuder, tandis que d'autres sont déjà installées et prennent en main un miroir, une participante répète à plusieurs reprises avec une voix aiguë que ce moment est « génial », que c'est « fabuleux ». Des rires éclatent ici ou là. L'excitation est palpable.
>
> « Atelier de *self-help* », 2018.

Ce répertoire émotionnel, qui mobilise des émotions et des relations entre femmes fondées sur la sollicitude, est caractéristique de tous les moments collectifs d'auto-observation que j'ai observés. Son omniprésence montre l'efficacité du travail militant de politisation endossé par les animatrices dans les premières étapes des ateliers puis mis en scène collectivement. Or, comme l'écrit Claire Cossée, à travers « les enjeux de la re-présentation au sens de mise en scène alternative de soi nous avons affaire à un processus d'identification et d'unification "du" groupe représenté[57] ». On voit ainsi comment le travail émotionnel et relationnel, prescrit puis pris en charge collectivement, produit le « nous » féministe attendu.

57. Claire Cossée, « Médias tsiganes en France et en Hongrie : re-présentation de soi dans l'espace public », *Revue européenne des migrations internationales*, 26 (1), 2010, p. 76.

Conclusion

Le militantisme de *self-help* se décline dans un maillage dense de pratiques militantes visant à faire advenir la « prise de conscience » féministe attendue. Ces pratiques sont souvent rendues discrètes par celles-là mêmes qui les effectuent et encore parfois considérées comme du hors-travail par la sociologie des mouvements sociaux. Elles constituent pourtant un véritable travail de socialisation politique au féminisme qui a pour ambition de construire un groupe unifié et homogène, un « nous » qui fasse corps autour du corps. Ce travail est encadré par un ensemble de règles formelles et de normes implicites qui génèrent certaines formes de contrainte et se heurtent à l'idéal promu de « choix », d'« autonomie » et de « bienveillance ». Les participantes doivent se conformer à afficher certaines émotions et à en passer d'autres sous silence, à se comporter les unes envers les autres d'une certaine manière et à « pratiquer » selon certaines modalités. Fidèle au slogan féministe selon lequel le personnel est politique, ce travail militant de politisation entend transformer les participantes jusque dans leur corps, leurs émotions et leur subjectivité. En réintégrant les soins gynécologiques dans l'espace domestique, en façonnant un rapport proche et incarné à son corps et à soi et en promouvant une manière renouvelée de se rapporter aux autres femmes, les militantes du *self-help* édictent un ensemble de normes promouvant la bonne manière d'incarner le sujet politique du féminisme.

Elles investissent les ateliers de *self-help* comme des arènes de sensibilisation à des rapports aux autres modelés par la bienveillance et la sollicitude. Ces formes de relation sont appréhendées comme un moyen de construire des mobilisations féministes dans lesquelles les hiérarchies qui structurent l'espace social seraient dépassées. Or, en élevant la bienveillance au rang de principe politique, les militantes masquent davantage les inégalités qu'elles n'empêchent leur reproduction.

Chapitre 5

Un féminisme inclusif excluant

> Pour moi ça c'est acquis que la posture universaliste des féministes blanches là, elle est pas possible.
>
> Entretien avec Agnès, janvier 2018.

Les militantes du *self-help* revendiquent un féminisme intersectionnel, sensible à la diversité des expériences des femmes. Elles emploient le terme « intersectionnel » pour définir leur féminisme, ou alors se disent « sensible[s] à l'imbrication des différents systèmes de domination » et au « cumul des rapports de domination ». Ces éléments reflètent la diffusion et la normalisation de l'intersectionnalité dans les mobilisations féministes contemporaines[1]. Comme le montrent les propos d'Agnès, une jeune médecin blanche de 30 ans, déclarer son adhésion à l'intersectionnalité c'est aussi se positionner politiquement et idéologiquement au sein de l'espace de la cause des femmes : il s'agit de se définir en opposition à un « féminisme blanc bourgeois » « abolitionniste » et « contre le voile ». Pour ce faire, les militantes rencontrées ont

1. Laurel S. Weldon, « Intersectionality » », dans Gary Goertz et Aly G. Mazur (eds), *Politics, Gender, and Concepts. Theory and Methodology*, Cambridge, Cambridge University Press, 2008, p. 193-218 ; Elizabeth Evans, « Intersectionality as Feminist Praxis in the UK », *Women's Studies International Forum*, 59, 2016, p. 67-75.

manifesté leur volonté de traduire cet engagement « intersectionnel » dans leurs pratiques militantes.

Cependant, la manière dont la cause de la santé des femmes est construite et mise en pratique entre en tension avec cet impératif. D'abord parce que la focalisation sur le corps des femmes « entre en contradiction, par certains aspects, avec les démarches de déconstruction des normes de genre, de classe, de race et de sexualités et de prise de distance par rapport au sujet femme comme sujet unique du féminisme[2] ». Ensuite parce que la volonté d'unifier le féminisme au-delà des conflits idéologiques et des divergences d'intérêt entre femmes, qui se manifeste dans le travail de construction de relations « positives » entre participantes, va en partie à l'encontre de l'exigence intersectionnelle qui implique de reconnaître les « différences » qui façonnent le groupe des femmes et, ce faisant, les collectifs militants.

Comment les actrices contournent-elles, négocient-elles ou se heurtent-elles à ces tensions ? Comment les rapports de domination qui traversent le groupe des femmes sont-ils contestés, subvertis ou bien reproduits dans et par les pratiques militantes de groupes dédiés à une approche intersectionnelle de leur militantisme ? Quelles sont les frontières du « nous » féministe promu ? Ce chapitre propose une réponse originale à ces questions en suggérant d'analyser l'intersectionnalité comme un travail militant. Une telle approche permet à deux champs de recherche qui communiquent peu de se rencontrer : celui sur les usages militants de l'intersectionnalité dans les mobilisations féministes d'une part et celui sur la reproduction des rapports de pouvoir dans les mobilisations d'autre part. Le second postule que l'observation de la division du travail militant permet d'objectiver la reproduction des hiérarchies sociales dans et par l'action collective[3]. Dans le *self-help* féministe, ce travail militant intersectionnel comporte deux volets. Le premier est le travail militant émotionnel et relationnel analysé dans le chapitre précédent, qui est investi par les militantes comme un moyen de dépasser les multiples inégalités qui structurent le groupe des femmes.

---

2. Bibia Pavard, Florence Rochefort et Michelle Zancarini-Fournel, *Ne nous libérez pas, on s'en charge. Une histoire des féminismes de 1789 à nos jours*, Paris, La Découverte, 2020, p. 475-476.
3. Xavier Dunezat et Pauline Picot, « Quand la catégorisation masque l'inégalité », *Journal des anthropologues*, 150-151(3), 2017, p. 63-83.

Le second est le travail militant qui vise à prendre en charge les questions explicitement labellisées comme « intersectionnelles » par les militantes. En prêtant attention à la manière dont ce travail est adopté ou rejeté, prescrit ou proscrit, divisé ou non, valorisé ou dévalué, et ce au nom de l'intersectionnalité, on peut saisir qui est inclus et qui est exclu dans le « nous » féministe promu et mettre en lumière les mécanismes par lesquels les frontières de ce « nous » sont réaffirmées.

La race de la « bienveillance »

Le chapitre précédent a montré que les liens affectifs « positifs » entre femmes, au premier rang desquels la bienveillance, sont conçus par les militantes du *self-help* comme un moyen de faire groupe et de produire un « nous » caractérisé par des liens d'égalité. Les pratiques qu'elles développent pour bâtir ces liens positifs sont soutenues par un imaginaire relationnel spécifique, celui de l'amitié. Nombreuses sont les théoriciennes féministes à avoir considéré l'amitié comme un sentiment particulièrement propice à la concrétisation de relations sociales et politiques caractérisées par des liens choisis d'égalité[4]. En revanche, peu d'études ont testé empiriquement cette prémisse théorique selon laquelle la bienveillance et l'amitié constituent un horizon souhaitable des relations entre féministes[5]. C'est ce que je propose de faire ici en interrogeant le travail militant émotionnel et relationnel du *self-help* à l'aune de sa réception par les participantes ordinaires. Comment est-il accepté ou contesté selon leur position sociale ? Une telle analyse permet de ne pas céder à une vision idéalisée d'un sentiment souvent perçu comme non hiérarchique et de questionner la production et la valorisation de l'amitié à l'aune des rapports de pouvoir qui se jouent au sein du groupe des femmes.

---

4. Voir par exemple Maria Lugones et Pat Alake Rosezelle, « Sisterhood and Friendship as Feminist Models » dans Penny A. Weiss et Marilyn Friedman (eds), *Feminism and Community*, Philadelphia, Temple University Press, 1995, p. 135-146 ; Sasha Roseneil, « Foregrounding Friendship : Feminist Pasts, Feminist Futures », dans Kathy Davis, Mary Evans et Judith Lorber (eds), *Handbook of Gender and Women's Studies*, Londres, Sage Publications, 2006, p. 322-341.

5. Voir Jo Freeman, « The Tyranny of Structurelessness », *Berkeley Journal of Sociology*, 17, 1970, p. 151-165 ; Francesca Polletta, *Freedom is an Endless Meeting*..., *op. cit.*

Des réceptions contrastées du travail émotionnel

Une réception positive majoritaire

La très grande majorité des participantes perçoivent de façon positive le travail émotionnel et relationnel déployé dans les ateliers de *self-help*. Pendant les entretiens, elles se sont plu à décrire l'atmosphère « sororale » et amicale des séances auxquelles elles ont participé. Le modèle relationnel valorisé par les militantes est perçu comme un moyen de contester les formes de relation entre femmes qui seraient majoritairement promues en dehors de ces espaces. Pour Laurine, qui a participé à plusieurs ateliers d'auto-examen, le regroupement sur la base de relations affectives fortes entre femmes permettrait de dépasser les limites du cadre normatif de l'hétérosexualité :

> De faire [l'auto-examen] pour soi et entre copines, je trouve que quand on a été éduquées dans l'hétérosexualité, on ne réalise pas toujours l'importance [que cela a] de se retrouver comme ça.

« L'hétérosexualité » est ici perçue comme un régime politique qui éloignerait les femmes les unes des autres. Le fait de « se retrouver » entre « copines » dans les ateliers favoriserait au contraire la proximité affective et l'intimité. C'est ce qui transparaît aussi dans les propos de Suzanne :

> Ce week-end-ci je me suis sentie tellement comme un poisson dans l'eau, hyper bien, j'ai pas du tout eu de moment difficile, ni corporel, ni psychologique, ni dans le groupe, vraiment c'était étonnant. Et même à un moment (elle rit) j'ai dit, à Cha je crois : « Ah ! Dommage que je ne sois pas lesbienne ! »

Ces relations de proximité entre femmes n'entraînent pas pour autant une subjectivité lesbienne et conduit même Suzanne à réaffirmer en creux son appartenance au modèle majoritaire. Mais le travail relationnel entrepris la mène aussi à affirmer son attirance pour les femmes sur les plans affectif et politique.

Au-delà d'une remise en cause symbolique de l'hétérosexualité, les pratiques émotionnelles et relationnelles sont appréhendées comme un moyen de poursuivre une trajectoire de progression morale, comme le suggère Agathe :

> Quand je vous ai dit en sortant : « je suis une nouvelle personne », je le pense sincèrement. [...] Je suis une nouvelle personne, mais aussi une meilleure personne. Être encore moins dans le jugement, être encore plus à l'écoute, et dans la compréhension.

Se conduire avec les autres femmes selon les normes prescrites dans les ateliers de *self-help* permet de mettre en scène un soi moralement irréprochable, exempt de toute émotion négative. C'est ce qu'on saisit aussi à travers les propos de Mathilde, qui a fait partie d'un « cercle de femmes » ayant pratiqué l'auto-examen : selon elle, « faire du thé » et « mettre des matelas » par terre permet de dépasser « la jalousie entre meufs ».

Le travail militant relationnel aide les participantes à adhérer à l'idée selon laquelle l'amitié et la sororité caractériseraient les relations entre femmes dans les espaces du *self-help*. Pour Laurine comme pour d'autres, il permet de produire une forme d'« égalisation symbolique[6] » et d'euphémiser les conflits et les relations de pouvoir qui traversent les ateliers et les collectifs :

> Le fait de se retrouver des journées entières à faire des trucs chouettes ensemble autour de nos corps, autour de nos... de se libérer soi-même et de comprendre les enjeux qu'il y a autour des oppressions... J'en suis ressortie enchantée, mais plutôt parce que c'était pas ce genre de groupe où c'est que de la réu[nion], de la prise de tête et du débat, et que de sortir de ça, s'il n'y a pas à débattre, c'est : on fait ensemble, on s'éclate, on se met un peu en difficulté. Du coup, ça crée des liens plus forts, enfin, forts entre nous.

Les sessions collectives de *self-help* sont ainsi vues comme des espaces dans lesquels « il n'y a pas à débattre » et où les relations sociales seraient déconflictualisées. Les différences et divisions idéologiques au sein des féminismes et les conflits qui en résultent y seraient suspendus. Marine, qui a participé à plusieurs ateliers d'auto-examen, partage cette idée :

> Moi j'ai toujours eu beaucoup de difficultés avec le côté collectif. Je trouve ça super important théoriquement, et après je me sentais un peu à côté, sur le moment. Mais en même temps, [...] c'était quand même important, c'était quand même classe de le faire [l'auto-examen]

---

6. Gildas Renou, « Sociabilité(s) », dans Olivier Fillieule, Lilian Mathieu et Cécile Péchu (dir.), *Dictionnaire des mouvements sociaux*, *op. cit.*, p. 548.

> ensemble. De se dire, [...] [qu']on avait des différences théoriques et à un moment on a discuté de deux ou trois trucs, et puis en fait moi j'étais pas d'accord avec des trucs qui étaient dits, et en même temps c'était pas le moment, là on était concentrées sur quelque chose, et on était ensemble dans ça. Et ça c'était chouette. C'était important en fait.

L'auto-examen est vécu comme une pratique d'unification des militantes, au-delà des divergences théoriques, politiques et stratégiques qui traversent l'espace de la cause des femmes. La normalisation de l'adhésion à l'intersectionnalité se conjugue avec cette conception de l'auto-observation, comme l'illustre le discours d'Agnès :

> J'ai pas envie que des femmes exploitent d'autres femmes, ou que la défense des femmes blanches permette d'exploiter les femmes noires. Pour moi, c'est aussi ça qui est intéressant dans l'auto-observation, c'est qu'à un moment en fait on est toutes traversées par le fait qu'on a un vagin et qu'en fait à un moment ça nous pose dans des postures sociales où *a priori* c'est pas nous qu'on va gagner donc si on pouvait déjà éviter de se taper les unes sur les autres... Et que c'est pas l'idée d'être copine avec tout le monde, mais qu'on n'est pas obligées de s'enfoncer socialement, et politiquement. Et surtout on ne parle pas à la place des autres. [...] Mais, pour moi, le féminisme dans lequel j'ai envie de m'inscrire c'est une lutte aussi anticapitaliste, anticolonialiste, enfin c'est large quoi. C'est une lutte totale.

La promotion de l'intersectionnalité est paradoxalement comprise comme un moyen de pacifier le féminisme autour d'une pratique qui souligne ce que les femmes ont en commun : un corps les plaçant dans une position sociale minoritaire partagée. Le travail militant de construction de relations « bienveillantes » contribue ainsi à rendre moins perceptibles les rapports de pouvoir et à dissimuler les divergences politiques à l'œuvre au sein des groupes.

Une appropriation en demi-teinte

Dans un deuxième cas, l'imaginaire relationnel promu par le *self-help* est perçu de manière plus mitigée. Les militantes de ce groupe partagent les propriétés sociales des militantes du groupe précédent : en particulier, elles sont blanches et diplômées. Elles s'en distinguent néanmoins en ce qu'elles ont participé à des collectifs pérennes de *self-help* et se sont réunies régulièrement autour de pratiques corporelles et de santé pendant plusieurs années. Elles sont engagées durablement et intensément dans le militantisme de *self-help*. Lors des entretiens, la difficulté à les interroger sur les « tensions » au sein des collectifs qu'elles évoquent témoigne de la force des normes émotionnelles et relationnelles promues au sein de ces espaces et de la difficulté à trahir l'idéal féministe qu'elles véhiculent. Ces tensions peuvent mettre en péril la pérennité des groupes ou leur mode d'action, ainsi que me le raconte Anja :

> Pendant plusieurs années, on s'est réunies tous les mois pendant une journée, voire après on a commencé à se voir la veille au soir, à manger ensemble la veille au soir et à se faire une soirée, par exemple projection de films, de vidéos, courts-métrages, etc., ou de lire des textes, et puis de dormir éventuellement toutes ensemble dans la même maison, faire des soirées un peu sympa qui n'étaient pas uniquement sur le savoir gynécologique et tout ça. Mais après, la dernière année, c'est devenu un peu plus compliqué de faire ça, parce que tout le monde est hyper occupé. Et puis il y a eu aussi des tensions dans le groupe, il faut l'avouer, et on est passées à une réunion tous les deux mois.

Cet aveu témoigne de la difficulté des militantes à nommer des mécanismes qui mettent implicitement en cause le répertoire d'action choisi. Les collectifs de *self-help* sont souvent créés par des personnes qui s'identifient préalablement comme des amies. Or, l'insertion dans des réseaux de relation communs peut nuire à la formation des liens de « confiance » attendus. Mégane, qui a participé pendant plusieurs années à un groupe de *self-help* en Belgique, raconte comment la constitution des groupes sur une base affinitaire peut entraver l'intimité de parole et de corps prescrite dans les ateliers :

> Est-ce qu'il y avait la confiance dans les 14 personnes qu'on était pour avoir des sujets sur nos vies privées ? Et assez rapidement on s'est rendu compte que non, parce qu'il y avait beaucoup d'histoires interpersonnelles entre nous. On venait de la même ville et tout ça, donc quand on commençait à parler par exemple de sexualité, c'était pas une évidence.

Malorie confie aussi qu'elle n'a pas pu « trouver une écoute » pour aborder ses expériences de violences conjugales au sein du groupe *self-help* qu'elle a créé et qui se réunit régulièrement depuis cinq ans :

> J'avais l'impression que c'était plus compliqué de parler de trucs super intimes parce qu'on se connaît, du coup les personnes avec qui on a des pratiques intimes sont aussi connues du reste du groupe, et du coup aussi bien tu peux parler de toi, de quand tu as eu tes règles, de comment ça s'est passé, mais par contre de parler de tes pratiques avec une personne qui, même si tu ne la cites pas, ça va être évident que c'est cette personne, il n'y a pas d'anonymat vraiment.

Elle estime que l'interconnaissance des participantes les a empêché d'aborder collectivement certains sujets relatifs à la sexualité, tels que les expérimentations de relations affectives et sexuelles non exclusives. Lorsque ces sujets ont été évoqués, ils ont ébranlé l'intégrité et la pérennité du groupe (« les gens n'avaient plus envie de venir »). Enfin, le regroupement sur une base affinitaire peut fragiliser la volonté affichée de construire une mobilisation « inclusive », les liens d'amitié n'échappant pas aux logiques sociales qui déterminent la préférence pour des personnes aux caractéristiques sociales proches[7]. Le mode de recrutement affinitaire et la teneur des normes relationnelles qui encadrent ces groupes, dont j'ai montré dans le chapitre précédent combien elles sont situées socialement, reproduisent un entre-soi de classe et participent à exclure les femmes de milieux moins privilégiés en amont de l'action collective.

Une mise à distance critique

Alors que, pour la plupart des militantes, l'imaginaire relationnel et émotionnel du *self-help* (amitié, sororité, sollicitude, bienveillance, soin, etc.) prend la forme d'une promesse égalisatrice et pacificatrice, deux d'entre elles le perçoivent comme une fiction. Ces deux militantes se distinguent de celles des deux autres groupes par une position minoritaire dans les hiérarchies raciales. Toutes les personnes minorisées racialement ne m'ont cependant pas fait part, dans les entretiens, d'une telle mise à distance critique. Ces deux enquêtées s'en différencient par un niveau de diplôme particulièrement élevé (doctorat obtenu ou en cours), une forte proximité aux sciences sociales et une maîtrise des outils conceptuels des études critiques sur le genre, la race et la sexualité, et un capital militant important : toutes deux ont fait partie de

---

7. Claire Bidart, « "Qui se ressemble s'assemble" ? », dans *L'Amitié, un lien social*, Paris, La Découverte, 1997, p. 41-51.

collectifs féministes et de *self-help*. Les différences et les inégalités dans le *self-help* se manifestent d'abord selon elles à travers le geste de l'auto-examen. Inès estime que l'auto-observation n'a pas la même implication selon l'appartenance raciale, contestant ainsi sa portée universelle :

> Finalement on est peut-être toutes en train de se mentir sur les bienfaits du *self-help* en faisant semblant qu'on est émancipées avec ça (elle rit). Mais les meufs ont l'air ravies à chaque fois, alors que moi je ne me retrouve pas du tout dans cette expérience de communion. Enfin ce postulat de sororité par le... [...] Typiquement la narration qu'il y a derrière ça, derrière le geste de l'auto-examen et du *self-help*, c'est l'idée que nous femmes, sous-entendu femmes blanches, on n'a pas accès à la sexualité parce qu'on est cantonnées dans une sorte d'obligation à la pureté, à la réserve, et c'est subversif en soi la nudité, le partage entre femmes de nos sexes [...]. Alors que moi personnellement j'ai été hyper sexualisée très, très jeune, même dans l'enfance, c'est pas du tout émancipateur d'en revenir comme ça à mon sexe et à ma sexualité. Et je crois que c'est le cas pour beaucoup de femmes non blanches. Plein de femmes en général mais, en particulier, pour les femmes non blanches. Cette idée que tu incarnes une sorte de sexualité débridée en soi, et du coup partager cela dans ce mouvement-là, finalement, ça ne fait pas forcément rupture.

La position minoritaire d'Inès dans les rapports sociaux de race, son appartenance aux classes dominantes (mère professeure d'université, père chef d'entreprise), son niveau de diplôme élevé et sa politisation féministe la conduisent à critiquer « l'universalisme que [le *self-help*] prétend développer et qui, comme toujours, n'en est pas un ». À l'instar d'Inès, Leïla, elle aussi chercheuse et racisée, rappelle que le rapport au corps est situé socialement :

> Quand je disais qu'il ne fallait pas que ça devienne une injonction à se regarder la chatte, je pensais à ça : tu vois il y a des meufs, peut-être dans les quartiers populaires, ou des mamans, ou de soixante ans etc., qui ont peut-être envie de parler de sexualité, de parler de gynécologie et pas forcément de s'auto-examiner.

Cette critique mène Leïla et Inès à remettre en cause, ou tout au moins à nuancer, le « postulat de sororité » et le potentiel émancipateur et libérateur que les pratiques corporelles du *self-help* sont censées revêtir. Aux yeux de ces deux militantes, le travail militant émotionnel et relationnel échoue à construire des espaces où s'établiraient des relations égalitaires entre femmes fondées sur des émotions positives et à transformer l'auto-observation en une expérience à même de rassembler toutes les femmes. Au-delà de la critique de la pratique emblématique du *self-help*, Inès dénonce une distribution inégalitaire du « travail de *care* et [du] travail émotionnel » dans les ateliers qu'elle a organisés :

> Ça fait du bien de se dire que c'est la faute au système et qu'on est des victimes et que c'est dur et que venez on pleure ensemble sur les épaules les unes des autres, ça soulage. C'est important. Sauf que, là encore, c'est toujours les mêmes qui font le travail de *care* et le travail émotionnel pour laisser l'espace aux autres de pleurer, leur donner ton épaule. Ça pose la question de qui peut prendre la place avec ses émotions, etc. Et j'en ai un peu marre de ça, de tendre l'épaule à toujours le même type de meufs pour qu'elles puissent [...] se laisser aller à ces émotions-là. J'ai l'impression d'avoir toujours ce rôle-là, le rôle de la meuf forte, toujours là, solide. Et, en fait, je me suis rendu compte qu'il y avait vraiment des logiques entre autres de race dans cette idée d'avoir le droit à la fragilité. [...] Parce que je suis la meuf forte qui gère, et parce que par ailleurs je n'incarne pas la douceur, la fragilité, je ne suis pas blonde, je n'ai pas des petites taches de rousseur, je ne suis pas fluette. Ça, ça renvoie aussi à des manières d'incarner son corps qui sont extrêmement racialisées [...] Moi je n'ai jamais le droit d'exprimer mes émotions. [...] Il y a aussi ça qui m'énerve dans le *self-help*, c'est qu'encore une fois j'ai l'impression d'être au service affectif et émotionnel de meufs blanches qui par ailleurs ont *open bar* sur la fragilité. [...] Moi je n'ai pas ce luxe-là d'avoir accès à ça. [...] Et du coup c'est difficile d'avoir cette posture quand tu es en atelier parce que tu es censée pouvoir leur permettre de libérer leur parole, de prendre au sérieux leurs problèmes et de leur permettre de trouver des pistes et des solutions, mais en même temps ça veut dire que je dois me taire ou me nier d'une certaine manière en tant que moi-même [...] Et c'est aussi ça qui rend difficile la construction de cette expérience sororale que serait le *self-help*, comme sorte de truc où enfin on parle sans filtre, où on est toutes sœurs.

Les propos d'Inès, qui sont fortement imprégnés des concepts issus des sciences sociales, montrent que la norme d'écoute bienveillante promue dans les espaces du *self-help* féministe peut être vécue sur le mode d'une injonction qui prend des formes différentes selon l'appartenance raciale. À ses yeux, les ateliers de *self-help* sont caractérisés par une division raciale du travail émotionnel de sollicitude. Elle estime qu'une part plus importante de ce travail lui est assignée sur la base d'un processus de racialisation.

Inès et Leïla, qui occupent toutes deux une position minoritaire dans les rapports sociaux de race et des capitaux culturels élevés, politisent la race et la manière dont elle opère dans les collectifs qu'elles ont fréquentés. Le travail militant émotionnel de création de liens affectifs positifs entre femmes n'est ainsi pas uniformément reçu. Ces éléments invitent à ne pas sacrifier à une vision enchantée de l'amitié comme modèle politique privilégié pour la mise en œuvre de relations sociales égalitaires : les relations amicales, quand bien même exclusivement entre femmes, sont structurées par des rapports de pouvoir et des inégalités sociales. Le travail militant émotionnel et relationnel peut aussi reproduire, tout en les dissimulant, des inégalités fondées sur la race.

Éprouver la reproduction des rapports de domination

Septembre 2017. Je me rends à une session de *self-help* de deux jours, envisagée comme une formation à destination des professionnelles de santé. Animée par une sage-femme, une sage-femme en cours de reconversion professionnelle et une militante du *self-help* ayant acquis une position d'experte en auto-gynécologie, la formation réunit 12 autres participantes. Elles sont toutes sages-femmes à l'exception d'une médecin et de deux infirmières. Au total, le groupe est composé de 13 personnes blanches et de 2 participantes noires.

Lors de la première matinée, Maxime, une sage-femme blanche qui est l'une des organisatrices, s'emploie à « poser le cadre » et édicte les normes de bienveillance. Comme elle me le rappelle lors de notre entretien, elle ajoute ensuite quelques mots sur « les systèmes d'oppression plus généraux et les normes qui peuvent être faites, genre les normes hétérosexuelles, pénétratives, de genre etc., en demandant du coup à chaque personne de prendre soin de ça [...] pour que tout le monde puisse exister librement sans rentrer dans des normes ». Elle conçoit ainsi l'édiction de règles relationnelles comme un moyen de prendre en compte la diversité des femmes et leur inscription dans différents « systèmes d'oppression ». Le travail émotionnel que Maxime déploie se fait au nom de son souci de l'« inclusivité » et « des approches de l'intersectionnalité ».

Lors du premier tour de parole, chacune se présente puis les organisatrices abordent la question de la redistribution des savoirs gynécologiques des professionnelles de santé vers les profanes. La plupart des participantes défendent l'idée que les femmes profanes en savent autant que les professionnelles sur leur propre corps, et qu'en conséquence les professionnelles de santé devraient adopter une posture de neutralité en consultation pour ne pas imposer aux consultantes leurs propres savoirs et leurs visions du corps. Les trois animatrices de la session, en désaccord avec ces discours, critiquent la « posture de neutralité » défendue par la majorité des participantes. En réponse, elles abordent la question des privilèges : Maxime affirme que « quelque chose de neutre c'est être blanc, hétéro, etc. ». Elle entend sensibiliser les participantes aux différentes positions de pouvoir qu'elles peuvent cumuler en tant que sages-femmes vis-à-vis des consultantes. Laura, une participante sage-femme, exprime son accord avec Maxime et rebondit : se décrivant comme « gouine [et] un peu noire », elle affirme qu'en conséquence elle ne peut pas croire qu'une posture de neutralité soit possible. Elle ajoute que « c'est parce que certaines sages-femmes sont de classe moyenne, blanches et hétéro » qu'elles peuvent croire en la neutralité. À ces propos, Sybille, une sage-femme d'une trentaine d'années ayant défendu la possibilité d'une neutralité, répond, sur la défensive : « moi je suis blanche, bourgeoise et hétéro ». Laura précise : « Ce n'est pas une insulte ». Après un silence, elle se reprend : « Enfin, si, c'est une insulte ». Cette interaction brise les règles émotionnelles de « bienveillance », d'empathie et d'absence de « jugements de valeur » édictées par les organisatrices au début de la journée. Après un silence de quelques secondes, Maxime reprend le fil de la discussion et la détourne de cette interaction. L'évitement du conflit est l'une des formes que revêt le travail émotionnel et relationnel.

À la fin de la journée, un moment de convivialité est organisé autour d'un apéritif. Tandis que les discussions informelles se multiplient, Sybille utilise un terme raciste pour conseiller à l'une des organisatrices d'engager un prête-plume pour venir à bout de son projet de livre. Laura s'exclame : « un quoi ! Tu es littéralement entre deux Noires », ce à quoi Sybille rétorque que cela « témoigne de son innocence ». Alors que Naomi, une infirmière noire qui se trouve à côté de Sybille, affirme que « ça ne la dérange pas », les conversations reprennent et embrayent sur d'autres sujets. Cette scène révèle d'abord que les règles émotionnelles de bienveillance visant à une égalisation symbolique des participantes ne préservent pas de la reproduction de hiérarchies raciales au sein des groupements militants. Alors que Laura tente de dénoncer la dimension raciste des propos tenus, la réaction de Sybille témoigne d'un « attachement émotionnel à l'innocence ». Certaines féministes peuvent ainsi avoir la conviction profonde de ne pas être impliquées dans la subordination des autres femmes. Mary Louise Fellows et Sherene Razack montrent à ce sujet que cet attachement féministe à l'innocence, qui empêche de penser la manière dont les femmes participent à l'oppression des femmes, s'est historiquement construit en lien avec les représentations coloniales de la respectabilité féminine blanche[8]. La scène révèle aussi que le travail d'évitement du conflit est pris en charge par la grande majorité des participantes. C'est ce dont témoignent la minimisation de l'offense et le détournement des sujets de conversation. Aussi, les règles émotionnelles et d'interaction promues au sein des espaces du *self-help*, si elles n'évitent pas l'émergence du conflit, constituent autant d'outils pour faire taire celles-là mêmes qui tentent de se défendre des rapports de pouvoir qu'elles subissent au sein du groupe. La culture émotionnelle du *self-help* n'empêche pas la reproduction des inégalités dans les collectifs. Elle permet en revanche de la masquer, en mettant en sourdine les préoccupations des minoritaires et en perpétuant la fiction d'un espace amical, égalitaire, dans lequel les rapports de pouvoir seraient suspendus.

Le lendemain matin, ce conflit latent éclate au grand jour et dévoile que les normes émotionnelles ne sont pas exactement les mêmes pour toutes. Alors que plusieurs participantes arrivées en avance se retrouvent autour d'un café dans la pièce qui sert de cuisine collective, la discussion s'oriente vers la prise en charge de la santé gynécologique des travailleuses du sexe. Certaines participantes commencent alors à poser des questions à Julie, une ancienne infirmière blanche qui exerce désormais en tant que travailleuse du sexe et qui est engagée au sein d'une association de santé communautaire avec et pour les travailleuses et travailleurs du sexe. Cha, l'une des organisatrices de la formation, blanche et sans qualification professionnelle en santé, quitte rapidement la salle puis y passe à plusieurs reprises avec son amie Laura. Toutes deux montrent leur agacement vis-à-vis de la conversation qui a

---

8. Mary Louise Fellows et Sherene Razack, « The Race to Innocence. Confronting Hierarchical Relations among Women », *Journal of Gender, Race and Justice*, 1 (2), 1998, p. 335-352. Sur la question de l'innocence blanche, voir aussi Gloria Wekker, *White Innocence. Paradoxes of Colonialism and Race*, Durham, Duke University Press, 2016.

lieu. Au bout de quelques minutes, nous nous dirigeons vers la salle commune afin de démarrer la journée de formation. Alors que Maxime propose de commencer par un tour de parole pour réaliser un « débrief émotionnel » sur l'auto-observation expérimentée la veille, Cha annonce vouloir d'abord s'exprimer quelques minutes. Soutenue par Laura, elle dénonce la discussion qui s'est déroulée dans la cuisine. Pour elles, le fait qu'une personne concernée par le travail du sexe soit sollicitée par des « questions débiles » pour « éduquer tout le monde » s'apparente à de l'exploitation d'un travail d'élaboration et de diffusion de savoirs au bénéfice de professionnelles qui pourront par la suite vendre ces connaissances auprès de leurs patientes. Elles accusent également les personnes qui étaient présentes lors de la conversation sans y avoir participé activement d'être « complices » de cette exploitation. De nombreux échanges s'ensuivent. Au bout de quelque temps, Sybille prend la parole pour remercier Cha d'avoir tenu ces propos, affirmant qu'ils lui ont permis de « prendre conscience de certaines choses ». Elle ajoute qu'elle ne se sent en revanche plus « *safe* » dans l'atelier et qu'à ses yeux le cadre été rompu depuis que les questions qu'elle a posées à Julie ont été qualifiées de « débiles ». Laura répond immédiatement qu'elle ne s'est pas sentie en sécurité une seule fois dans ce cadre. Toutes deux montent le ton jusqu'à ce que Laura annonce qu'elle ne supporte pas ce qui est en train de se passer et qu'elle décide de se taire. Alors que le silence s'empare de l'ensemble des participantes, Maxime propose une technique de « communication non violente ». Celle-ci consiste à discuter par groupe de deux pendant dix minutes pour ensuite pouvoir « revenir ensemble » et reprendre le programme prévu. La proposition n'est cependant pas suivie, et les échanges se poursuivent pendant plusieurs heures tout en se calmant progressivement. Pendant la pause du déjeuner, les trois animatrices s'isolent dans une pièce, tandis que les participantes s'enquièrent de l'état émotionnel des unes et des autres et partagent des mots de réconfort. Laura est tenue à l'écart de ces échanges. Alors qu'elle est assise seule dans le jardin, personne ne s'approche d'elle. Comme le raconte Line, une sage-femme participant aux journées de formation : « sur l'heure du déjeuner au final tout le monde a essayé d'apaiser les choses et se réconforter les unes les autres, mais on a réussi à le faire seulement au prix de l'exclusion d'une personne du groupe ». Lorsque la séance reprend en début d'après-midi, Laura n'est pas là et ne reviendra pas. À la fin de l'après-midi, les organisatrices proposent un tour de parole de « clôture » où chacune est invitée à partager son vécu du week-end. Les participantes sont nombreuses à remercier Cha pour la discussion de la matinée.

Ces différentes scènes dévoilent la tension entre la volonté des militantes de construire un espace où les privilèges professionnels et les rapports de domination sont questionnés et un environnement « *safe* » et « bienveillant ». Alors que le travail émotionnel des militantes repose sur l'édiction de normes valorisant les sentiments « positifs » entre les participantes, l'expression de la colère, perçue comme une émotion négative, est inattendue et envisagée comme une déviance. Les entretiens réalisés par la suite avec certaines des organisatrices et des participantes portent tous la trace de la stigmatisation de cette émotion. Sophie, l'une des organisatrices, me livre son étonnement face à la colère de Laura :

> En fait je pense qu'en tout cas personnellement je ne m'étais pas du tout attendue à ce qu'il puisse y avoir de la colère. Je m'étais attendue à toutes sortes d'émotions, mais je ne m'étais pas forcément attendue à cette idée qu'il pouvait y avoir [de la colère]. En l'occurrence il y a une personne [Laura], parce qu'au final ça s'est beaucoup joué autour d'une personne, qui était très très très en colère. Et dans une grande détresse. [...] Et je ne sais pas pourquoi, je ne la connais pas, je ne sais pas quel est son parcours, parce qu'en plus elle ne s'est pas beaucoup ouverte à nous. Donc je ne sais pas si c'est parce que c'est un moment dans sa vie [...] ou si c'est parce que c'est son mode de communication habituel, j'en sais rien mais en tout cas moi je ne m'étais pas préparée à devoir affronter ça.

Trois éléments ressortent de cet extrait. D'abord, l'expression d'un désaccord par une femme noire est qualifiée de colère, ce qui n'est pas nécessairement le cas quand une femme blanche en fait de même. Ensuite, en affirmant ne pas savoir « si c'est parce que c'est un moment de sa vie ou si c'est parce que c'est son mode de communication habituel », Sophie refuse de reconnaître que la colère de Laura, dirigée contre la reproduction des rapports de domination et en particulier des rapports sociaux de race au sein de l'atelier, puisse être une émotion politique. Enfin, Sophie soutient que Laura « ne s'est pas beaucoup ouverte ». Ce faisant, elle estime que Laura n'a pas respecté la norme qui consiste à parler de soi et à partager son vécu privé et ses émotions avec le collectif. Autrement dit, et comme l'a montré Sarista Srivastava à propos des ateliers antiracistes dans les mobilisations progressistes[9], l'expression de la colère envers le racisme ne s'inscrirait pas dans la pratique collective de partage des ressentis. Le dévoilement émotionnel de Laura face au racisme n'est pas considéré comme un mode de participation au travail émotionnel de dévoilement de soi exigé par les militantes.

Un peu plus loin dans l'entretien, Sophie condamne fermement la « violence » de la colère de Laura : « je n'ai pas aimé la brutalité que ça a apportée, parce que je pense que tu ne gagnes jamais rien à brutaliser quelqu'un, même si c'était là une brutalité intellectuelle ». L'idée que les « bonnes féministes » ne se mettent pas en colère les unes contre les autres, identifiée par Mary Holmes[10] à propos des militantes de la « deuxième vague » en Nouvelle-Zélande, semble s'imposer aussi dans le militantisme féministe de *self-help* aujourd'hui. Dès lors, ce ne sont pas toutes les expressions de colère qui sont considérées comme « violentes » et qui mènent à l'exclusion des déviantes. Comme l'explique Maxime, la colère des participantes est légitime lorsqu'elle est dirigée contre les violences subies lors du suivi gynécologique :

> L'accès à l'auto-observation [...] selon l'âge des personnes et leur vécu en santé gynécologique, c'est associé à une colère plus ou moins forte de : « mais en fait pourquoi je n'y ai pas eu accès avant ? Et pourquoi j'ai vécu toutes ces violences jusque-là ? Et pourquoi on m'a jamais dit ? Et pourquoi... ? » Et du coup vachement de colère et de [sentiment] d'injustice.

Autrement dit, c'est quand elle s'adresse aux autres féministes que la colère est condamnée et que son expression donne lieu à une sanction. C'est d'ailleurs bien au nom de ce que j'ai appelé dans le chapitre précédent « la politique de la tasse de thé », qui entend façonner des émotions et des relations « positives » entre femmes, que la colère de Laura est stigmatisée. Les mots de Vanessa, qui a participé en tant que sage-femme au week-end de formation, le montrent bien :

---

9. Sarita Srivastava, « "Let's Talk" : The Pedagogy and Politics of Antiracist Change », dans Richard J. F. Day, Greig De Peuter et Mark Cote (eds), *Utopian Pedagogy. Radical Experiments Against Neoliberal Globalization*, Toronto, University of Toronto Press, 2007, p. 294-310.

10. Mary Holmes, « Feeling Beyond Rules : Politicizing the Sociology of Emotion and Anger in Feminist Politics », *European Journal of Social Theory*, 7 (2), 2004, p. 209-227.

> Moi par exemple, [Laura], [...] qui est partie sans vraiment nous dire au revoir, qui n'a pas participé, ou qui quand elle participait je trouvais que c'était des fois très violent, pour moi en tant que femme, même si elle est lesbienne et féministe, je ne me sens pas en confiance avec elle, je trouve qu'il y a un truc hyper agressif, où moi je me suis sentie hyper en vulnérabilité. Et elle était peut-être féministe et avait plein de super belles idées mais en tout cas moi en tant que femme je trouvais que c'était dur. Je ne trouvais pas qu'il y avait tant de respect que ça. J'ai besoin de rondeur, en tout cas... j'aime bien la petite tasse de thé (elle rit), j'aime bien l'humour, j'aime bien les choses qui mettent à l'aise, le lien, tout ça.

La dénonciation de la reconduction des rapports de pouvoir est donc inaudible quand elle met en lumière les différences de pouvoir entre femmes au sein même du groupe. La difficulté à reconnaître ces asymétries entre femmes s'explique par l'impératif de sororité et par la force des attachements affectifs dans le groupe : l'amitié entre certaines personnes peut empêcher la dénonciation des rapports sociaux de race. En entretien, Line fait part de sa colère vis-à-vis de Laura qui a, selon elle, provoqué un conflit alors que son amie Sophie se sent facilement « bousculée » par les différends.

> Je la connais par cœur, et les moments où il y a eu notamment tout le clash du dimanche matin c'est vrai que ça rajoutait à mon malaise de la voir aussi mal. Je sais comment elle réagit dans les situations de conflits, et je la voyais, elle n'était pas très loin. Et que ça ajoutait finalement à mon malaise de la voir si mal, ça fait partie des trucs qui m'ont mis en colère aussi. Il n'y aurait eu que des gens que ça bousculait moins et on aurait eu une franche engueulade, clairement je ne me serais pas mise autant en colère.

Pour autant, la sanction dont Laura fait l'objet après avoir exprimé sa colère, c'est-à-dire son éviction du groupe, ne s'applique pas à Cha. Si cette dernière a dénoncé les mêmes mécanismes que Laura, et selon les mêmes modalités, son désaccord et sa colère ont été reçus et traités différemment. Alors que Laura a été ostracisée des sociabilités du groupe et exclue informellement de l'activité militante, Cha a pour sa part été remerciée à plusieurs reprises pour avoir relevé des pratiques qui la dérangeaient. Dans les entretiens, ce traitement différentiel apparaît également, comme en témoigne le témoignage de Sybille :

> J'ai trouvé ça bien que Cha nous fasse part de son malaise par rapport à ça, parce que je trouve que c'est important de signaler que les choses peuvent être prises autrement que ce qui a été vécu en situation. [...] En revanche, [Laura], on sent une femme qui est encore extrêmement en colère, qui est dans l'agressivité, ce qui fait que ça ne collait pas avec le groupe parce que c'était pas la démarche. Dans un environnement où on cherche à vraiment poser des lignes pour la bienveillance, pour pouvoir faire en sorte que tout le monde soit confortable, disons que ce qu'elle dégage d'elle est extrêmement agressif.

La colère de Laura est racialisée : sa représentation réitère le stéréotype de « la femme noire en colère[11] » et agressive. Aussi dans ce cas précis le non-respect des normes émotionnelles en vigueur dans les espaces du *self-help* n'est-il pas sanctionné de la même manière selon l'appartenance raciale des militantes : lorsque la reproduction des rapports sociaux au sein du groupe est mise en lumière par une personne blanche, la colère qu'elle suscite est acceptée, et même valorisée. Lorsque c'est une personne dominée dans les rapports sociaux de race qui tente de rendre saillants les rapports de pouvoir, et ce, en mobilisant un registre émotionnel disqualifié, cette dénonciation n'est pas considérée comme faisant partie du travail émotionnel exigé des participantes, à savoir le dévoilement de soi, et fait l'objet d'une sanction forte qui se traduit par l'exclusion de cette personne.

La réception différenciée de la colère de Laura et de celle de Cha révèle la manière dont le travail militant émotionnel et relationnel peut être utilisé pour contrôler et contenir l'expression des émotions envers le racisme. L'imaginaire relationnel et émotionnel promu au sein des collectifs de *self-help* est un imaginaire de dominantes : il nécessite une homogénéité sociale et raciale pour se réaliser. Si les espaces du *self-help* sont présentés par la plupart des militantes comme des espaces « bienveillants » et à l'abri des rapports de pouvoir, le travail émotionnel et relationnel n'empêche pas nécessairement la reproduction des inégalités. Il peut même participer à masquer les mécanismes par lesquels elles se perpétuent au sein des collectifs. Quand bien même ce travail est effectué au nom de la prise en compte de l'intersectionnalité et de la diversité au sein du groupe des femmes, il peut en réalité contribuer à

---

11. Sarita Srivastava, « Tears, Fears and Careers : Anti-Racism and Emotion in Social Movement Organizations », *The Canadian Journal of Sociology / Cahiers canadiens de sociologie*, 31 (1), 2006, p. 83.

dissimuler les rapports de pouvoir issus de positions sociales différentes au sein du groupe des femmes.

Les pratiques émotionnelles valorisées par le *self-help* féministe participent à la production de la blanchité, c'est-à-dire à la formation de la position sociale privilégiée des sujets blancs. Dans son étude sur « l'innocence blanche » aux Pays-Bas, Gloria Wekker a en particulier souligné comment la blanchité, en tant que position sociale majoritaire, est entretenue et garantie par un ensemble d'émotions. Les travaux d'Éléonore Lépinard sont venus appuyer ces conclusions en mettant au jour les ressorts émotionnels de la production d'une blanchité féministe qui « permet d'articuler et de faire respecter les limites morales et politiques du sujet féministe légitime[12] ». Dans le prolongement de ces analyses, j'ai montré que le travail émotionnel des militantes du *self-help*, qui se veut égalisant et se fait au nom de la prise en compte des différences entre les femmes, empêche la politisation des inégalités raciales au sein des mobilisations, reproduit ce que Charles Mills a appelé l'ignorance blanche des rapports sociaux de race[13], et participe ainsi à la production d'un mouvement social blanc.

L'intersectionnalité comme travail d'inclusion

La très grande majorité des militantes du *self-help* féministe revendiquent une approche intersectionnelle : elles entendent forger un « féminisme inclusif » qui ne soit pas « excluant » et qui « lutte contre toutes les formes d'oppression ». Elles conçoivent l'intersectionnalité comme une stratégie pour soutenir l'inclusivité et contrer la reproduction des privilèges au sein des mobilisations[14]. Cet usage discursif de l'intersectionnalité donne lieu à un ensemble de pratiques militantes que je regroupe sous le terme de travail d'inclusion. Les militantes conçoivent ces pratiques comme des outils visant à concrétiser l'intersectionnalité dans les espaces du *self-help* féministe et, ce faisant, à subvertir la manière dont les rapports sociaux et leur entrecroisement se reproduisent au sein

12. Éléonore Lépinard, *Feminist Trouble. Intersectional Politics in Post-Secular Times*, New York, Oxford University Press, 2020, p. 81.
13. Charles W. Mills, « White Ignorance », dans Shannon Sullivan et Nancy Tuana (eds), *Race and Epistemologies of Ignorance*, Albany, State University of New York Press, 2007, p. 11-38.
14. Elizabeth Evans et Éléonore Lépinard, « Confronting Privileges in Feminist and Queer Movements », chap. cité, p. 5-6.

des collectifs militants. Appréhender les usages militants de l'intersectionnalité sous l'angle du travail d'inclusion permet de saisir tant les mécanismes de subversion que de reproduction de l'ordre social inégalitaire au sein des groupements militants. En effet, « l'organisation des activités [militantes] – soit la manière dont le travail militant est ou n'est pas divisé, accaparé, assigné, mais aussi valorisé ou déqualifié – [est] un indicateur grâce auquel on peut voir les rapports sociaux s'actualiser à l'intérieur même des groupes mobilisés[15] ». L'analyse du travail d'inclusion et de la division de ce travail révèle que la revendication d'intersectionnalité, quand elle prend cette forme, a un caractère ambivalent par rapport à la promesse de dépassement des inégalités entre femmes offerte par le concept[16].

Reconnaître la diversité des expériences vécues ?

Les militantes, à l'instar d'Inès, voient parfois dans l'ancrage corporel des pratiques de *self-help* un risque de naturalisation de la différence de sexe et de réification des identités de genre et des orientations sexuelles :

> Il y a aussi quand même toute une sorte de trucs *New Age* autour de la question qui parfois m'agacent un peu. C'est-à-dire le retour à la nature, à notre féminité primordiale, on glisse assez vite vers ce genre de choses. [...] Pour moi ça ne nous avance à rien de tomber dans une sorte de revalorisation du féminin et une essentialisation de la nature.

Elles ressentent une tension entre leur identification à un « féminisme inclusif » – en particulier des minorités sexuelles et des personnes trans', intersexuées et non binaires – et la place centrale accordée au corps et aux organes génitaux « féminins » dans leur répertoire d'action. Gabrielle dit ne pas trouver facile « d'être inclusive » « quand on se met à parler de notre corps, de notre anatomie ». Une première modalité du travail d'inclusion – considérer le corps comme un moyen de reconnaître les différences entre les femmes – permet de résoudre cette tension. Dans un entretien

---

15. Xavier Dunezat et Elsa Galerand, « Division du travail militant et articulation des rapports de pouvoir dans les mouvements sociaux », *Raison présente*, 186, 2013, p. 9-14.
16. Kathy Davis, « Intersectionality as Buzzword. A Sociology of Science Perspective on What Makes a Feminist Theory Successful », *Feminist Theory*, 9 (1), 2008, p. 67-85.

collectif avec la chercheuse Pauline Delage paru en 2019 dans la revue *Mouvements*, Marie Hermann, membre du collectif de réédition de *Notre corps, nous-mêmes*, explique par exemple :

> La perspective d'*Our Bodies Ourselves* et le fait de partir du corps nous semblaient toujours pertinents. Cela permet de partir de ce que toutes les femmes ont en commun, sans être aveugle aux différences sociales et à l'expérience d'autres formes d'oppressions[17].

Autour de la question du corps, les militantes affichent leur volonté de tenir compte de la diversité des expériences vécues par les femmes. Or, en appréhendant le corps comme un moyen de prendre en compte les différences entre femmes, les militantes le présentent paradoxalement comme « ce que toutes les femmes ont en commun ». En affirmant prendre en compte les « différences sociales » entre femmes, elles entendent répondre aux critiques adressées au caractère essentialiste des mobilisations sur les questions corporelles qui masquerait l'hétérogénéité du groupe des femmes. L'expérience corporelle est centrale dans la constitution d'un « en commun[18] » des femmes. Elle met en avant ce que les femmes partagent au-delà de ce qui les différencie – par exemple des positions inégales dans les rapports sociaux de race, de classe, de sexualité ou encore de handicap. Le corps est conceptualisé, selon une « singulière universalité[19] », comme un lieu où s'inscrivent certes différents rapports sociaux, mais où ils s'inscrivent néanmoins pour toutes les femmes. L'accent mis sur les différences entre femmes ne conduit pas à politiser les rapports de pouvoir au sein de ce groupe. Les femmes sont au contraire réunies autour d'une expérience du corps similaire. En considérant le corps comme ce qui relie les femmes entre elles, le *self-help* permettrait de dépasser les conflits qui traversent le féminisme à l'heure où le sujet « femmes » est mis à distance comme sujet unique de la lutte. Le travail discursif d'inclusion, qui insiste sur la nécessité de reconnaître la diversité des oppressions au sein du groupe des femmes

---

17. Membres du collectif Notre corps nous-mêmes et Pauline Delage, « Par des femmes, pour les femmes. Rééditer *Notre corps, nous-mêmes* quarante ans après l'original », art. cité, p. 60.
18. Diane Lamoureux, *Les Possibles du féminisme. Agir sans « nous »*, Montréal, Les éditions du remue-ménage, 2016, p. 11.
19. Laure Bereni et Éléonore Lépinard, « "Les femmes ne sont pas une catégorie"... », art. cité, p. 83.

et d'inclure les plus marginalisées, vise paradoxalement à rassembler autour du corps. Celui-ci est construit comme un outil pour « faire corps » face à la force de dispersion des conflits qui agitent les mobilisations féministes.

Division du travail d'inclusion des minorités sexuelles et de genre

Lorsque le corps est mis en jeu, des tensions émergent autour de la délimitation du sujet collectif du *self-help* et partant, du féminisme. Quel est le « nous » de la mobilisation lorsqu'il est défini par « notre corps » ?

En premier lieu, le souci d'inclusivité révèle une position d'extériorité par rapport au groupe à inclure et une position dominante dans les hiérarchies sociales liées à l'identité de genre. Toutes les enquêtées sont des femmes cisgenre[20] au moment de l'entretien, à l'exception de Charlotte, qui se définit comme *genderqueer*. Charlotte est une artiste performeuse qui organise depuis le milieu des années 2010 des ateliers d'auto-observation de la « chatte » et de transmission de savoirs sur les plantes en lien avec la santé gynécologique. Elle[21] met en avant la dimension performative du genre et mobilise un registre militant pour rendre compte de son identification :

> Il y a une forme de militantisme pour moi aujourd'hui de m'afficher comme *genderqueer* et de jouer vraiment sur les différents genres, de les jouer, parce que pour moi c'est réellement de la performance, et s'il y a besoin de me ranger dans des cases, oui il y a des jours où je vais être plus fille, des jours où je vais être plus garçon, et des jours où tu sais pas.

Pour autant, Charlotte s'identifie aussi à la catégorie « femme ». À plusieurs reprises lors de l'entretien, Charlotte se dit concernée « en tant que femme » par des thèmes comme l'avortement ou les violences gynécologiques. La catégorie prend alors sens pour elle sous la forme d'une assignation sociale faite aux personnes « qui porte[nt] un vagin ». Elle donne un sens politique à cette assignation en rappelant qu'elle peut légitimer la remise en cause

---

20. Ce terme signifie qu'elles se reconnaissent dans le sexe qui leur a été assigné à la naissance.
21. Charlotte utilisant le féminin pour parler d'elle tout au long de notre entretien, je fais de même ici.

des droits sexuels et reproductifs acquis, et s'identifie ce faisant à un « nous » :

> Du jour au lendemain on peut nous retirer le droit à l'avortement, on peut nous retirer des droits sous le simple prétexte qu'on est des femmes. Sous le simple prétexte qu'on porte un vagin.

Les propos de Charlotte, qui tendent à faire équivaloir la catégorie « femme » avec le fait de « porte[r] un vagin », montrent la tension qui existe entre la volonté de dénaturaliser les identités de genre et l'ancrage de l'oppression dans le « sexe biologique ». Cette tension est particulièrement visible dans le militantisme de *self-help*, dont le répertoire d'action donne une large part aux organes génitaux dits féminins. Les militantes tentent d'y répondre de deux manières.

Un premier groupe d'enquêtées est constitué de personnes dont les pratiques militantes ont pour objectif d'inclure des minorités sexuelles et des personnes trans' et non binaires. Maxime, sage-femme de 29 ans qui anime régulièrement des sessions collectives de transmission de savoirs sur la gynécologie, déclare ainsi tenter de ne pas reproduire la norme hétérosexuelle dans ses ateliers :

> Moi le choix que je fais pour l'instant c'est de plutôt parler [de contraception] après l'atelier, les personnes qui veulent elles restent, parce que s'il y a des personnes qui ont des pratiques où elles ne risquent pas d'être enceintes, du coup ce sera relou de prendre du temps pour ça alors qu'il y a des personnes qui ne sont pas du tout concernées par la question.

Pour autant, d'après mes observations, l'oppression spécifique vécue par les personnes ne se conformant pas au régime hétérosexuel est rarement mise en avant et ne donne que rarement lieu à des pratiques orientées vers l'inclusion des minorités sexuelles.

Dans cette même perspective inclusive, les militantes de ce groupe peuvent adopter des formulations visant à éviter le risque d'essentialisation. Ainsi le texte de présentation de cet atelier témoigne du travail de définition inclusive du public entrepris :

> Les personnes trans et intersexes sont les bienvenues à cet atelier, qui est animé par des personnes cis. Dans cet atelier, on veut défendre l'idée que le sexe anatomique ne fait pas forcément le genre (par exemple, on peut avoir une vulve et ne pas être une femme) et qu'il

> n'existe pas que deux sexes. Notre envie de déconstruire nos représentations limitantes et oppressantes autour du sexe est un travail permanent et qu'on espère collectif. Malheureusement, certaines personnes n'y trouveront peut-être pas toutes les ressources qui les concernent, voire peut-être aucune pour les personnes qui ont une anatomie très éloignée de l'anatomie cis et dyadique, dite « féminine »[22].

Le mot « femmes » est volontairement absent des textes de description des ateliers. Les militantes ne l'utilisent pas non plus pendant les séances : elles emploient des formulations alternatives comme « personnes qui ont une vulve », « personnes menstruées », « personne qui ont un vagin et qui ont besoin de s'adresser parfois à une gynécologue » ou « personnes concernées par la gynécologie » et invitent les participantes à en faire de même. Cette démarche vise à ne pas exclure les personnes trans' et non-binaires de la représentation discursive. Enfin, les participantes sont conviées à indiquer, lors du tour de présentation, le pronom par lequel elles souhaitent être désignées. Ces pratiques d'inclusion des minorités de genre dans les ateliers de *self-help* concourent à sensibiliser les participantes aux enjeux relatifs à la non-binarité et à la transidentité. Elles sont mises en œuvre par des militantes qui sont particulièrement bien dotées en capitaux scolaires (bac + 5, doctorat) et culturels, qui ont découvert les études sur le genre pendant leur cursus universitaire et qui ont été socialisées aux pratiques militantes féministes au sein de collectifs féministes autonomes.

Un second groupe est composé de militantes qui mettent aussi à distance l'« essentialisme » et sont promptes à se dire « sensible[s] à l'imbrication des différents systèmes de domination » mais qui ne développent pas de pratiques visant à inclure les minorités de genre. Certains des textes de présentation des ateliers mobilisent par exemple la catégorie « femmes » ou la possession d'un « sexe féminin » pour définir le public visé, sans en questionner les contours :

> Au cours de cet atelier, nous (re-)verrons en théorie quelques bases d'anatomie du sexe féminin. Ensuite, nous passerons à la pratique en observant, à l'extérieur, notre vulve et, à l'intérieur, notre vagin et notre col de l'utérus à l'aide d'un spéculum en plastique[23].

---

22. Texte de présentation, « Atelier d'anatomie de nos sexes », 2019.
23. Texte de présentation, « Atelier d'auto-examen gynécologique », 2016.

Ici, c'est bien le fait d'avoir un corps en commun (« notre vulve », « notre vagin », « notre col de l'utérus ») qui construit le « nous ». Si ce groupe est constitué de personnes légèrement moins diplômées (bac + 3 à bac + 5), leur capital scolaire demeure relativement élevé. Cette variable ne peut ainsi pas expliquer à elle seule les différences de pratiques dans le travail d'inclusion. Un effet de classe d'âge peut également être mis en évidence : elles ont entre 35 et 40 ans alors que les militantes du premier groupe avaient en général dix ans de moins. Elles ont donc réalisé leurs études une petite décennie plus tôt que celles qui mettent en place des pratiques pour « inclure » les minorités de genre. La moindre diffusion des études de genre et des critiques *queer* lors de leur passage par les institutions universitaires explique en partie cette différence de pratiques dans la définition du public des ateliers. Leur trajectoire militante en est un autre élément de compréhension. Si ces enquêtées n'ont pas nécessairement moins de capitaux militants, même si certaines d'entre elles en sont effectivement moins dotées, elles ont cumulé des capitaux différents. Contrairement au premier groupe identifié, elles ont été socialisées au militantisme dans des collectifs et des organisations au sein desquels les questions de genre ne primaient pas (Amnesty International, Greenpeace, partis politiques d'extrême gauche) et où les pratiques d'inclusion étaient moins ritualisées que dans les collectifs féministes autonomes dans lesquels les militantes appartenant au premier groupe ont fait leurs premiers pas.

Il n'en demeure pas moins que, dans les deux groupes, les militantes ignorent les contraintes spécifiques qui façonnent les expériences médicales des personnes trans'[24] et intersexuées[25]. Aurore, une militante qui appartient au premier groupe et qui anime un atelier « ouvert aux meufs et aux mecs trans' », dit ainsi ne pas savoir « quel est le suivi gynéco des meufs trans', [ou même] si elles sont confrontées à un suivi gynéco ». Juliette, qui se dit « ouverte à ce que toute personne avec une vulve vienne [à l'atelier qu'elle anime], quel que soit son genre », fait montre d'une ignorance similaire :

---

24. Emmanuel Beaubatie, *Transfuges de sexe. Passer les frontières du genre*, Paris, La Découverte, 2021.
25. Michal Raz, « Qualité de vie et fertilité dans les études de suivi des personnes intersexuées », *Cahiers du Genre*, 60 (1), 2016, p. 145-168.

> Et puis moi personnellement je me pose la question de : « est-ce qu'un trans' qui s'est fait opérer et qui a eu, je ne sais pas comment ça s'appelle, une vaginoplastie je crois, est-ce que ce serait bienvenu qu'il vienne, étant donné qu'il n'y a pas eu tout le vécu sur : depuis qu'on est toute petite le rapport à notre vulve, à la masturbation, à tout ça ? », c'est la question que je me pose aujourd'hui.

De la même manière, dans les ateliers de *self-help* auxquels j'ai participé, les questions relatives aux liens entre transidentité, médecine et santé n'ont jamais été abordées.

Une division du travail militant selon des dynamiques de genre est à l'œuvre dans ces mobilisations, comme le montre cette séquence au cours de laquelle la transidentité a été évoquée. Cette séquence se déroule lors d'un atelier d'auto-observation ouvert aux « personnes avec un vagin (*genderqueer*, FtX, MtX[26], personnes non binaires, etc.) ». L'atelier est animé par Charlotte, une artiste trentenaire, et réunit une vingtaine de personnes. Une fois que toutes les participantes sont installées sur les matelas disposés en demi-cercle dans la salle, Charlotte commence par se présenter. Elle se trouve au centre du demi-cercle, et une personne avec qui elle a échangé quelques mots avant de prendre la parole se trouve juste derrière elle. Une dizaine de minutes plus tard, une fois son propos terminé, Charlotte ajoute qu'elle a demandé à Sam de venir et, se tournant vers la personne qui se trouve derrière elle, l'invite à se présenter. La prise de parole de Sam est très courte : il annonce être un homme trans' et se présente comme « l'assistant sur l'atelier ». Une grosse demi-heure plus tard, Charlotte propose de passer à l'auto-observation. Elle annonce que c'est la raison pour laquelle elle a invité Sam, à qui elle donne la parole. Celui-ci se lève et entreprend d'expliquer brièvement ce qu'il entend par « homme trans' » : il est né assigné fille, mais il prend de la testostérone depuis plusieurs années, ce qui a notamment pour effet de « faire pousser [ses] poils ». Il ajoute que le traitement qu'il prend a également pour conséquence de faire gonfler son clitoris. Il retire ses sous-vêtements pour montrer ses organes sexuels à la salle sous les exclamations positives de la plupart des participantes. Lors de l'entretien que je réalise avec Charlotte quelques mois plus tard, celle-ci me

26. FtX (Female-to-X) et MtX (Male-to-X) désignent les personnes trans' qui ne se reconnaissent pas nécessairement dans le genre masculin ou féminin après leur transition.

raconte avoir demandé « à [son] ami Sam de venir et de présenter un autre corps de quelqu'un qui porte un vagin ».

Dans la scène relatée ci-dessus, la division des tâches entre Charlotte et Sam apparaît clairement. Le travail d'inclusion entrepris par Charlotte se décline sur le mode discursif et argumentatif : en témoignent la description de son atelier – ouvert aux « personnes avec un vagin » – et son utilisation des termes « individus XX » et « individus XY » lors de la séance pour éviter d'utiliser les catégories « femmes » et « hommes » et pour insister sur la possibilité que l'identité de genre ne corresponde pas au sexe biologique. Ce mode particulier de travail militant contraste avec celui que Sam réalise. Le dispositif que ce dernier met en œuvre pour sensibiliser aux enjeux liés à la transidentité repose au contraire sur l'exposition de soi par la mise en jeu corporelle. Contrairement à celles de Charlotte, ses prises de parole sont d'ailleurs très brèves. Ces deux modes de réalisation du travail militant sont très hiérarchisés dans cette scène. Les tâches réalisées par Sam sont sollicitées et prescrites par Charlotte, laquelle décide de leur nature et de leur temporalité dans le déroulement de l'atelier. Sam est ainsi assigné à un mode spécifique et dominé de réalisation du travail militant des ateliers de *self-help* : celui d'illustrer les propos tenus par Charlotte et de sensibiliser aux thématiques trans' par la mise en jeu corporelle de soi. Au contraire, le travail militant réalisé par Charlotte a une portée plus large dont le travail d'inclusion ne constitue qu'une partie. Dans la réalisation du travail militant qu'il entreprend, l'autonomie de Sam est très limitée. Sa mise à nu fait aussi transparaître la dimension dominée des tâches qui lui sont assignées. En effet, son corps est présenté comme un corps spécifique, qui est particularisé comme corps trans' et devient représentatif des corps « autres ». Enfin, le travail militant réalisé par Sam est un travail invisible, contrairement à celui de Charlotte. Le nom de Sam n'apparaît pas dans le texte de présentation de l'atelier, rédigé par Charlotte à la première personne. Sa présence se fait toujours discrète : il ne prend la parole que lorsque Charlotte la lui donne et reste derrière elle tout au long de l'atelier. Ses compétences militantes, enfin, directement liées à son anatomie, sont naturalisées. Au contraire, les tâches effectuées par Charlotte – explication et transmission de savoirs, mais aussi animation de la session (usage de l'humour, mise en scène théâtrale de soi, modération des discussions collectives) – mobilisent des compétences qui peuvent être perçues comme telles par les participantes. La division du travail entre Sam et Charlotte vient ainsi ratifier des positions différentes dans les hiérarchies sociales liées à l'identité de genre, tout en les reproduisant. L'axe du genre n'est cependant pas le seul qui structure une division hiérarchisée du travail militant.

Division raciale du travail militant intersectionnel

Les militantes du *self-help* développent en parallèle des pratiques qui visent à construire un féminisme inclusif des minorités raciales. Les propriétés sociales de ces militantes sont proches de celles qui mettent en place des pratiques d'inclusion des minorités de genre. Le travail d'inclusion des minorités raciales, qui porte en son sein des revendications égalitaires antiracistes, entend redéfinir les rapports sociaux de race et la manière dont ils structurent les mobilisations féministes. Réalisé au sein d'une mobilisation blanche, il contribue cependant parfois à reproduire un ordre racial inégalitaire.

Décoloniser les savoirs anatomiques et médicaux

Une première pratique qui vise à développer un féminisme inclusif envers les personnes minorisées racialement consiste à introduire, dans le déroulement des activités militantes de *self-help* (ateliers, tables rondes, etc.), un récit de l'histoire raciale de la gynécologie. Lors d'un atelier d'auto-gynécologie auquel j'ai participé en 2016, l'animatrice, une artiste blanche approchant de la trentaine, convoque la figure de James Marion Sims, un médecin new-yorkais qui a participé à la spécialisation de la discipline au milieu du XIXe siècle. Elle rappelle que cet homme, célèbre pour avoir inventé le spéculum, a commis des expérimentations chirurgicales s'apparentant à des tortures sur une quinzaine de femmes noires esclaves dans un hôpital qu'il avait fondé à cette fin à Montgomery en Alabama[27]. Elle met ainsi en lumière la place des rapports sociaux de race dans l'histoire de la production des connaissances médicales. Elle renomme ensuite des parties du sexe

27. Voir Terri Kapsalis, *Public Privates. Performing Gynecology from Both Ends of the Speculum*, Durham, Duke University Press, 1997 ; Deborah K. McGregor, *From Midwives to Medicine. The Birth of American Gynecology*, New Brunswick, Rutgers University Press, 1998 ; Laura Briggs, « The Race of Hysteria : "Overcivilization" and the "Savage" Woman in Late Nineteenth-Century Obstetrics and Gynecology », *American Quarterly*, 52 (2), 2000, p. 246-273 ; Carroll Smith-Rosenberg, *Disorderly Conduct. Visions of Gender in Victorian America*, Oxford/New York, Oxford University Press, 1987.

féminin afin de contester l'habitude de la science anatomique de nommer des parties du corps des femmes d'après le nom des médecins – des hommes blancs – qui les auraient « découvertes ». L'animatrice propose aux participantes de désigner comme « glandes de Lucy et Betsey » les glandes qui sont communément connues sous le nom de « glandes de Bartholin » et d'utiliser le terme « glandes d'Anarcha » pour les glandes para-urétrales, en hommage aux trois femmes esclaves ayant subi les expérimentations de James Marion Sims dont on a retrouvé le nom. Ce faisant, elle se présente comme engagée pour la décolonisation des savoirs anatomiques et médicaux.

« Checker ses privilèges », une tâche militante socialement située

Une seconde pratique qui caractérise le travail d'inclusion opéré par les militantes majoritaires du *self-help* consiste à « checker ses privilèges ». Cette expression est apparue sur le web féministe anglophone sous la forme d'une injonction (*check your privilege*) afin de rappeler à certaines personnes qu'elles ne peuvent et ne devraient pas parler d'une oppression à la place des personnes concernées par cette oppression[28]. Elle a rapidement été adaptée en langue française et reprise dans les réseaux militants. Dans les entretiens et dans certains ateliers, les militantes qui entendent développer un féminisme « inclusif » ont eu tendance à énoncer leur position sociale dominante et à insister sur le fait qu'elles ont acquis une conscience des « privilèges » qu'une telle position sociale implique. C'est le cas de Sophie, qui fait référence en entretien à sa position privilégiée dans les hiérarchies raciales :

> Je pense qu'on a toutes cette expérience-là d'avoir parlé et d'avoir dit exactement la même chose que quelqu'un qui est noir dans la pièce et que ça a été entendu parce que toi tu es blanc. En tout cas moi j'ai déjà eu ce vécu-là.

La question du privilège est ainsi majoritairement pensée à travers la notion de « privilège blanc[29] » et laisse souvent de côté la manière dont d'autres rapports de domination structurent l'allocation des

---

28. Ealasaid Munro, « Feminism : A Fourth Wave ? », *Political Insight*, 4 (2), 2013, p. 22-25.
29. Thématisée à la fin des années 1980 par la sociologue américaine Peggy McIntosh (« White Privilege and Male Privilege : A Personal Account of Coming To See Correspondences through Work in Women's Studies », Wellesley College, Center for Research

ressources, comme la classe sociale, la sexualité ou encore le handicap. Les inégalités dues à l'appartenance de classe ont par exemple très rarement été citées dans les entretiens. Un tel positionnement tend à reproduire une ignorance de l'homogénéité de classe qui caractérise le militantisme de *self-help*, comme dans les propos de Mégane :

> Je pense qu'heureusement dans les groupes politiques [féministes] dans lesquels je navigue il y a des personnes de classes sociales assez différentes, mais c'est quand même une grande constance d'être quand même privilégié blanc.

Cette homogénéité sociale est parfois reconnue, par exemple par Carolina qui regrette que les participantes aux ateliers qu'elle anime soient toutes « d'un certain niveau social, d'une certaine classe sociale ». Toutefois, elle ne donne pas lieu à des pratiques d'inclusion spécifiques et n'est pas analysée comme résultant d'un « privilège » venant se concrétiser dans les interactions. Carolina conclut : « le public, je suis sûre qu'on le trouve partout ». Elle réaffirme ainsi le caractère universel qu'elle attribue aux effets émancipateurs du *self-help*, tout en invisibilisant le fait que les normes qu'elle promeut dans ses ateliers sont situées socialement et que le mode affinitaire de recrutement reproduit un entre-soi de classe.

Comme l'écrit Noémie Marignier, l'énonciation d'une position sociale dominante dans les hiérarchies raciales et des privilèges qui en découlent « n'a pas simplement pour but de se décrire, mais consiste à exhiber la place sociale que l'on occupe et les rapports de pouvoir dans lesquels on est impliqué, et, par-là, contribue à construire un ethos de locuteur·ice conscient·e de la position sociale occupée[30] ». Ce faisant, il s'agit bien de se présenter comme étant en rupture avec le caractère inconscient de la subjectivité blanche majoritaire. Les *Critical Whiteness Studies* ont en effet montré de longue date que ce qui caractérise la blanchité est l'impensé de sa propre visibilité[31]. Énoncer ses privilèges permet à

---

on Women, *working paper*, 189,1988), cette notion a été diffusée dans le champ militant pendant les années 2000 et connaît un succès croissant à partir de 2010.

30. Noémie Marignier, « Les "énonciations de privilèges" dans le militantisme féministe en ligne : description et critique », *Argumentation et analyse du discours*, 18, 2017.

31. Maxime Cervulle, « La conscience dominante. Rapports sociaux de race et subjectivation », *Cahiers du Genre*, 53 (2), 2012, p. 37-54.

Maxime de présenter un soi « conscientisé » mais aussi de mettre en scène un soi mobilisé contre les inégalités raciales :

> Et je dirais que c'est vachement je pense mon envie de prendre soin, d'être alliée en prenant soin autant que possible des rapports d'oppression qui ne me concernent pas aussi. Et là où je vais me dire : « oui la question du racisme ça ne me concerne pas », bah en fait si parce que moi j'ai le privilège d'être blanche.

En mettant en avant son privilège blanc, Maxime se présente comme une « alliée » de celles qui n'ont pas ce privilège, soit comme une personne non seulement consciente de sa position sociale dominante, mais aussi mobilisée contre des « rapports d'oppression qui ne [la] concernent pas ». À ses yeux, sa position d'alliée se traduit par la volonté de renoncer à ses privilèges, ou tout au moins de ne pas en bénéficier :

> La grosse part pour moi de mon féminisme c'est de checker mes privilèges et de voir de quelle manière je peux contribuer à ce que je n'en profite pas et plutôt que ça contribue à... enfin plutôt d'être une alliée avec ces privilèges-là.

Un tel usage de la notion de privilège renvoie, comme l'a souligné Ladelle McWhorter[32], à une conception du sujet qui est celle de l'individualisme libéral. Il a été critiqué pour sa propension à individualiser et dépolitiser la question raciale. Ne pas profiter de ses privilèges est bel et bien une fiction. Une telle affirmation constitue l'une des modalités de construction d'une subjectivité blanche antiraciste parmi les féministes aujourd'hui.

Dans son important travail sur la construction de la subjectivité des femmes blanches aux États-Unis au début de la décennie 1990, Ruth Frankenberg[33] a montré que les féministes blanches mobilisaient un répertoire discursif « conscient des rapports sociaux de race » pour appréhender ce qu'elle nomme leur « identité blanche ». Elle distingue cependant deux types de rapport féministe à la race et au racisme, qu'elle associe à deux générations : une première

---

32. Ladelle McWhorter, « Where Do White People Come From ? A Foucaultian Critique of Whiteness Studies », *Philosophy & Social Criticism*, 31 (5-6), 2005, p. 533-556.
33. Ruth Frankenberg, *White Women, Race Matters. The Social Construction of Whiteness*, Minneapolis, University of Minnesota Press, 1993.

génération caractérisée par un engagement de longue date dans la lutte antiraciste alors menée majoritairement par des personnes non blanches et qui se concentre sur la recherche de stratégies collectives pour lutter contre la ségrégation et les inégalités politiques et économiques ; une génération de femmes plus jeunes, socialisées au militantisme dans un contexte politique marqué par l'utilisation d'un langage *color-evasive* et dans des mobilisations féministes majoritairement blanches, qui sont attentives à la manière dont le racisme façonne leurs expériences quotidiennes et leurs visions du monde. Les militantes du *self-help* féministe qui énoncent leurs privilèges ont été socialisées dans un contexte similaire à celui décrit par Ruth Frankenberg : elles ont connu une socialisation primaire dans des sociétés qui se pensent hermétiques aux discriminations raciales[34] et une socialisation au féminisme dans des collectifs majoritairement blancs. Elles partagent trois caractéristiques avec le deuxième groupe décrit par Ruth Frankenberg.

Premièrement, elles partagent l'idée que leur trajectoire individuelle est marquée par une prise de conscience accrue du racisme et de l'imbrication des axes d'oppression. Deuxièmement, elles examinent comment la race modèle leurs subjectivités et mettent en scène la manière dont elles reconnaissent leurs propres actions et attitudes racistes. Ces deux dimensions s'entrecroisent dans les propos d'Agnès, une interne en médecine qui anime des ateliers de *self-help* :

> Je vois bien que je suis bien construite raciste, par rapport au racisme, donc ça ça va être un gros taf à déconstruire, et j'ai pas eu trop d'occases, en étant une rurale jusqu'à mes 18 ans et en n'ayant pas conscientisé ça avant. Je ne sais pas mais... en fait la grosse conscientisation c'était le stage [dans un centre de santé communautaire], où je vois bien que dans toutes mes postures de soins, même si je veux être ouverte et tolérante, dès que je suis en stress, j'ai des réactions un peu racistes pourries.

---

34. Sarah Mazouz, *La République et ses autres. Politiques de l'altérité dans la France des années 2000*, Lyon, ENS éditions, 2017 ; Sarah Demart, « L'impensé de la Belgique noire : points de vue situés sur l'oblitération de l'autre », *La Revue Nouvelle*, 1 (1), 2018, p. 52-57 ; Noémi Michel, « Sheepology : The Postcolonial Politics of Raceless Racism in Switzerland », *Postcolonial Studies*, 18 (4), 2015, p. 410-426.

La perception renouvelée de soi, marquée par la « conscientisation » du racisme et donc par une trajectoire de progression, s'articule avec un questionnement sur la manière dont les rapports sociaux de race continuent de façonner les subjectivités propres. Agnès poursuit en affirmant qu'elle doit lire des « auteur·e·s noir·e·s [et] des afroféministes » pour « modifier [ses] pratiques ». À l'instar des autres militantes qui mettent en place des pratiques d'inclusion, elle conçoit le racisme comme un problème avant tout individuel et non organisationnel, et qui exige d'être réglé à cette échelle. Il s'agit alors de « se déconstruire », par exemple par ses lectures.

Troisièmement, les militantes blanches du *self-help* féministe placent au cœur de leur réflexion la question de la complicité blanche au racisme, ce qui les conduit à l'appréhender comme « une question existentielle et non comme une question politique[35] ». Après avoir affirmé que « si le féminisme est pas intersectionnel, c'est pas du féminisme », Mariam, qui organise et anime régulièrement des ateliers de partage de savoirs sur le clitoris, confie :

> Moi je pense qu'on peut pas parler pour les autres mais qu'à la fois... (elle soupire). C'est vraiment un truc sur lequel je me prends la tête depuis hyper longtemps. Enfin pour moi je suis vraiment en pleine réflexion et j'essaye de trouver un peu des réponses à droite à gauche à ça, mais je suis en pleine torture mentale en ce moment sur comment faire du féminisme intersectionnel sans avoir une posture que j'appellerais paternaliste, où genre on doit parler des autres ou parler pour les autres. Alors déjà, moi, je refuse de parler pour les autres. Mais, est-ce qu'après, parler des autres, est-ce que c'est intersectionnel ou pas ? Dire : « eh oh regardez, il y a tel groupe de personnes qui existe, et ces personnes-là ont le droit d'exister », oui, mais est-ce que finalement moi je suis légitime à le faire ? Est-ce qu'en tant que femme blanche dans une société dite blanche je dois profiter de ça pour relayer une parole qui n'est souvent pas entendue ? Ou est-ce que ça, à nouveau, c'est condescendant et paternaliste et pas intersectionnel ? Enfin vraiment pour moi c'est une prise de tête vraiment complètement folle.

Pour Mariam, la mise en œuvre d'une politique intersectionnelle et la lutte contre le racisme sont avant tout un exercice individuel

---

35. Ruth Frankenberg, *White Women, Race Matters...*, *op. cit.*, p. 168. Ma traduction.

et introspectif et non un enjeu d'organisation collective. L'énonciation des privilèges et des tensions qui en découlent au regard des critiques formulées par les féministes racisées et les théorisations de l'intersectionnalité permet de produire et de mettre en scène une subjectivité blanche consciente, réflexive et mobilisée contre le racisme.

À ce titre, l'énonciation des privilèges peut être lue comme une tâche militante à part entière qui permet de présenter un soi blanc « allié » particulièrement valorisé symboliquement au sein des féminismes contestataires contemporains. Or, cette tâche ne produit une rétribution symbolique que pour celles qui peuvent la réaliser, c'est-à-dire pour celles qui ont des privilèges à énoncer. L'antiracisme devient alors « une préoccupation éthique, accompagnée de pratiques visant à produire une plus grande connaissance de soi et une militante blanche moralement supérieure[36] ». Sarita Srivastava a montré que les efforts des militantes féministes engagées dans la lutte antiraciste au Canada restaient étroitement liés à leur souci de « se présenter comme de bonnes féministes avec de bonnes intentions[37] » et étaient historiquement ancrés dans des représentations coloniales de l'innocence blanche. Quand le groupe majoritaire énonce ses privilèges et la conscience de sa blanchité, il conforte son autorité morale. Une telle pratique s'inscrit dans une lutte pour l'hégémonie de la définition du sujet du féminisme dont les femmes blanches ont été progressivement décentrées à la suite de la contestation de leur tendance à l'universalisme par les féministes minoritaires[38]. La mise en avant de ses privilèges constitue ainsi une stratégie de placement qui permet de revaloriser la blanchité au sein des mobilisations.

---

36. Sarita Srivastava, « "Let's Talk" : The Pedagogy and Politics of Antiracist Change », chap. cité, p. 309.

37. Sarita Srivastava, « "You're calling me a racist ?" The Moral and Emotional Regulation of Antiracism and Feminism », *Signs*, 31 (1), 2005, p. 47.

38. Florence Degavre (dir.), *Diversité des féminismes*, Bruxelles, Université des femmes, 2008 ; Nouria Ouali, « Les rapports de domination au sein du mouvement des femmes à Bruxelles : critiques et résistances des féministes minoritaires », *Nouvelles Questions Féministes*, 34 (1), 2015, p. 14-34 ; Éléonore Lépinard, « Impossible Intersectionality ? French Feminists and the Struggle for Inclusion », *Politics & Gender*, 10 (1), 2014, p. 124-130 ; Silyane Larcher, « "Nos vies sont politiques !" L'afroféminisme en France ou la riposte des petites-filles de l'Empire », *Participations*, 19 (3), 2017, p. 97-127 ; Charlène Calderaro et Éléonore Lépinard, « Intersectionality as a New Feeling Rule for Young Feminists : Race and Feminist Relations in France and Switzerland », *European Journal of Women's Studies*, 28 (3), 2021, p. 387-404.

Usages militants des épistémologies du point de vue situé et reproduction d'un ordre racial

En déclarant « qu'on ne peut pas parler pour les autres », Mariam affirme aussi son adhésion à ce que Noémie Marignier a qualifié de norme épistémique qui transparaît dans les énonciations de privilèges, à savoir que les « personnes concernées » par une oppression produiraient des savoirs plus légitimes que les autres sur cette oppression : « produire une énonciation de privilège, c'est alors montrer son adhésion à une certaine conception du savoir, basé sur l'expérience[39] ». Noémie Marignier poursuit :

> Le raisonnement est donc le suivant : on ne peut parler que de ce que l'on est et ce dont on fait l'expérience, ou en tout cas on est susceptible d'en parler « le mieux ». Être, c'est alors connaître. Cette idée va se traduire dans les discours par un autre phénomène langagier que j'appelle « argument d'identité ». Il s'agit d'un argument du type : *seuls les X peuvent parler des X ou corollairement les Y n'ont pas le droit de parler des X, où X est une catégorisée non privilégiée et Y la catégorie privilégiée correspondante.* Cet argument met en correspondance l'expérience et le savoir (qui donnent [...] le droit ou non à la parole)[40].

Cette norme est issue d'une certaine lecture des épistémologies féministes du point de vue situé qui attribue un privilège épistémique aux sujets minorisés du fait de leur position dans les rapports de domination[41]. Cette lecture entre en cohérence avec le projet épistémologique du *self-help* qui promeut les savoirs expérientiels des femmes sur leur corps. Elle est donc largement partagée par ses militantes. Cependant, l'adhésion à une telle conception de la production de savoir a des implications en matière de division raciale du travail militant et d'essentialisation des catégories qui fondent l'altérisation. La correspondance entre identité, expérience et savoir conduit les militantes blanches du *self-help* à déléguer une partie de la production de savoir, qui constitue une tâche centrale dans l'économie du travail militant du *self-help*[42],

---

39. Noémie Marignier, « Les "énonciations de privilèges" dans le militantisme féministe en ligne : description et critique », art. cité, p. 6.
40. *Ibid.*, p. 10.
41. Pour une lecture critique de ces théorisations du point de vue situé, voir Artemisa Flores Espínola, « Subjectivité et connaissance : réflexions sur les épistémologies du "point de vue" », *Cahiers du Genre*, 53 (2), 2012, p. 99-120.
42. Comme l'a montré le chapitre précédent.

à celles qui subissent l'oppression raciale. Ainsi, le travail de création de savoirs sur la manière dont la race façonne les expériences (médicales, sexuelles, etc.) des femmes est assigné aux femmes dominées dans les rapports sociaux de race, tout en étant capté par des collectifs majoritairement blancs.

Ce mécanisme se donne à voir de manière paradigmatique dans le processus de composition du collectif de réédition de *Notre corps, nous-mêmes* et dans la division du travail cognitif qui y a présidé. Ce collectif fait partie des deux seuls collectifs de *self-help* enquêtés[43] qui n'étaient pas composés uniquement de femmes blanches. Lucie revient sur la formation du groupe et raconte comment le noyau initial s'est attelé à un travail d'inclusion :

> On s'est retrouvées d'abord on était six, et on s'est dit que la fois suivante chacune amènerait deux femmes, ce qu'on a fait. Après on a réfléchi au fait qu'on était un groupe trop homogène, on était toutes blanches, à peu près d'une trentaine d'années, hétéro, de milieux assez semblables, donc on s'est dit qu'il fallait absolument diversifier le noyau de départ.

Afin de « varier les profils », les membres présentes dans le groupe d'origine ont « intégré deux afroféministes[et] une copine d'origine marocaine ». C'est ce que me livre Claire lors de notre entretien, pour qui ce travail d'inclusion vise à développer « un projet qui parle à toutes les femmes » et qui soit « représentatif de l'ensemble des femmes ». La recherche de diversité permettrait d'assurer l'universalité du livre dans un contexte où la prétention universaliste du féminisme majoritaire est remise en cause. Le travail de représentation minoritaire qui est assigné à celles qui sont désignées et se désignent comme des femmes racisées les place dans une position ambivalente. Leïla livre sa réaction à la suite de l'invitation à faire partie du groupe :

> Je lui ai dit : « écoute je vais déjà aller voir ce que c'est », pour ne pas être le *token*, et donc je les ai rencontrées, et je trouvais que le projet était sympa et je me suis dit... c'était vraiment dans l'esprit du bouquin, que moi je ne connaissais pas en français, je le connaissais en anglais par mes études, j'avais lu sur le collectif de Boston, et donc je trouvais que c'était vraiment dans cet esprit-là, et que je

---

43. Sur un total de 23 collectifs féministes de *self-help*.

> pouvais m'exprimer, j'étais à l'aise. Et je me suis dit que si je n'y allais pas, il n'y allait peut-être pas avoir de femme racisée, en tout cas maghrébine, dans le groupe, et que ce serait dommage.

Appréhendant d'être réduite au rang de *token*[44], Leïla accepte néanmoins de représenter les femmes racisées au sein d'un collectif qui risquerait d'en être dépourvu sans elle. Une autre activité lui est déléguée, comme le mentionne Claire :

> En termes d'intersectionnalité on compte beaucoup sur les deux afroféministes, qui ont vraiment un point de vue plus... une expérience très particulière aussi de ce corps noir, ou en tant que d'origine marocaine, le côté femme voilée, discrimination religieuse.

Le travail de production de savoirs sur la manière dont la race, en tant que rapport de pouvoir, engendre des expériences différenciées et inégalitaires entre femmes, est ici assigné aux femmes minorisées par ce même rapport social de race. Les trois personnes racisées du collectif se voient ainsi prescrire un travail particularisé par rapport au projet épistémologique de l'ouvrage : celui de fournir au groupe des savoirs sur « l'intersectionnalité » et la « discrimination », qui sont conçus comme autant de savoirs spécifiques au regard des savoirs sur le corps et la santé que le livre entend produire et diffuser. Surtout, ce travail est invisibilisé comme tel puisque l'accès au savoir sur la race découlerait naturellement de la position sociale dominée de ces trois militantes. Il s'opère ici un glissement : les savoirs expérientiels, dont la légitimité était uniquement revendiquée, deviennent dans ce contexte les seuls légitimes. Le savoir que ces trois militantes apportent au groupe n'est pas conçu comme une *production* résultant d'un travail cognitif, mais comme un *capital* auquel elles auraient accès du fait du privilège épistémique lié à leur position de minoritaire. Autrement dit, leurs compétences cognitives sont naturalisées et, ce faisant, invisibilisées.

Le travail militant de production de savoir est ici divisé racialement. Cette division, qui repose sur le postulat selon lequel seule l'expérience d'une oppression donne accès à un savoir sur cette

---

44. Issu de l'anglais, ce terme désigne les personnes issues de groupes minorisés qui sont recrutées en faible nombre dans le but de représenter l'ensemble du groupe et donner ainsi l'illusion de l'égalité (raciale ou sexuelle).

oppression, produit en retour une forme d'essentialisation et de réification des catégories raciales. Ainsi Leïla, parce que « d'origine marocaine », est censée avoir accès à un savoir sur les expériences des « femmes voilées » et sur les effets de la discrimination en fonction de l'appartenance religieuse, quand bien même elle ne porte pas de voile et m'explique se « considére[r] comme athée ». La délégation du travail de production de savoir sur les questions raciales à partir d'une « expertise culturelle supposée[45] » fonctionne comme un geste d'assignation racialisante envers Leïla et les deux militantes afroféministes du collectif et les « réduit à une seule caractéristique censée être aux yeux de celle qui catégorise l'unique trait pertinent de leur identité[46] ». L'islam est ainsi construit comme le trait dominant et pertinent de l'identité de Leïla, et les deux autres militantes racisées sont réduites au fait d'avoir un corps noir. Au contraire, les militantes blanches du collectif, si elles s'énoncent comme blanches, ne se considèrent pas racialisées : en tant que blanches, leurs expériences ne seraient pas façonnées par la race et elles ne pourraient pas produire de connaissances sur la manière dont le rapport social de race structure leur vécu en matière de santé et de sexualité. Leurs expériences ne seraient pas « particulières » comme le seraient celles des femmes racisées du groupe, mais bien un référent général à l'aune duquel les expériences des « autres » peuvent être comparées.

Le travail d'inclusion tel qu'il est mis en pratique peut être lu comme l'une des modalités d'exercice du privilège racial. Alors que les militantes blanches qui se réclament d'un féminisme intersectionnel proclament leur engagement antiraciste, l'adhésion à une conception expérientielle du savoir les conduits paradoxalement à déléguer le travail de production de savoir sur la race, et sur la manière dont elle façonne des expériences médicales différenciées pour les femmes, à celles-là mêmes qui subissent le rapport d'oppression et non à celles qui en bénéficient. L'assignation de ce travail aux personnes minorisées reproduit une division hiérarchisée entre des femmes racisées – dont l'expérience serait particulière – et des femmes blanches – dont l'expérience serait universelle –, et dessine un ordre racial militant.

---

45. Marion Manier, « Les missions de "proximité" en question : places et postures des intervenantes sociales minoritaires », *Nouvelles Questions Féministes*, 32 (2), 2013, p. 18.
46. Sarah Mazouz, *Race*, Paris, Anamosa, « Le mot est faible », 2020, p. 52.

Conclusion

Le travail militant émotionnel et relationnel, qui insiste sur la dimension libératrice des émotions « positives » entre femmes et entend les extraire des rapports de domination, peut en réalité contribuer à perpétuer, tout en les dissimulant, les rapports de pouvoir au sein des collectifs militants. Une telle analyse permet de saisir les dimensions proprement émotionnelles de la reproduction d'un ordre militant inégalitaire. Le travail intersectionnel, qui se décline dans des pratiques d'inclusion de certaines féministes minoritaires (trans' ou racisées), est divisé selon des lignes de genre et de race et contribue à reproduire un ordre militant racial et genré. En faisant équivaloir expérience et savoir, les militantes féministes du *self-help* appartenant aux catégories dominantes assignent le travail de production et de diffusion de savoirs sur les questions de race et d'identité de genre aux militantes occupant des positions minoritaires, tout en occultant le fait que cette activité est un travail. Le travail d'inclusion opéré par le groupe dominant au nom d'un féminisme intersectionnel est alors extrêmement ambivalent : il donne lieu à « une visibilisation spectaculaire de la bonne volonté[47] » des féministes appartenant au groupe majoritaire tout en euphémisant les compétences militantes des membres des groupes minorisés. Le travail intersectionnel renforce ainsi la position du groupe dominant, qui bénéficie notamment de rétributions symboliques importantes, tout en reproduisant l'altérité et la minorisation des dominées. Travail émotionnel et travail d'inclusion constituent des modes euphémisés d'exercice du privilège social et racial et participent, au nom de l'intersectionnalité, à la reconstruction d'un universel du sujet féministe et à la reproduction d'une mobilisation de féministes majoritaires.

---

47. John Krinsky et Maud Simonet, « Déni de travail : l'invisibilisation du travail aujourd'hui », art. cité, p. 16.

Conclusion

Le corps du « nous »

Le corps occupe une place centrale dans la construction du « nous » des mobilisations féministes contemporaines. Un véritable travail politique est destiné à ce que l'unité des féministes autour du corps paraisse évidente, au-delà de la diversité des femmes et des lignes de fracture idéologiques qui traversent ce mouvement social pluriel. Ce travail militant s'appuie sur la contestation de l'emprise médicale sur le corps des femmes pour produire un corps pour le féminisme. Or, ce corps ne peut pas être incarné par toutes, quand bien même il se revendique inclusif. Le corps du « nous » féministe promu, qui se veut le corps de toutes, n'est le corps que de quelques-unes.

De la contestation de l'emprise médicale sur le corps des femmes à la production d'un corps pour le féminisme

À partir des années 1970, des militantes féministes se sont organisées pour contester le pouvoir qu'exerçait la médecine sur le corps des femmes et reprendre en main les savoirs procréatifs. Né aux États-Unis, le courant de *self-help* gynécologique a voyagé en Europe, où il a été reçu différemment selon les configurations locales. L'implantation marginale de ce courant ne l'a pas empêché d'exercer des influences à long terme et de jouer un rôle dans les résistances au déclin militant ayant marqué les années 1980. L'influence du *self-help* décroît toutefois au début des années 1990 puis ressurgit à la faveur du renouvellement du féminisme protestataire des années 2010. Ces mobilisations contemporaines renouent tant avec le principe selon lequel les femmes doivent être libres de disposer de leurs corps qu'avec le répertoire d'action des années 1970. Elles tendent cependant moins à transformer l'institution médicale que les femmes elles-mêmes. De la contestation radicale de l'emprise médicale sur le corps des femmes, elles s'orientent vers la production de sujets féministes. Ce renouvellement du *self-help* s'incarne dans des trajectoires individuelles caractérisées par leur homogénéité. Les militantes cumulent les dispositions au militantisme, ainsi qu'un rapport critique à la médecine, un rapport libéral au corps, mais aussi des expériences corporelles, médicales et sexuelles marquées par les rapports sociaux de sexe. Cette homogénéité sociale est aussi produite dans et par l'action collective.

Le travail militant de politisation au féminisme se déploie dans la promotion d'un rapport nostalgique aux luttes passées, lesquelles seraient marquées par l'unité des féministes. Ce travail militant mémoriel actif entend créer une continuité entre deux générations et unir les féministes autour du corps. La fabrication de féministes unifiées autour du corps passe également par un ensemble de tâches souvent considérées comme ne relevant ni du travail ni de la sphère politique, telles que l'apprentissage du dévoilement émotionnel, la promotion de relations positives entre femmes ou encore la valorisation des savoirs issus de l'expérience. Ces tâches travaillent les femmes au corps pour leur apprendre à faire corps. En promouvant des normes sur les façons de ressentir, de savoir et d'être en relation les unes avec les autres, les militantes du *self-help* produisent et édictent des bonnes manières d'incarner le féminisme. Mais certains corps – et donc certaines personnes – sont exclus de ces mobilisations, et ce, au nom même de la construction d'un « nous » inclusif. D'une part, parce que le travail militant émotionnel de bienveillance masque la reproduction des inégalités au sein des collectifs et met en sourdine les tentatives de contester ces inégalités ; d'autre part, parce que les tâches du travail militant intersectionnel sont différemment divisées, assignées et valorisées selon l'inscription des militantes dans les hiérarchies qui composent l'espace social. Le travail militant de politisation au féminisme par le corps reproduit ainsi l'altérité des féministes minoritaires tout en confortant la position sociale dominante des féministes majoritaires et produit un ordre militant inégalitaire. Le désir d'unité du sujet politique du féminisme façonne ses propres exclusions.

Corps et féminismes : dépasser les oppositions

Depuis sa politisation par la deuxième vague, la question corporelle est au cœur des mobilisations féministes. On ne doit pas pour autant négliger la complexité des rapports des féministes au corps des femmes. Ceux-ci ont souvent été analysés comme opposant deux conceptions antagonistes du corps. Cette grille de lecture réactive un conflit idéologique important dans le féminisme français des années 1970 autour de la différence des sexes et de sa dimension corporelle. D'un côté, le féminisme différentialiste, incarné historiquement par la tendance « Psychanalyse et politique », a développé une approche du corps féminin qualifiée d'« essentialiste ». Les tenantes de ce courant féministe, dont les autrices Antoinette Fouque, Julia Kristeva, Hélène Cixous et Luce Irigaray, ont affirmé l'existence d'une spécificité féminine fondée sur la différence corporelle et ont souligné la nécessité de revaloriser et de célébrer le corps des femmes au nom de sa puissance procréatrice. De l'autre, les féministes « matérialistes », dont Monique Wittig ou Christine Delphy, ont défendu une conception constructiviste du corps et de la différence de sexe. Elles ont identifié le corps comme le lieu premier de l'oppression des femmes : il est là où se jouent la division sexuelle du travail et l'injonction à l'hétérosexualité. Leurs théorisations du corps ont été critiquées par les féministes différentialistes qui y ont vu le « creuset de la dévalorisation féministe du corps féminin[1] ». Ces lignes de partition sont encore d'une brûlante actualité, ainsi que l'a rappelé la polémique d'août 2022 autour d'une affiche du Planning familial français. Afin de lutter contre les discriminations que subissent les personnes trans' au cours de leurs parcours médicaux, cette affiche tentait de déconstruire l'équivalence entre « personnes enceintes » et « femmes » en représentant un homme enceint. Elle a fait l'objet d'une levée de boucliers de la part de certaines féministes qui se sont appuyées sur l'argument de la différence biologique pour soutenir des positions anti-trans'.

---

1. Camille Froidevaux-Metterie, *Le Corps des femmes. La bataille de l'intime*, Paris, Philosophie magazine éditeur, 2018, p. 25.

L'analyse des rapports au corps développés dans les mobilisations de *self-help* féministe d'hier et d'aujourd'hui permet d'identifier, au-delà de cette dichotomie, d'autres conceptions féministes du corps. En étudiant les recompositions du mouvement féministe sous l'angle de la contestation de l'emprise médicale sur la santé gynécologique, cet ouvrage complexifie cette grille de lecture binaire. L'enquête menée auprès de collectifs de *self-help* renseigne empiriquement sur la manière dont les débats autour du statut du corps des femmes entre féminisme matérialiste et féminisme différentialiste sont rejoués dans les mobilisations contemporaines. L'approche dichotomique du rapport des féministes au corps continue parfois de faire sens pour les actrices, qui la mobilisent pour se positionner idéologiquement et politiquement les unes par rapport aux autres. En pratique, ces débats sont brouillés par l'approche pragmatique du corps développée par les militantes du *self-help*.

Mon étude montre l'existence d'une troisième modalité d'appréhension du corps chez les féministes, que l'on pourrait apparenter à une approche phénoménologique. La phénoménologie féministe a été développée par des philosophes américaines. Parmi elles, la théoricienne féministe Iris Marion Young a tenté de dépasser les dichotomies qui ont façonné la théorie féministe, notamment l'opposition entre matérialisme et essentialisme. Au fil de ses essais, réunis dans l'ouvrage *On Female Body Experience* en 2005[2], Iris M. Young propose une troisième voie. En s'attachant à saisir l'expérience que font concrètement les femmes de leur corps, elle suggère que le vécu corporel des femmes produirait des « sentiments et des modalités d'être-au-monde spécifiques[3] ». Les subjectivités seraient façonnées par l'expérience corporelle et « vécues et ressenties dans la chair ». Invitant à prendre en compte les différentes manières d'incarner les corps, elle ne se satisfait cependant pas d'une analyse qui se contenterait de décrire les multiplicités et les ambivalences de l'expérience vécue. Elle avance au contraire que la prise en compte du corps vécu doit s'associer à l'analyse des institutions qui façonnent les normes de genre. Ce faisant, elle remet en cause l'idée selon laquelle le corps des femmes serait la cause de leur subordination, tout en récusant une conception

---

2. Iris Marion Young, *On Female Body Experience. « Throwing Like a Girl » and Other Essays*, New York, Oxford University Press, 2005.
3. *Ibid.*, p. 6.

essentialiste qui nierait la force du genre, entendu comme l'ensemble des structures sociales qui encadrent et contraignent les expériences des femmes. Comme le résume Camille Froidevaux-Metterie, « dans la perspective qui est celle de Iris Marion Young, l'expérience corporelle féminine se conçoit sous deux aspects : elle est révélatrice de la condition aliénée des femmes mais elle témoigne aussi de la liberté qui est la leur de répondre de façon personnelle et émancipatrice aux contraintes sociales[4] ».

Selon la phénoménologie féministe, corps et subjectivités sont intimement liés. On ne peut donc produire de sujets politiques sans passer par le corps. Cette conception n'est pas sans rappeler les usages féministes du corps dans le *self-help*, qui lie expériences corporelles et façonnement des subjectivités politiques. L'opposition théorique entre conceptions différentialiste et matérialiste du corps semble alors peu opérante pour saisir la spécificité des pratiques contemporaines de *self-help*. L'approche phénoménologique telle qu'elle a été développée par Iris M. Young permet au contraire de l'appréhender plus finement. Les militantes du *self-help* féministe développent un rapport pragmatique au corps et aux contraintes matérielles et symboliques qui encadrent sa matérialité et sa sexuation. Aussi, loin de s'en tenir à une analyse selon laquelle l'intérêt féministe pour le corps impliquerait nécessairement un retour au biologique et à une supposée nature, cet ouvrage a pris le parti d'étudier empiriquement ce que produit un tel rapport au corps et à l'expérience vécue.

Repenser la prise de conscience politique

Au-delà du rapport des féministes au corps des femmes, cet ouvrage a examiné leur rapport à la « prise de conscience » politique. Comme on l'a vu, en sociologie de l'engagement, la « prise de conscience » désigne trois phénomènes qui peuvent être imbriqués. Dans une première acception, celle adoptée par les militantes du *self-help*, le terme désigne l'un des effets de la participation aux mouvements sociaux, à savoir le processus cognitif et subjectif par lequel on s'aperçoit de la dimension structurelle des expériences individuelles. La prise de conscience renvoie aussi à un phénomène collectif de reconnaissance d'une cause. Enfin, elle

---

4. Camille Froidevaux-Metterie, « Qu'est-ce que le féminisme phénoménologique ? », *Cités*, 73 (1), 2018, p. 86-87.

désigne un registre de lutte fondé sur la transmission aux groupes dominés d'un rapport critique au monde social. Dans cet ouvrage, la prise de conscience a non seulement été appréhendée comme un travail politique et comme un processus subjectif, mais aussi comme un discours sur soi qu'il s'agit d'analyser en tant que tel et de situer socialement.

Les militantes du *self-help* féministe que j'ai rencontrées sont promptes à relire leurs trajectoires d'engagement sous l'angle de la prise de conscience. Or, une telle lecture implique une vision progressiste de son propre parcours. Se présenter comme ayant pris conscience de l'intersectionnalité est notamment une manière de mettre en avant un soi déjà conscient de ses propres privilèges et, en cela, « allié » des minoritaires. Un tel positionnement peut contribuer à masquer la reproduction de pratiques de pouvoir dans les collectifs militants et à légitimer moralement le privilège des dominantes. Aussi, la prise de conscience, loin d'être seulement un processus cognitif, est aussi un instrument discursif central à la constitution d'une subjectivité féministe majoritaire caractérisée par l'affirmation d'une forme d'innocence et de supériorité morale. Ce résultat fait écho à d'autres travaux sur les classes supérieures progressistes[5] ou sur les masculinités modernes[6], qui montrent combien l'affirmation de positions progressistes sur les questions raciales, de genre ou de sexualité est une pratique de distinction sociale qui permet à la fois de contrôler les comportements des minoritaires et de se sentir moralement digne des privilèges accumulés. Les militantes du renouveau du *self-help* féministe partagent cet univers moral distinctif des groupes majoritaires. En se réclamant d'une conscience politique intersectionnelle, elles s'identifient comme de « bonnes » féministes et se distinguent des autres. À l'heure où il est de bon ton de se dire conscient·e de ses propres privilèges, il convient donc de rappeler combien ces présentations de soi participent de la production d'une forme de supériorité morale qui s'incarne dans la politisation de l'intime.

---

5. Sylvie Tissot, *De bons voisins. Enquête dans un quartier de la bourgeoisie progressiste*, Paris, Raisons d'agir, 2011 ; Sylvie Tissot, *Gayfriendly..., op. cit.* ; Rachel Sherman, « "A Very Expensive Ordinary Life" : Consumption, Symbolic Boundaries and Moral Legitimacy Among New York Elites », *Socio-Economic Review*, 16 (2), 2018, p. 411-433.
6. Tristan Bridges et Cheri Jo Pascoe, « Hybrid Masculinities : New Directions in the Sociology of Men and Masculinities », *Sociology Compass*, 8 (3), 2014, p. 246-258.

Bibliographie

Achin Catherine, Albenga Viviane, Andro Armelle, Delage Pauline, Ouardi Samira, Rennes Juliette et Zappi Sylvia (dir.), « Révoltes sexuelles après #MeToo », *Mouvements*, 99 (3), 2019.

Achin Catherine et Naudier Delphine, « L'*agency* en contexte : réflexions sur les processus d'émancipation des femmes dans la décennie 1970 en France », *Cahiers du Genre*, 55 (2), 2013, p. 109-130.

Achin Catherine et Naudier Delphine, « Les féminismes en pratiques », dans Dominique Damamme, Boris Gobille, Frédérique Matonti et Bernard Pudal (dir.), *Mai-Juin 68*, Paris, Éditions de l'Atelier, 2008, p. 383-399.

Aït-Aoudia Myriam, Bennani-Chraïbi Mounia et Contamin Jean-Gabriel, « Indicateurs et vecteurs de la politisation des individus : les vertus heuristiques du croisement des regards », *Critique internationale*, 50 (1), 2011, p. 9-20.

Albenga Viviane et Bachmann Laurence, « Appropriations des idées féministes et transformation de soi par la lecture », *Politix*, 109, 2015, p. 69-89.

Allen Pamela, *Free Space. A Perspective on the Small Group in Women's Liberation*, New York, Times Change Press, 1970.

Bacqué Marie-Hélène et Biewener Carole, *L'*Empowerment, *une pratique émancipatrice ?*, Paris, La Découverte, 2013.

Beaubatie Emmanuel, *Transfuges de sexe. Passer les frontières du genre*, Paris, La Découverte, 2021.

Bereni Laure, « Penser la transversalité des mobilisations féministes : l'espace de la cause des femmes », dans Christine Bard (dir.), *Les Féministes de la deuxième vague*, Rennes, Presses universitaires de Rennes, 2012, p. 27-41.

Bereni Laure et Lépinard Éléonore, « "Les femmes ne sont pas une catégorie". Les stratégies de légitimation de la parité en France », *Revue française de science politique*, 54 (1), 2004, p. 71-98.

Bessin Marc et Dorlin Elsa, « Les renouvellements générationnels du féminisme : mais pour quel sujet politique ? », *L'Homme et la Société*, 158 (4), 2005, p. 11-27.

Bidart Claire, « "Qui se ressemble s'assemble" ? », dans *L'Amitié, un lien social*, Paris, La Découverte, 1997, p. 41-51.

Blanchard Soline, Jacquemart Alban, Perrin Marie et Romerio Alice, « La cause des femmes dans les institutions », *Actes de la recherche en sciences sociales*, 223 (3), 2018, p. 4-11.

Boujut Stéphanie, « Le travail social comme relation de service ou la gestion des émotions comme compétence professionnelle », *Déviance et Société*, 29 (2), 2005, p. 141-153.

Bouron Laurane, « À la frontière du champ partisan. Carrières et socialisation militantes à "Osez le féminisme" », mémoire de master 2 en science politique, sous la direction de Frédérique Matonti, Paris, Université Paris 1 Panthéon-Sorbonne, 2012.

Bracke Maud Anne, « Our Bodies, Ourselves : The Transnational Connections of 1970s Italian and Roman Feminism », *Journal of Contemporary History*, 50 (3), 2015, p. 560-580.

Bracke Sarah, Puig de la Bellacasa Maria et Clair Isabelle, « Le féminisme du positionnement. Héritages et perspectives contemporaines », *Cahiers du Genre*, 54 (1), 2013, p. 45-66.

Bridges Tristant et Pascoe Cheri Jo, « Hybrid Masculinities. New Directions in the Sociology of Men and Masculinities », *Sociology Compass*, 8 (3), 2014, p. 246-258.

Briggs Laura, « The Race of Hysteria : "Overcivilization" and the "Savage" Woman in Late Nineteenth-Century Obstetrics and Gynecology », *American Quarterly*, 52 (2), 2000, p. 246-273.

Broqua Christophe et Fillieule Olivier, « Act Up ou les raisons de la colère », dans Christophe Traïni (dir.), *Émotions... Mobilisation !*, Paris, Presses de Sciences Po, 2009, p. 141-167.

Buechler Steven M., « Beyond Resource Mobilization ? Emerging Trends in Social Movement Theory », *The Sociological Quarterly*, 34 (2), 1993, p. 217-235.

Burgnard Sylvie, *Produire, diffuser et contester les savoirs sur le sexe. Une socio-histoire de la sexualité dans la Genève des années 1970*, Bern, Peter Lang, 2015.

Calderaro Charlène et Lépinard Éléonore, « Intersectionality as a New Feeling Rule for Young Feminists : Race and Feminist Relations in France and Switzerland », *European Journal of Women's Studies*, 28 (3), 2021, p. 387-404.

Cencin Alessandra, « Les différentes versions de la "découverte" du clitoris par Helen O'Connell (1998-2005). Entre restitution scientifique et vulgarisation médiatique », *Genre, sexualité & société*, hors-série 3, 2018, p. 1-23.

Cervulle Maxime, « La conscience dominante. Rapports sociaux de race et subjectivation », *Cahiers du Genre*, 53 (2), 2012, p. 37-54.

Chaponnière Martine, Roux Patricia et Ruault Lucile, « Que font les jeunes féministes de l'héritage des générations antérieures ? », *Nouvelles Questions Féministes*, 36 (1), 2017, p. 6-14.

Charpenel Marion, « Les enjeux de la mémoire chez les historiennes des femmes, 1970-2001 », *Actes de la recherche en sciences sociales*, 223 (3), 2018, p. 12-25.

Charpenel Marion, « Les groupes de parole ou la triple concrétisation de l'utopie féministe », *Éducation et sociétés*, 37 (1), 2016, p. 15-31.

Charpenel Marion, « "Le privé est politique !" Sociologie des mémoires féministes en France », thèse de doctorat en science politique, sous la direction de Marie-Claire Lavabre, Paris, Institut d'études politiques de Paris, 2014.

Charrier Philippe, « Comment envisage-t-on d'être sage-femme quand on est un homme ? », *Travail, genre et sociétés*, 12 (2), 2004, p. 105-124.

Clair Isabelle, « Faire du terrain en féministe », *Actes de la recherche en sciences sociales*, 213 (3), 2016, p. 66-83.

Cohen Valérie et Dunezat Xavier, *Quand des chômeurs se mobilisent...*, Rennes, Presses universitaires de Rennes, 2018.

Collovald Annie, Lechien Marie-Hélène, Rozier Sabine et Willemez Laurent (dir.), *L'Humanitaire ou le management des dévouements. Enquête sur un militantisme de « solidarité internationale » en faveur du Tiers-Monde*, Rennes, Presses universitaires de Rennes, 2002.

Cossée Claire, « Médias tsiganes en France et en Hongrie : re-présentation de soi dans l'espace public », *Revue européenne des migrations internationales*, 26 (1), 2010, p. 57-80.

Coulon Marianne, « Belgique : Avortement toujours interdit », *Les cahiers du GRIF*, 26 (1), 1983, p. 147-150.

Crenshaw Kimberlé, « Demarginalizing the Intersection of Race and Sex. A Black Feminist Critique of Antidiscrimination Doctrine, Feminist Theory and Antiracist Politics », *The University of Chicago Legal Forum*, 140, 1989, p. 139-167.

Cresson Geneviève, *Le Travail domestique de santé*, Paris, L'Harmattan, 1995.

Dagnaud Monique et Mehl Dominique, « Les gynécologues 1 : une profession sous influence », *Sociologie du travail*, 30 (2), 1988, p. 271-285.

Dardel Julie de, *Révolution sexuelle et Mouvement de libération des femmes à Genève (1970-1977)*, Lausanne, Antipodes, « Histoire », 2007.

Davis Kathy, « Intersectionality as Buzzword. A Sociology of Science Perspective on What Makes a Feminist Theory Successful », *Feminist Theory*, 9 (1), 2008, p. 67-85.

Davis Kathy, *The Making of* Our Bodies, Ourselves. *How Feminism Travels Across Borders*, Durham, Duke University Press, 2007.

Dayi Ayse, « Feminist Centers Negotiating Medical Authority in the 21st Century. Implications for Feminist Care and the U.S. Women's Health Movement », dans Jennie Jacobs Kronenfeld (ed.), *Access to Care and Factors that Impact Access, Patients as Partners in Care and Changing Roles of Health Providers*, Bingley, Emerald Group Publishing Limited, 2011, p. 197-228.

Degavre Florence (dir.), *Diversité des féminismes*, Bruxelles, Université des femmes, 2008.

Delage Pauline, « Produire de la compassion. L'accompagnement des victimes de violences conjugales en France et aux États-Unis », *Revue internationale de politique comparée*, 25 (3-4), 2018, p. 51-70.

Delage Pauline et Gallot Fanny (dir.), *Féminismes dans le monde. 23 récits d'une révolution planétaire*, Paris, Textuel, 2020.

Demart Sarah, « L'impensé de la Belgique noire : points de vue situés sur l'oblitération de l'autre », *La Revue Nouvelle*, 1 (1), 2018, p. 52-57.

Divay Sophie, « L'avortement : une déviance légale », *Déviance et Société*, 28 (2), 2004, p. 195-209.

Duchesne Sophie et Haegel Florence, « Entretiens dans la cité, ou comment la parole se politise », *Espace Temps*, 76-77 (1), 2001, p. 95-109.

Dudley Shotwell Hannah Grace, *Empowering the Body. The Evolution of Self-help in the Women's Health Movement*, thèse de doctorat en philosophie, sous la direction de Lisa Levensein, Greensboro, The University of North Carolina, 2016.

Dunezat Xavier et Galerand Elsa, « Division du travail militant et articulation des rapports de pouvoir dans les mouvements sociaux », *Raison présente*, 186, 2013, p. 9-14.

Dunezat Xavier et Picot Pauline, « Quand la catégorisation masque l'inégalité », *Journal des anthropologues*, 150-151 (3-4), 2017, p. 63-83.

EDGARD-ROSA Clarence, *Connais-toi toi-même. Guide d'auto-exploration du sexe féminin*, Paris, La Musardine, 2019.

ESPÍNOLA Artemisa Flores, « Subjectivité et connaissance. Réflexions sur les épistémologies du "point de vue" », *Cahiers du Genre*, 53 (2), 2012, p. 99-120.

EVANS Elizabeth, « Intersectionality as Feminist Praxis in the UK », *Women's Studies International Forum*, 59, 2016, p. 67-75.

EVANS Elizabeth et LÉPINARD Éléonore, « Confronting Privileges in Feminist and Queer Movements », dans Elizabeth Evans et Éléonore Lépinard (eds), *Intersectionality in Feminist and Queer Movements. Confronting Privileges*, New York, Routledge, 2020, p. 1-26.

FALUDI Susan, *Backlash. The Undeclared War Against American Women*, New York, Crown, 1991.

FAURE Sylvia, *Apprendre par corps. Socio-anthropologie des techniques de danse*, Paris, La Dispute, 2000.

FEDERICI Silvia, *Caliban et la Sorcière. Femmes, corps et accumulation primitive*, Genève, Entremonde, 2014.

FELLOWS Mary Louise et RAZACK Sherene, The Race to Innocence. Confronting Hierarchical Relations among Women », *Journal of Gender, Race and Justice*, 1 (2), 1998, p. 335-352.

FILLIEULE Olivier, « Travail militant, action collective et rapports de genre », dans Olivier Fillieule et Patricia Roux (dir.), *Le Sexe du militantisme*, Paris, Presses de Sciences Po, 2009, p. 23-72.

FILLIEULE Olivier, « Propositions pour une analyse processuelle de l'engagement individuel », *Revue française de science politique*, 51 (1-2), 2001, p. 199-215.

FONQUERNE Leslie, « À qui faire avaler la pilule ? », *Émulations. Revue de sciences sociales*, 35-36, 2020, p. 65-79.

FONTENELLE Eva, « L'auto-gynécologie, du MLAC à nos jours : un "héritage sans testament" », mémoire de licence 3 en science politique, Paris, Université Paris 8, 2021.

FOURMENT Émeline, « Théories en action. Appropriations des théories féministes en milieu libertaire à Berlin et Montréal », thèse de doctorat en science politique, sous la direction de Florence Haegel, Paris, Institut d'études politiques de Paris, 2021.

FRANKENBERG Ruth, *White Women, Race Matters. The Social Construction of Whiteness*, Minneapolis, University of Minnesota Press, 1993.

FREEMAN Jo, « The Tyranny of Structurelessness », *Berkeley Journal of Sociology*, 17, 1970, p. 151-165.

FROIDEVAUX-METTERIE Camille, *Le Corps des femmes. La bataille de l'intime*, Paris, Philosophie magazine éditeur, 2018.

FROIDEVAUX-METTERIE Camille, « Qu'est-ce que le féminisme phénoménologique ? », *Cités*, 73 (1), 2018, p. 81-90.

FUSSINGER Catherine, REY Séverine et VUILLE Marilène, « S'approprier son corps et sa santé. Entretien avec Rina Nissim », *Nouvelles Questions Féministes*, 25 (2), 2006, p. 98-116.

GARCIA Sandrine, « Expertise scientifique et capital militant. Le rôle des médecins dans la lutte pour la légalisation de l'avortement », *Actes de la recherche en sciences sociales*, 158 (3), 2005, p. 96-115.

GARDEY Delphine, *Politique du clitoris*, Paris, Textuel, 2019.

GAUDILLIÈRE Jean-Paul, « Intellectuels engagés et experts : biologistes et médecins dans la bataille de l'avortement », *Natures Sciences Sociétés*, 14 (3), 2006, p. 239-248.

GAXIE Daniel, *Le Cens caché. Inégalités culturelles et ségrégation politique*, Paris, Seuil, 1978.

GONGAWARE Timothy B., « Collective Memories and Collective Identities. Maintaining Unity in Native American Educational Social Movements », *Journal of Contemporary Ethnography*, 32 (5), 2003, p. 483-520.

GOULD Deborah B., *Moving Politics. Emotion and ACT UP's Fight against AIDS*, Chicago, The University of Chicago Press, 2009.

GRANOVETTER Mark S., « The Strength of Weak Ties », *American Journal of Sociology*, 78 (6), 1973, p. 1360-1380.

HALBWACHS Maurice, *Les Cadres sociaux de la mémoire*, Paris, Albin Michel, 1994.

HAMIDI Camille, « Éléments pour une approche interactionniste de la politisation. Engagement associatif et rapport au politique dans des associations locales issues de l'immigration », *Revue française de science politique*, 56 (1), 2006, p. 5-25.

HEMMINGS Clare, *Why Stories Matter. The Political Grammar of Feminist Theory*, Durham, Duke University Press, 2011.

HEMMINGS Clare, « Telling Feminist Stories », *Feminist Theory*, 6 (2), 2005, p. 115-139.

HEURTIN Jean-Philippe (dir.), « Fréquentations militantes », *Politix*, 63, 2003.

HOBSBAWM Eric, « Inventer des traditions », *Enquête*, 2, 1995, p. 171-189.

HOCHSCHILD Arlie Russell, « Travail émotionnel, règles de sentiments et structure sociale », *Travailler*, 9 (1), 2003, p. 19-49.

HOCHSCHILD Arlie Russell, « Emotion Work, Feeling Rules, and Social Structure », *American Journal of Sociology*, 85 (3), 1979, p. 551-575.

HOLMES Mary, « Feeling Beyond Rules : Politicizing the Sociology of Emotion and Anger in Feminist Politics », *European Journal of Social Theory*, 7 (2), 2004, p. 209-227.

ISHKANIAN Armine et SAAVEDRA Anita Peña, « The Politics and Practices of Intersectional Prefiguration in Social Movements : The Case of Sisters Uncut », *The Sociological Review*, 67 (5), 2019, p. 985-1001.

JACQUEMART Alban, *Les Hommes dans les mouvements féministes. Socio-histoire d'un engagement improbable*, Rennes, Presses universitaires de Rennes, 2015.

JACQUEMART Alban et MASCLET Camille, « Mixités et non-mixités dans les mouvements féministes des années 1968 en France », *Clio. Femmes, Genre, Histoire*, 46 (2), 2017, p. 221-247.

JENSON Jane, « Le féminisme en France depuis Mai 68 », *Vingtième Siècle. Revue d'histoire*, 24 (1), 1989, p. 55-68.

KAPSALIS Terri, *Public Privates. Performing Gynecology from Both Ends of the Speculum*, Durham, Duke University Press, 1997.

KLINE Wendy, *Bodies of Knowledge. Sexuality, Reproduction, and Women's Health in the Second Wave*, Chicago, The University of Chicago Press, 2010.

KOECHLIN Aurore, « L'auto-gynécologie : écoféminisme et intersectionnalité », *Travail, genre et sociétés*, 42 (2), 2019, p. 109-126.

KRINSKY John et SIMONET Maud, « Déni de travail : l'invisibilisation du travail aujourd'hui », *Sociétés contemporaines*, 87 (3), 2012, p. 5-23.

Lamoureux Diane, *Les Possibles du féminisme. Agir sans « nous »*, Montréal, Les éditions du remue-ménage, 2016.

Larcher Silyane, « "Nos vies sont politiques !" L'afroféminisme en France ou la riposte des petites-filles de l'Empire », *Participations*, 19 (3), 2017, p. 97-127.

Laurens Sylvain, « "'pourquoi' et 'comment' poser les questions qui fâchent ?" Réflexions sur les dilemmes récurrents que posent les entretiens avec des "imposants" », *Genèses*, 69 (4), 2007, p. 112-127.

Le Dû Maï, « Synthèse entre *cure* et *care* : les sages-femmes déboussolent le genre », *Clio. Femmes, Genre, Histoire*, 49 (1), 2019, p. 137-151.

Leach Darcy K., « Prefigurative Politics », dans David A. Snow, Donatella della Porta, Bert Klandermans et Doug McAdam (eds), *The Wiley-Blackwell Encyclopedia of Social and Political Movements*, Oxford, Blackwell Publishing, 2013.

Lépinard Éléonore, *Feminist Trouble. Intersectional Politics in Post-Secular Times*, New York, Oxford University Press, 2020.

Lépinard Éléonore, « Doing Intersectionality : Repertoires of Feminist Practices in France and Canada », *Gender & Society*, 28 (6), 2014, p. 877-903.

Lépinard Éléonore, « Impossible Intersectionality ? French Feminists and the Struggle for Inclusion », *Politics & Gender*, 10 (1), 2014, p. 124-130.

Lépinard Éléonore, « The Contentious Subject of Feminism : Defining Women in France from the Second Wave to Parity », *Signs*, 32 (2), 2007, p. 375-403.

Löwy Ilana, « Le féminisme a-t-il changé la recherche biomédicale ? Le *Women Health Movement* et les transformations de la médecine aux États-Unis », *Travail, genre et sociétés*, 14 (2), 2005, p. 89-108.

Lugones Maria et Rosezelle Pat Alake, « Sisterhood and Friendship as Feminist Models », dans Penny A. Weiss et Marilyn Friedman (eds), *Feminism and Community*, Philadelphia, Temple University Press, 1995, p. 135-146.

Manier Marion, « Les missions de "proximité" en question : places et postures des intervenantes sociales minoritaires », *Nouvelles Questions Féministes*, 32 (2), 2013, p. 14-27.

Marichalar Pascal et Pitti Laure, « Réinventer la médecine ouvrière ? Retour sur des mouvements médicaux alternatifs dans la France post-1968 », *Actes de la recherche en sciences sociales*, 196-197 (1-2), 2013, p. 114-131.

Marignier Noémie, « Les "énonciations de privilèges" dans le militantisme féministe en ligne : description et critique », *Argumentation et analyse du discours*, 18, 2017.

Masclet Camille, « Féminismes. Un mouvement mosaïque », dans Olivier Fillieule, Sophie Béroud, Camille Masclet et Isabelle Sommier (dir.), *Changer le monde, changer sa vie. Enquête sur les militantes et les militants des années 1968 en France*, Arles, Actes Sud, 2018, p. 649-678.

Masclet Camille, « Sociologie des féministes des années 1970. Analyse localisée, incidences biographiques et transmissions familiales d'un engagement pour la cause des femmes en France », thèse de doctorat en sociologie et science politique, sous la direction de Michèle Ferrand et Olivier Fillieule, Paris/Lausanne, Paris 8/Université de Lausanne, 2017.

Masclet Camille, « Le féminisme en héritage ? Enfants de militantes de la deuxième vague », *Politix*, 109, 2015, p. 45-68.

Masclet Camille, « La quête des féministes. Techniques et enjeux de reconstruction d'un mouvement social », *Genèses*, 95 (2), 2014, p. 120-135.

Mathieu Lilian, *L'Espace des mouvements sociaux*, Bellecombe-en-Bauges, Éditions du Croquant, 2012.

Matonti Frédérique et Poupeau Franck, « Le capital militant. Essai de définition », *Actes de la recherche en sciences sociales*, 155 (5), 2004, p. 4-11.

Mazouz Sarah, *Race*, Paris, Anamosa, « Le mot est faible », 2020.

Mazouz Sarah, *La République et ses autres. Politiques de l'altérité dans la France des années 2000*, Lyon, ENS éditions, « Gouvernement en question(s) », 2017.

McAdam Doug, « Recruitment to High-Risk Activism : The Case of Freedom Summer », *American Journal of Sociology*, 92 (1), 1986, p. 64-90.

McAdam Doug et Paulsen Ronnelle, « Specifying the Relationship between Social Ties and Activism », *American Journal of Sociology*, 99 (3), 1993, p. 640-667.

McGregor Deborah Kuhn, *From Midwives to Medicine. The Birth of American Gynecology*, New Brunswick, Rutgers University Press, 1998.

McIntosh Peggy, « White Privilege and Male Privilege : A Personal Account of Coming To See Correspondences through Work in Women's Studies », Wellesley College, Center for Research on Women, *working paper*, 189, 1988.

McWhorter Ladelle, « Where Do White People Come From ? A Foucaultian Critique of Whiteness Studies », *Philosophy & Social Criticism*, 31 (5-6), 2005, p. 533-556.

Membres du collectif Notre corps nous-mêmes et Delage Pauline, « Par des femmes, pour les femmes. Rééditer *Notre corps, nous-mêmes* quarante ans après l'original », *Mouvements*, 99 (3), 2019, p. 57-66.

Meyer Michaël, Perrot Adeline et Zinn Isabelle, « Entre ambition "tout-terrain" et impossible ubiquité : les ethnographes en mouvement », *SociologieS*, 2017.

Michel Noémi, « Sheepology : The Postcolonial Politics of Raceless Racism in Switzerland », *Postcolonial Studies*, 18 (4), 2015, p. 410-426.

Mills Charles W., « White Ignorance », dans Shannon Sullivan et Nancy Tuana (eds), *Race and Epistemologies of Ignorance*, Albany, State University of New York Press, 2007, p. 11-38.

Molinier Pascale, Gaignard Lise, Dujarier Marie-Anne, Jeantet Aurélie, Lénel Pierre et Hamraoui Éric, « Introduction au dossier "Sale boulot, boulot sale" », *Travailler*, 24 (2), 2010, p. 9-20.

Molinier Pascale, Laugier Sandra et Paperman Patricia, *Qu'est-ce que le* care *? Souci des autres, sensibilité, responsabilité*, Paris, Payot, 2009.

Monnet Corinne, « La répartition des tâches entre les femmes et les hommes dans le travail de la conversation », *Nouvelles Questions Féministes*, 19 (1), 1998, p. 9-34.

Morgen Sandra, *Into Our Own Hands. The Women's Health Movement in the United States, 1969-1990*, New Brunswick, Rutgers University Press, 2002.

Munro Ealasaid, « Feminism : A Fourth Wave ? », *Political Insight*, 4 (2), 2013, p. 22-25.

Murphy Michelle, *Seizing the Means of Reproduction. Entanglements of Feminism, Health, and Technoscience*, Durham/Londres, Duke University Press, 2012.

NÈVE Margaux, « Violences obstétricales et gynécologiques. Avec et à côté du mouvement #MeToo », dans Catherine Cavalin, Jaércio Da Silva, Pauline Delage, Irène Despontin Lefèvre, Delphine Lacombe et Bibia Pavard (dir.), *Les Violences sexistes après #MeToo*, Paris, Presses des Mines, 2022, p. 183-196.

NISSIM Rina, *Une sorcière des temps modernes. Le* self-help *et le mouvement femmes et santé*, Genève, Mamamélis, 2014.

OLICK Jeffrey K. et ROBBINS Joyce, « Social Memory Studies. From "Collective Memory" to the Historical Sociology of Mnemonic Practices », *Annual Review of Sociology*, 24 (1), 1998, p. 105-140.

OUALI Nouria, « Les rapports de domination au sein du mouvement des femmes à Bruxelles : critiques et résistances des féministes minoritaires », *Nouvelles Questions Féministes*, 34 (1), 2015, p. 14-34.

PAGIS Julie, *Mai 68, un pavé dans leur histoire*, Paris, Presses de Sciences Po, 2014.

PAVARD Bibia, « Faire naître et mourir les vagues : comment s'écrit l'histoire des féminismes », *Itinéraires. Littérature, textes, cultures*, 2017 (2), 2018.

PAVARD Bibia, « Quand la pratique fait mouvement. La méthode Karman dans les mobilisations pour l'avortement libre et gratuit (1972-1975) », *Sociétés contemporaines*, 85 (1), 2012, p. 43-63.

PAVARD Bibia, ROCHEFORT Florence et ZANCARINI-FOURNEL Michelle, *Ne nous libérez pas, on s'en charge. Une histoire des féminismes de 1789 à nos jours*, Paris, La Découverte, 2020.

PHIPPS Alison, « Whose Personal is More Political ? Experience in Contemporary Feminist Politics », *Feminist Theory*, 17 (3), 2016, p. 303-321.

PITTI Laure, « Experts "bruts" et médecins critiques. Ou comment la mise en débats des savoirs médicaux a modifié la définition du saturnisme en France durant les années 1970 », *Politix*, 91, 2010, p. 103-132.

POLLAK Michael, « Mémoire, oubli, silence », dans *Une identité blessée*, Paris, Métailié, 1993, p. 13-39.

POLLETTA Francesca, *Freedom is an Endless Meeting. Democracy in American Social Movements*, Chicago, The University of Chicago Press, 2002.

PORTA Donatella della et KRIESI Hanspeter, « Social Movements in a Globalizing World. An Introduction », dans Donatella della Porta, Hanspeter Kriesi et Dieter Rucht (eds), *Social Movements in a Globalizing World*, Londres, Palgrave Macmillan, 1999, p. 3-22.

PRUVOST Geneviève, « Critique en acte de la vie quotidienne à la ZAD de Notre-Dame-des-Landes (2013-2014) », *Politix*, 117, 2017, p. 35-62.

QUAGLIARIELLO Chiara et RUAULT Lucile, « Accoucher de manière "alternative" en France et en Italie. Sur des modalités du travail de mise au monde des enfants et leur portée féministe », *Recherches sociologiques et anthropologiques*, 48 (2), 2017, p. 53-74.

QUÉRÉ Lucile, « "Moi, je n'y crois pas trop à cette vérité scientifique". Contestation des savoirs médicaux dans les mobilisations féministes de santé en Europe francophone », *Critique internationale*, 99 (2), 2023 (à paraître).

QUÉRÉ Lucile, « Repousser les frontières des normes corporelles et sexuelles. Effets de l'engagement dans le *self-help* féministe sur la sphère intime », *Sociétés contemporaines*, 126 (2), 2022, p. 93-119.

Quéré Lucile, « Feminist Collective Memory and Nostalgia in Gynaecological Self-Help in Contemporary Europe », *European Journal of Women's Studies*, 28 (3), 2021, p. 337-352.

Quéré Lucile, « Les formes ordinaires du consentement. Consciences du droit dans la consultation gynécologique », *Droit et société*, 102 (2), 2019, p. 413-432.

Quéré Lucile, « Luttes féministes autour du consentement. Héritages et impensés des mobilisations contemporaines sur la gynécologie », *Nouvelles Questions Féministes*, 35 (1), 2016, p. 32-47.

Raz Michal, « Qualité de vie et fertilité dans les études de suivi des personnes intersexuées », *Cahiers du Genre*, 60 (1), 2016, p. 145-168.

Reger Jo, « The Story of a Slut Walk : Sexuality, Race, and Generational Divisions in Contemporary Feminist Activism », *Journal of Contemporary Ethnography*, 44 (1), 2015, p. 84-112.

Renahy Nicolas, « Classes populaires et capital d'autochtonie. Genèse et usages d'une notion », *Regards sociologiques*, 40, 2010, p. 9-26.

Renou Gildas, « Sociabilité(s) », dans Olivier Fillieule, Lilian Mathieu et Cécile Péchu (dir.), *Dictionnaire des mouvements sociaux*, Paris, Presses de Sciences Po, 2020, p. 545-553.

Retière Jean-Noël, « Autour de l'autochtonie. Réflexions sur la notion de capital social populaire », *Politix*, 63, 2003, p. 121-143.

Rétif Sophie, *Logiques de genre dans l'engagement associatif. Carrières et pratiques militantes dans des associations revendicatives*, Paris, Dalloz, 2013.

Rétif Sophie, « Entrer en militantisme par les associations. L'engagement associatif dans les trajectoires militantes féminines », *Modern & Contemporary France*, 18 (4), 2010, p. 415-429.

Rochefort Florence, « L'insurrection féministe », dans Philippe Artières et Michelle Zancarini-Fournel (dir.), *68, une histoire collective [1962-1981]*, Paris, La Découverte, 2008, p. 538-545.

Romerio Alice, *Le Travail féministe. Le militantisme au Planning familial à l'épreuve de sa professionnalisation*, Rennes, Presses universitaires de Rennes, 2022.

Rosende Magdalena et Schoeni Céline, « Seconde partie de carrière, régime de retraite et inégalités de sexe. Le cas suisse », *Revue française des affaires sociales*, 2-3, 2012, p. 130-147.

Roseneil Sasha, « Foregrounding Friendship : Feminist Pasts, Feminist Futures », dans Kathy Davis, Mary Evans et Judith Lorber (eds), *Handbook of Gender and Women's Studies*, Londres, Sage Publications, 2006, p. 322-341.

Roux Alexandra, *Pilule : défaire l'évidence*, Paris, Éditions de la MSH, 2022.

Rozée Virginie et Schantz Clémence, « Les violences gynécologiques et obstétricales. Construction d'une question politique et de santé publique », *Santé Publique*, 33 (5), 2021, p. 629-634.

Ruault Lucile, « Histoires d'A et méthode K. La mise en récit d'une technique et ses enjeux dans le mouvement pour l'avortement libre en France », *Sociétés contemporaines*, 121 (1), 2021, p. 139-170.

Ruault Lucile, « Emotions and Embodiment as Feminist Practice in the Free Abortion Movement in France (1972-1984) », *European Journal of Women's Studies*, 28 (3), 2021, p. 320-336.

RUAULT Lucile, « Le spéculum, la canule et le miroir. Les MLAC et mobilisations de santé des femmes, entre appropriation féministe et propriété médicale de l'avortement (France, 1972-1984) », thèse de doctorat en science politique, sous la direction de Rémi Lefebvre et Frédérique Matonti, Lille, Université Lille-2, 2017.

RUAULT Lucile, « Une fête pour l'avortement libre. La mobilisation autour du procès des militantes du MLAC d'Aix (1976-1977) », *Genèses*, 107 (2), 2017, p. 32-55.

RUAULT Lucile, « La circulation transnationale du *self-help* féministe : acte 2 des luttes pour l'avortement libre ? », *Critique internationale*, 70 (1), 2016, p. 37-54.

RUAULT Lucile, « Guilaine Enoc, militante du MLAC à Aix et à Lyon dans les années 1970-1980. En quête d'autonomie », *Nouvelles Questions Féministes*, 35 (1), 2016, p. 136-152.

RUAULT Lucile, « La force de l'âge du sexe faible. Gynécologie médicale et construction d'une *vie féminine* », *Nouvelles Questions Féministes*, 34 (1), 2015, p. 35-50.

SCHUSTER Julia, « Intersectional Expectations : Young Feminists' Perceived Failure at Dealing with Differences and their Retreat to Individualism », *Women's Studies International Forum*, 58, 2016, p. 1-8.

SCHWEYER François-Xavier, « La profession de sage-femme : autonomie au travail et corporatisme protectionniste », *Sciences sociales et santé*, 14 (3), 1996, p. 67-102.

SCOTT Joan W., « The Evidence of Experience », *Critical Inquiry*, 17 (4), 1991, p. 773-797.

SHERMAN Rachel, « "A Very Expensive Ordinary Life" : Consumption, Symbolic Boundaries and Moral Legitimacy Among New York Elites », *Socio-Economic Review*, 16 (2), 2018, p. 411-433.

SIBLOT Yasmine, « Entretenir un rapport mobilisé à sa condition sociale en milieu populaire. Engagement syndical et sociabilité parmi des ouvrières de blanchisserie », *Sociétés contemporaines*, 109 (1), 2018, p. 65-92.

SIMÉANT Johanna, « Transnationalisation/internationalisation », dans Olivier Fillieule, Lilian Mathieu et Cécile Péchu (dir.), *Dictionnaire des mouvements sociaux*, Paris, Presses de Sciences Po, 2020, p. 593-601.

SIMÉANT Johanna, « La transnationalisation de l'action collective », dans Olivier Fillieule, Éric Agrikoliansky et Isabelle Sommier (dir.), *Penser les mouvements sociaux. Conflits sociaux et contestation dans les sociétés contemporaines*, Paris, La Découverte, 2010, p. 121-144.

SIMONET Maud, *Le Travail bénévole. Engagement citoyen ou travail gratuit ?*, Paris, La Dispute, 2010.

SKEGGS Beverley, *Des femmes respectables. Classe et genre en milieu populaire*, trad. de l'angl. par Marie-Pierre Pouly, Marseille, Agone, 2015.

SMITH-ROSENBERG Carroll, *Disorderly Conduct. Visions of Gender in Victorian America*, Oxford/New York, Oxford University Press, 1987.

SNOW David A., ZURCHER Louis A. et EKLAND-OLSON Sheldon, « Social Networks and Social Movements : A Microstructural Approach to Differential Recruitment », *American Sociological Review*, 45 (5), 1980, p. 787-801.

SOMMIER Isabelle, « Les états affectifs ou la dimension affectuelle des mouvements sociaux », dans Olivier Fillieule, Éric Agrikoliansky et Isabelle Sommier (dir.), *Penser les mouvements sociaux*, Paris, La Découverte, 2010, p. 185-202.

SRIVASTAVA Sarita, « "Let's Talk" : The Pedagogy and Politics of Antiracist Change », dans Richard J. F. Day, Greig De Peuter et Mark Cote (eds), *Utopian Pedagogy. Radical Experiments Against Neoliberal Globalization*, Toronto, University of Toronto Press, 2007, p. 294-310.

SRIVASTAVA Sarita, « Tears, Fears and Careers : Anti-Racism and Emotion in Social Movement Organizations », *The Canadian Journal of Sociology / Cahiers canadiens de sociologie*, 31 (1), 2006, p. 55-90.

SRIVASTAVA Sarita, « "You're calling me a racist ?" The Moral and Emotional Regulation of Antiracism and Feminism », *Signs*, 31 (1), 2005, p. 29-62.

STROLOVITCH Dara Z., *Affirmative Advocacy. Race, Class and Gender in Interest Group Politics*, Chicago, University of Chicago Press, 2007.

TALPIN Julien, « La représentation comme performance. Le travail d'incarnation des classes populaires au sein de deux organisations communautaires à Los Angeles, USA », *Revue française de science politique*, 66 (1), 2016, p. 91-115.

TALPIN Julien, « Politiser les jeunes du ghetto. L'*organizing* de jeunesse entre *empowerment* et endoctrinement aux États-Unis », *Sciences & Actions sociales*, 1 (1), 2015, p. 131-153.

TALPIN Julien, BALAZARD Hélène, CARREL Marion, BELGACEM Samir Hadj, KAYA Sümbül, PURENNE Anaïk et ROUX Guillaume, *L'Épreuve de la discrimination. Enquête dans les quartiers populaires*, Paris, PUF, 2021.

TASSEL Julien, « Que fait-on du passé dans les organisations ? », *Sociologies pratiques*, 29 (2), 2014, p. 1-10.

TAYLOR Verta, « Social Movement Continuity : The Women's Movement in Abeyance », *American Sociological Review*, 54 (5), 1989, p. 761-775.

TISSOT Sylvie, *Gayfriendly. Acceptation et contrôle de l'homosexualité à Paris et à New York*, Paris, Raisons d'agir, 2018.

TISSOT Sylvie, *De bons voisins. Enquête dans un quartier de la bourgeoisie progressiste*, Paris, Raisons d'agir, 2011.

TUANA Nancy, « The Speculum of Ignorance : The Women's Health Movement and Epistemologies of Ignorance », *Hypatia*, 21 (3), 2006, p. 1-19.

VUILLE Marilène, « Gynécologie », dans Juliette Rennes (dir.), *Encyclopédie critique du genre. Corps, sexualité, rapports sociaux*, Paris, La Découverte, 2016, p. 283-292.

WACQUANT Loïc, « Carnal Connections : On Embodiment, Apprenticeship, and Membership », *Qualitative Sociology*, 28 (4), 2005, p. 445-474.

WAGNER Anne-Catherine, *Les Classes sociales dans la mondialisation*, Paris, La Découverte, « Repères », 2007.

WEKKER Gloria, *White Innocence. Paradoxes of Colonialism and Race*, Durham, Duke University Press, 2016.

WELDON Laurel S., « Intersectionality », dans Gary Goertz et Aly G. Mazur (eds), *Politics, Gender, and Concepts. Theory and Methodology*, Cambridge, Cambridge University Press, 2008, p. 193-218.

WHITTIER Nancy, *The Politics of Child Sexual Abuse. Emotion, Social Movements and the State*, New York, Oxford University Press, 2009.

WHITTIER Nancy, *Feminist Generations. The Persistence of the Radical Women's Movement*, Philadelphia, Temple University Press, 1995.

WILLEMEZ Laurent, « *Perseverare Diabolicum* : l'engagement militant à l'épreuve du vieillissement social », *Lien social et Politiques*, 51, 2004, p. 71-82.

WILLEMEZ Laurent, « Engagement professionnel et fidélités militantes. Les avocats travaillistes dans la défense judiciaire des salariés », *Politix*, 62, 2003, p. 145-164.

YOUNG Iris Marion, *On Female Body Experience. « Throwing Like a Girl » and Other Essays*, New York, Oxford University Press, 2005.

ZANCARINI-FOURNEL Michelle, « Histoire(s) du MLAC (1973-1975) », *Clio. Histoire, Femmes et Sociétés*, 18 (2), 2003, p. 241-252.

ZERUBAVEL Eviatar, « Social Memories : Steps to a Sociology of the Past », *Qualitative Sociology*, 19 (3), 1996, p. 283-299.

ZIMMERMAN Mary K. et HILL Shirley A., « Reforming Gendered Health Care. An Assessment of Change », *International Journal of Health Services*, 30 (4), 2000, p. 771-795.

Annexes

Liste des principaux entretiens

Ce tableau présente les enquêtées dont les entretiens sont cités dans l'ouvrage. Elles sont classées par ordre alphabétique.

Prénom	Âge au moment de l'entretien	Profession	Période d'engagement	Type d'engagement	Pays de résidence	Date et durée de l'entretien
Agathe	27 ans	Illustratrice	2010	Participante à un atelier	France	Juillet 2018 (2 h)
Agnès	30 ans	Interne en médecine	2010	Animatrice d'ateliers	France	Janvier 2018 (3 h)
Anaïs	23 ans	Artisane	2010	Collectif de *self-help*	France	Juillet 2017 (1 h 30)
Anja	61 ans	Sans activité	1970-2010	Collectif de *self-help*	France	Novembre 2017 (4 h)
Anna	31 ans	Médiatrice culturelle	2010	Collectif de *self-help*	France	Mai 2018 (2 h)
Aurore	30 ans	Logopédiste	2010	Collectif de *self-help* Animatrice d'ateliers	France	Juillet 2017 (1 h 30)

Carolina	33 ans	Chômage (petits boulots)	2000-2010	Collectif de *self-help* Animatrice d'ateliers	Belgique	Avril 2016 (2 h)
Cha	30 ans	Plasticienne	2010	Animatrice d'ateliers	France	Mai 2017 (2 h 30)
Christine	65 ans	Psycho-thérapeute	1970-1980	MLAAC de Lyon	France	Septembre 2017 (2 h 30)
Charlotte	39 ans	Plasticienne	2000-2010	Animatrice d'ateliers	France	Novembre 2016 (2 h 30)
Clarence	30 ans	Journaliste	2010	Participante à un atelier	France	Octobre 2019 (30 min)
Claire	45 ans	Juriste	2010	Collectif de *self-help*	Belgique	Avril 2018 (1 h)
Clémence	30 ans	Sage-femme	2010	Collectif de *self-help*	France	Octobre 2018 (1 h)
Florence	44 ans	Employée dans une association féministe	2010	Animatrice d'ateliers	Belgique	Janvier 2017 (2 h)
Françoise	61 ans	Médecin	1970/ 2000-2010	Fondatrice d'une association de promotion du *self-help*	Belgique	Janvier 2017 (2 h)
Gabrielle	31 ans	Conseillère en santé sexuelle	2010	Collectif de *self-help* Animatrice d'ateliers	France	Mai 2017 (2 h 30)
Geneviève	77 ans	Haptonome	1970-1980	MLF Genève Dispensaire des femmes	Suisse	Février 2017 (2 h)
Gisèle	52 ans	Ostéopathe	1980	Dispensaire des femmes	Suisse	Avril 2017 (2 h)
Inès	29 ans	Doctorante	2010	Collectif de *self-help* Animatrice d'ateliers	France	Janvier 2019 (2 h)

Isolde	30 ans	Étudiante en théâtre	2010	Association féministe	Belgique	Juin 2017 (2 h)
Juliette	28 ans	Chargée de mission	2010	Animatrice d'ateliers	France	Octobre 2017 (1 h 30)
Laurène	21 ans	Étudiante	2010	Animatrice d'ateliers	France	Mai 2017 (1 h 30)
Laurine	35 ans	Employée dans une association féministe	2000-2010	Collectif de *self-help*	France	Juin 2017 (1 h 30)
Leïla	32 ans	Chercheuse	2010	Collectif de *self-help*	France	Décembre 2018 (1 h)
Line	33 ans	Sage-femme	2010	Participante à un atelier	France	Décembre 2017 (2 h)
Lucie	36 ans	Éditrice	2010	Collectif de *self-help*	France	Mai 2019 (1 h)
Madeleine	65 ans	Infirmière	1970-1980	Dispensaire des femmes	Suisse	Décembre 2016 (2 h 15)
Malorie	38 ans	Secrétaire	2000-2010	Collectif de *self-help*	France	Décembre 2017 (2 h)
Marianne	30 ans	Ingénieure de recherche	2010	Collectif de *self-help* Animatrice d'ateliers	France	Juin 2018 (2 h)
Mariam	32 ans	Infirmière	2010	Animatrice d'ateliers	Suisse	Mars 2018 (1 h 30)
Marine	32 ans	Animatrice socioculturelle	2010	Participante à des ateliers	Belgique	Juillet 2017 (2 h)
Mathilde	25 ans	Étudiante	2010	Collectif de *self-help*	Belgique	Juin 2017 (1 h)
Maxime	29 ans	Sage-femme	2010	Animatrice d'ateliers	France	Décembre 2017 (2 h 30)
Mégane	32 ans	Petits boulots	2000-2010	Collectif de *self-help*	France	Mai 2018 (2 h 30)
Mélanie	36 ans	Conseillère en santé sexuelle	2010	Animatrice d'ateliers	Suisse	Octobre 2017 (1 h 30)

Mélodie	37 ans	Conseillère communale	2010	Animatrice d'ateliers	Suisse	Octobre 2017 (1 h)
Morgane	27 ans	Travailleuse du sexe	2010	Animatrice d'ateliers	Royaume-Uni	Janvier 2018 (1 h 30)
Olivia	25 ans	Étudiante	2010	Collectif de *self-help*	Belgique	Juin 2017 (1 h 30)
Ophélie	28 ans	Animatrice socioculturelle	2010	Participante à un atelier	Belgique	Avril 2016 (1 h 30)
Édith	65 ans	Infirmière	Depuis 1970	MLF Genève Dispensaire des femmes	Suisse	Mars et juin 2017 (2 h 30)
Sophie	36 ans	Sage-femme	2010	Animatrice d'ateliers	France	Octobre 2017 (3 h)
Suzanne	59 ans	Sage-femme	1970-2010	Participante à un atelier	France	Octobre 2017 (2 h)
Sybille	37 ans	Sage-femme	2010	Participante à un atelier	France	Octobre 2017 (2 h)
Vanessa	25 ans	Étudiante	2010	Participante à des ateliers	Suisse	Mars 2018 (1 h 30)
Violette	21 ans	Étudiante	2010	Participante à un atelier	France	Février 2016 (1 h)

Sources

Archives

Archives contestataires – Archives du MLF Genève (Espace Femmes International)

« Personne ne décidera pour nous. Nos luttes sur l'avortement. Auto-examen. Attaque contre les gynécos » publié par « des femmes du Centre Femmes », septembre 1977, MLF-GE/S2/D94

Self-help, MLF-GE/S4/SS8

Dispensaire des femmes, MLF-GE/S4/SS35

3e rencontre internationale « Femmes et Santé », MLF-GE/S3/SS4/D28/P37

Archives du Centre d'archives et de recherches pour l'histoire des femmes (Carhif), Bruxelles

Consciousness raising, WOE 17

Centres de santé féministes et *self-help*, WOE 18-20

Bulletins de la Maison des femmes

Archives Recherches et Cultures Lesbiennes (ARCL), Paris

La feuille de consult'

Dossier « santé lesbienne »

Sources imprimées et audio/vidéo

Boston Women's Health Book Collective, *Our Bodies, Ourselves. A Book by and for Women*, New York, Simon & Schuster, 1973.

Centre de santé des femmes de Montréal, *L'Auto-examen : un geste de santé*, Montréal, Les éditions du remue-ménage, 1986.

Chalker Rebecca et Downer Carol, *A Woman's Book of Choices. Abortion, Menstrual Extraction, RU-486*, New York, Four Walls Eight Windows, 1992.

Collectif, *Cercle de Femmes et auto-examen : retour sur l'expérience d'un cercle de femmes intégrant la pratique du Self-help (auto-examen)*, Toulouse, 2015.

Collectif, *S'armer jusqu'aux lèvres. Quelques outils d'auto-défense gynécologique à l'usage de toutes les femmes**, France, 2016.

Collectif, *Auto examen. Reprenons le contrôle de nos corps !*, non daté (années 2000).

Collectif, *Sans tabou. Santé maternité sexualité : un livret par des femmes pour les femmes (et leur entourage)*, Ivry-sur-Seine, 2019.

Collectif de Boston pour la santé des femmes, *Notre corps, nous-mêmes*, Paris, Albin Michel, 1977.

Collectif de réflexion critique sur la gynéco et la médecine, *Papillomavirus : de la prévention au cabinet médical, récit d'un contrôle de nos corps et de nos sexualités*, Lille, 2015.

Collectif IVP, *Avorter. Histoires des luttes et des conditions d'avortement des années 1960 à aujourd'hui*, Lyon, Tahin Party, 2009.

Collectif NCNM, *Notre corps, nous-mêmes. Écrit par des femmes, pour les femmes*, Marseille, Hors d'atteinte, 2020.

Collectif de femmes MLAC et Le Masson Yann (écriture et réalisation), *Regarde, elle a les yeux grand ouverts*, film documentaire, Les Films Grain De Sable,1982.

Draama Poussy, *Coucou. Miniguide d'auto-examen*, Marseille, 2016, https://pointpointpoint.org/wp-content/uploads/2016/02/zine-auto-exam.pdf

Ehrenreich Barbara et English Deirdre, *Sorcières, sages-femmes et infirmières. Une histoire des femmes et de la médecine*, trad. de l'angl. par Lorraine Brown et Catherine Germain, Montréal, Les éditions du remue-ménage, 1976 ; version illustrée : *Sorcières, sages-femmes & infirmières. Une histoirE des femmes soignantes*, trad. de l'angl. par L. Lame, Paris, Cambourakis, 2016.

Federation of Feminist Women's Health CEnter, *A New View of a Woman's Body. A Fully Illustrated Guide*, New York, Simon & Schuster, 1981.

Gauthier Xavière, *Avortées clandestines*, Mauconduit, 2015.

Meurice Gaëtane, *Pratiques de femmes, de l'intime au politique*, documentaire radiophonique, 2012.

Nissim Rina, « Femmes de tous les pays, à votre bonne santé ! », *Revue syndicale suisse*, 79 (1), 1987, p. 22-27.

NISSIM Rina, *Mamamélis. Manuel de gynécologie naturopathique à l'usage des femmes*, Genève, Mamamélis, 2001.

PADJEMI Jennifer et EDGARD-ROSA Clarence, « Il était une fois dans le sexe féminin », podcast *Miroir miroir*, épisode 21, juin 2019, https://shows.acast.com/miroir-miroir/episodes/iletaitunefoisdanslesexefeminin.

VANCOUVER WOMEN'S HEALTH COLLECTIVE, *C'est toujours chaud dans les culottes des filles. Livret de gynécologie maison à base de plantes médicinales*, Montréal, 1991 [2e éd.].

Remerciements

Cet ouvrage est issu d'une thèse en sciences sociales. Pour sa confiance et son soutien, je remercie Éléonore Lépinard, qui l'a dirigée. Pour la qualité de leur lecture, je remercie les membres du jury, Catherine Achin, Lilian Mathieu, Véronique Mottier, Kristina Schulz et Maud Simonet. Merci à l'ensemble du Centre en études genre de l'université de Lausanne pour avoir construit un environnement de grande qualité pour le développement de mon travail.

Pour le temps qu'elles m'ont accordé, et pour avoir fait avec mon enquête, je remercie vivement les personnes qui m'ont fait une place et se sont confiées à moi.

Les différents chapitres de ce livre ont bénéficié de la relecture, à différentes étapes du processus d'écriture, d'Agnès Aubry, Agnès Quéré, Laurie Bergem, Isabel Boni-Legoff, Charlène Calderaro, Pauline Delage, Jean-Baptiste Devaux, Bilal Elhaouari, Joseph Hivert, Camille Masclet, Marie Mathieu, Vanessa Monney, Olivier Quéré, Marion Rabier, Luis Rivera-Velez, Lucile Ruault, Justine Scheidegger et des membres d'Orgasm. Qu'elles et ils en soient chaleureusement remercié·es. Un très grand merci à Anne-Laure Génin pour avoir relu l'ensemble du manuscrit et pour ses corrections.

Pour leur présence, merci à Agnès, Arunà, Bilal, Flora, Gabriel, Juliette, Justice, Laurie, Margaux, Maud, Mélo et Nina.

Table des matières

Imprimé en France en avril 2023 par l'Imprimerie Maury S.A.S. à Millau (12)
Dépôt légal : avril 2023 – N° d'impression : D23/72913U

PEFC 10-31-2774 / **Certifié PEFC** / Ce produit est issu de forêts gérées durablement et de sources contrôlées. / pefc-france.org